AF476562

VIE

DE

M. MONNEREAU

CURÉ DES BROUZILS.

PIERRE MONNEREAU.

Curé des Brouzils. Fondateur de la Congrégation des Filles des SS. Cœurs de Jésus et de Marie aux Brouzils.

VIE

DE

M. MONNEREAU

CURÉ DES BROUZILS

ET

Fondateur de la Congrégation des Religieuses des Sacrés-Cœurs de Jésus et de Marie.

NANTES,

IMPRIMERIE CHARPENTIER, RUE DE LA FOSSE, 32.

1863.

APPROBATION.

CHARLES-THÉODORE,

Par la miséricorde divine et la grâce du Saint-Siége Apostolique, Évêque de Luçon.

Nous avons fait examiner par un de nos vicaires-généraux la *Vie de M. l'abbé Monnereau, curé des Brouzils,* en notre diocèse, *et fondateur des Religieuses des Sacrés-Cœurs de Jésus et de Marie,* et, sous le rapport qui nous en a été fait, nous en autorisons l'impression.

Cette biographie, destinée à perpétuer dans la congrégation des Religieuses des Sacrés-Cœurs de Jésus et de Marie l'esprit et les vertus de son vénérable et pieux fondateur, sera lue avec autant de fruit que d'intérêt par les membres du clergé et les personnes pieuses vivant au milieu du monde.

Luçon, le 5 mars 1863.

† CHARLES, ÉVÊQUE DE LUÇON.

A LA TRÈS-RÉVÉRENDE MÈRE

MARIE DE L'ASSOMPTION,

Supérieure générale de la Congrégation des Religieuses des Sacrés-Cœurs de Jésus et de Marie.

MA TRÈS-RÉVÉRENDE MÈRE,

Daignez agréer l'hommage d'un humble travail que j'ai entrepris pour répondre à vos pieux désirs.

J'aime à croire, ma très-révérende Mère, que votre vénéré Père vous paraîtra, dans ce tableau, tel que vous l'avez connu, vous qui avez eu le bonheur d'être, chaque jour, pendant plus de quarante ans, témoin de sa vie édifiante.

Puissiez-vous m'obtenir, vous et vos sœurs, la grâce de suivre, comme vous, les traces de ce grand serviteur de Dieu.

Je suis, avec un profond respect,

Ma très-révérende Mère,

Votre très-humble et très-obéissant serviteur,

***, *de la Société des Enfants de Marie Immaculée.*

DÉCLARATION DE L'AUTEUR.

L'auteur déclare, pour se conformer au décret du pape Urbain VIII, qu'en donnant le nom de saint au pieux fondateur de la congrégation des Sacrés-Cœurs de Jésus et de Marie, et à quelques autres personnages d'une vertu éminente, il ne prétend en aucune manière prévenir le jugement de la sainte Église, pour laquelle il aura toujours, avec la grâce de Dieu, un profond respect, un attachement filial et une entière soumission.

VIE

DE

M. MONNEREAU

Curé des Brouzils.

Il importe de faire connaître les hommes dont la vertu éminente mérite d'être proposée pour modèle, surtout quand ils ont laissé de nombreux enfants spirituels, qui doivent conserver leur souvenir, se pénétrer de leur esprit et s'efforcer de marcher sur leurs traces. De ce nombre est le vertueux prêtre dont nous essayons d'écrire la vie.

CHAPITRE Ier.

Depuis la naissance de M. Monnereau, en 1787, jusqu'à sa promotion au sacerdoce, en 1812.

M. Pierre Monnereau naquit, le 29 juillet 1787, à Saint-Martin-des-Noyers, dans le diocèse de Luçon, et fut le second de seize enfants issus du mariage de René Monnereau, maréchal, et de Marguerite Groleau, tous deux recommandables par leurs vertus.

On s'empressa de le faire régénérer dans les eaux du baptême. Sa mère, qui avait à cœur de conserver en lui le trésor de l'innocence, l'environna de la plus tendre sollicitude, et lui fit sucer la piété avec le lait.

Il était encore en bas âge, lorsque la révolution de 1793 éclata et précipita dans un abîme de malheurs la France entière et particulièrement la Vendée, qui prit les armes pour la défense de l'autel et du trône. Au milieu du théâtre de la guerre civile, René Monnereau et sa famille passèrent par de rudes épreuves. Le jeune Pierre faillit en être la victime; plus d'une fois, comme ses parents, il dut prendre la fuite devant les troupes qui mettaient tout à feu et à sang. A ces dangers, vint s'en joindre un autre : il fut atteint de la petite vérole. Tandis qu'il était en proie à cette cruelle maladie, il fallut le jeter à la hâte sur une charrette, et le conduire d'un lieu dans un autre, exposé jour et nuit aux injures de l'air.

Cependant, son père, à la tête d'une petite troupe d'hommes dévoués comme lui, combattait avec un courage à toute épreuve, pour la Religion et pour la royauté. Ce brave Vendéen, étant tombé entre les mains des révolutionnaires, ne dut son salut qu'à une protection visible de la Providence : les mains liées derrière le dos, il attendait la mort avec quelques autres soldats de l'armée catholique. Les républicains, sur le point de le fusiller, le fouillèrent, et trouvant sur lui un chapelet, l'en frappèrent au visage avec violence ; tout-à-coup, saisi d'une sorte d'inspiration, il se dérobe, entre dans une maison où l'on coupe les liens qui enchaînent ses mains, s'éloigne rapidement et est bientôt à l'abri des balles. Le lendemain il retrouva dans la poche de son habit le chapelet qu'il croyait entre les mains des révolutionnaires. Le Dieu de bonté veillait avec le même soin sur son enfant, et le conservait, parmi des périls sans nombre, pour l'accomplissement des grands desseins qu'il avait sur lui.

Les victoires de Charette permirent à la famille Monnereau de rentrer dans la maison paternelle. Elle accueillit avec bonté quatre religieuses qui vinrent y chercher un asile. Le jeune Pierre attira l'attention de ces âmes d'élite par son ingénuité et sa candeur ; elles aidèrent sa pieuse mère à diriger ses premiers pas dans les sentiers de la vertu et lui apprirent à lire.

Plusieurs ecclésiastiques se réfugièrent aussi successivement dans cette maison bénie du ciel, entre autres M. Justin-Maurice Pronzat, né à Nantes, et curé de Rouans, prêtre aussi distingué par sa vertu que par sa science. Il avait quitté la France, au moment de la Révolution, et y était bientôt rentré, dans l'espérance de desservir sa paroisse ; mais se voyant dans l'impossibilité d'y rester, il s'était attaché comme aumônier à l'armée de Charette. Longtemps il se tint caché aux environs des Essarts où ce général avait établi un cantonnement. Il avait pris le titre d'administrateur de l'hôpital ; c'est sous cette dénomination qu'il signa un certain nombre d'actes de baptêmes, de mariages et de sépultures qu'il fit dans l'année 1795 à Saint-Martin-des-Noyers.

Après avoir secrètement exercé le saint ministère dans cette paroisse, dont le vénérable curé, M. Guillet, était en exil, il commença d'en remplir publiquement les fonctions, comme desservant, au commencement de février 1796, et il les continua jusqu'au mois de novembre 1797. A cette époque, il fut obligé de les interrompre, d'abord à cause d'une maladie grave dont il fut atteint, puis pour avoir refusé de jurer haine à la royauté ; en conséquence de ce refus, un mandat d'arrêt fut lancé contre lui. Il se trouvait au presbytère au moment où les agents révolutionnaires vinrent pour le saisir ; mais comme ils avaient laissé libre une porte de communication avec l'église, il en profita pour s'échapper et gagner un asile sûr, pendant que René Monnereau et d'autres habitants du bourg s'entretenaient avec les gendarmes. Au bout de quelques mois, le 15 juin 1798, il put reprendre publiquement ses fonctions, et il les exerça sans interruption jusqu'au mois de juin 1800, au milieu de diverses épreuves (1).

Dans les circonstances les plus difficiles, René Monnereau lui donna des marques frappantes de son dévouement et lui fut d'un grand secours. Le saint prêtre s'en montra reconnaissant, et eut beaucoup d'égards pour lui et pour toute la famille de cet excellent chrétien ; il prit en affection d'une manière toute spéciale le jeune Pierre, en qui il découvrait le germe de précieuses qualités, et le choisit pour servant de messe. Cet intéressant enfant s'acquitta avec zèle et piété d'un emploi cher à son cœur. Il avait l'œil à tout, entretenait la propreté dans le sanctuaire, et préparait, avec une attention rare dans un âge si tendre, tout ce qui était nécessaire pour la célébration des saints mystères. Sûr de sa discrétion, M. Pronzat l'emmenait, pen-

(1) Il était fort occupé, en particulier pour les baptêmes ; on venait de différentes paroisses pour faire baptiser les enfants. Il fallait qu'il fît tous les jours plusieurs baptêmes, la plupart sous condition : le 11 mars 1800, il y en eut cinquante-deux inscrits dans les registres de la paroisse, et, le jour suivant, quarante.

dant la nuit, dans les lieux écartés où il allait offrir, à la dérobée, le saint sacrifice de la messe. Depuis, ces souvenirs furent pleins de charmes pour M. Monnereau; il se félicitait en particulier d'avoir servi la messe, dans une métairie, à la première heure du siècle où nous vivons. Comme M. Pronzat lui avait appris le plain-chant, il chantait quelquefois seul, pendant la grand'messe, avec une assurance et une modestie qui plaisaient beaucoup. Sa voix était agréable, facile et onctueuse (1). Le vénérable ecclésiastique s'appliquait spécialement à former son petit choriste à la vertu. Ses instructions et ses conseils, soutenus des exemples de sainteté qu'il ne cessait de donner, durent produire les plus heureuses impressions sur le cœur du jeune Monnereau. Sa confiance dans cet enfant était si grande, qu'il le chargeait de catéchiser les autres enfants de sa paroisse, lorsqu'il se trouvait dans l'impossibilité de le faire lui-même; ce qui arrivait fréquemment. Le catéchiste, qui s'était concilié l'estime et l'affection de ses petits auditeurs, avait sur eux beaucoup d'empire, maintenait l'ordre et se faisait écouter attentivement. Plein d'amour pour Notre-Seigneur, il soupirait après le jour où il lui serait donné de le recevoir dans l'adorable sacrement de l'Eucharistie. Enfin, cette consolation lui fut accordée au milieu de l'année 1800; mais il eut aussitôt une peine sensible.

Les habitants de Rouans appelaient de tous leurs vœux leur ancien curé: le calme s'étant un peu réta-

(1) La première fois que Pierre Monnereau, son oncle et son parrain, l'entendit ainsi chanter à l'église, il fut tellement satisfait qu'il lui donna quatre pièces de 6 francs pour récompense et pour encouragement.

bli, quelques-uns d'eux vinrent le quérir. C'était pour lui un devoir de se consacrer au salut de son propre troupeau. Aussi, malgré l'attachement que lui témoignaient les habitants de Saint-Martin-des-Noyers, il partit dès le lendemain de la première communion, regrettant que les circonstances ne lui permissent pas d'emmener avec lui, comme il le désirait, son petit servant de messe (1).

Peu après, le digne ecclésiastique qui avait desservi la paroisse avant la Révolution, arriva de l'exil. M. Guillet conçut, comme M. Pronzat, une tendresse toute paternelle pour le jeune Monnereau, qu'il avait baptisé; il voulut qu'il continuât de remplir les fonctions d'enfant de chœur.

Son père désirait lui donner une instruction bien convenable; il le mit en pension, pendant quelque temps, chez un de ses cousins, instituteur à Sainte-Florence, et ensuite à Chantonnay, dans une maison par-

(1) M. Pronzat fut nommé curé de Paimbœuf et revêtu du titre de vicaire-général par Mgr Duvoisin, le 25 février 1802. Au moment où il arrivait à la porte du haut Paimbœuf, une femme se mit à l'accabler d'injures qu'il supporta avec un grand calme. La nuit suivante, on vint le demander pour une personne qui allait mourir : c'était la malheureuse qui l'avait insulté, et ce fut la première personne dont il fit la sépulture à Paimbœuf. Il conquit bientôt les cœurs de tous les habitants. On lit dans les registres de la paroisse de Paimbœuf, qu'il la gouverna jusqu'au 11 septembre 1825, avec une sagesse admirable. Il savait multiplier les ressources pour secourir les malheureux. Il dépensa pour les soulager, outre les faibles revenus de sa place, 26,000 fr. de son patrimoine. Il mourut le 11 septembre 1825, âgé d'environ cinquante-huit ans. Nul prêtre n'a été peut-être plus regretté de son troupeau et de ses confrères. Le Conseil Municipal lui fit ériger, aux frais de la ville reconnaissante, un tombeau en marbre blanc. On le vénère encore aujourd'hui comme un saint.

ticulière, pour suivre les classes d'un maître qui avait de la réputation. On apprécia promptement les belles qualités qui distinguaient le nouvel élève ; il se fit remarquer par son exactitude à observer le réglement, par sa docilité, sa modestie et son assiduité au travail. Ses progrès répondirent à son application : il dépassa tous ceux qui étudiaient avec lui.

De retour à Saint-Martin-des-Noyers, il se mit à travailler avec son père ; et comme il était actif et laborieux, il devint en peu de temps un habile ouvrier. Les loisirs que ses occupations lui laissaient, il les employait ordinairement, avec un zèle remarquable dans un jeune homme, à la prière et au service du prochain. Il réunissait, le soir, une trentaine d'enfants pour leur apprendre à lire et à écrire, leur faisait connaître les éléments de la religion et les portait à la pratique de la vertu. Son cœur, pénétré d'amour pour Dieu, s'épanchait dans les petites instructions qu'il leur donnait. Sa vie était exemplaire ; il remplissait soigneusement ses devoirs de religion, avait pour ses parents autant de respect que de tendresse, et vivait dans une grande union avec ses frères et avec ses sœurs. Mais, vers l'âge de seize ans, son zèle pour son avancement spirituel se ralentit. Entraîné par les mauvais exemples de quelques jeunes gens qu'il eut le malheur de fréquenter, il se livra avec eux à des divertissements inconciliables avec la piété. Sa gaîté, son entrain et ses autres qualités le faisaient rechercher ; il fallait qu'il prît part à toutes les parties de plaisir. Toutefois, il ne cessait point d'être profondément attaché à la Religion, et il montrait une grande réserve, en toute circonstance ; jamais une parole déplacée ne sortait de sa bouche. Le monde dont il aimait les fêtes était satisfait; mais les Anges pleuraient de ce qu'il laissait se ralentir sa première ferveur; la Providence lui fournit l'occasion de la ranimer. Un violent mal de gorge lui survint à la suite d'une pêche qu'il avait faite dans un étang avec quelques jeunes gens, et la convalescence dura plus d'un an. Les réflexions sérieuses qu'il fit, dans cette circonstance, produisirent sur lui les impressions les plus salutaires; il résolut de ne vivre plus que pour Dieu. Dès lors, on le vit avancer à grands pas dans le chemin de la vertu. Autant il avait couru après les divertissements du monde, autant il s'en éloignait. En différentes occasions, il sut résister aux plus vives instances de ceux dont il avait autrefois partagé les plaisirs. Un jour qu'ils vinrent chez lui faire de nouveaux efforts pour l'entraîner, il se déroba à leurs regards par une sage défiance de lui-même, et se cacha si bien qu'ils ne purent le trouver.

Tandis qu'ils allaient aux fêtes mondaines, lui, il mettait son bonheur à prier au pied des autels; il aurait voulu passer les jours et les nuits auprès du divin Maître, qui fait ses délices d'habiter parmi les enfants des hommes.

A la maison, il trouvait dans de pieuses lectures et dans le chant des cantiques une satisfaction qu'il n'avait pas éprouvée au milieu des divertissements du siècle. Chaque jour, il bénissait le Seigneur de l'avoir éclairé sur la vanité des choses d'ici-bas, et s'attachait de plus en plus à son service. La charité envers le prochain croissant dans le cœur à mesure que l'amour de Dieu s'y développe, il conçut une tendre compassion pour les indigents. Si ses parents ne l'eussent retenu, il aurait donné aux pauvres tout ce qu'il possédait.

Ses précieuses qualités inspirèrent à plusieurs pères et mères le désir de le voir entrer dans leur famille. Un homme honorable qui avait deux filles, vint proposer à René Monnereau de faire épouser l'une d'elles à son fils Pierre, et l'autre à un autre de ses enfants. C'était un parti avantageux qui sourit au père. Il communique à Pierre la proposition qui le concerne, persuadé qu'elle lui sera agréable ; mais le pieux jeune homme lui déclare qu'il n'a aucunement l'intention de s'engager dans les liens du mariage, qu'il n'aspire qu'au sacerdoce. « Mon fils, lui dit cet excellent père, si Dieu t'appelle à la prêtrise, je ne m'opposerai point à la volonté divine. Je te procurerai, autant que possible, les moyens de suivre ta vocation. » Le fils, comblé de joie, lui témoigna vivement sa reconnaissance : ses vœux allaient s'accomplir.

Après avoir reçu de M. Guillet quelques leçons de latin, il entra, le 2 novembre 1808, au séminaire de Chavagnes, institué et dirigé par le P. Baudouin, qui l'accueillit avec une bonté toute particulière ; son air modeste et posé, la sagesse avec laquelle il répondit aux questions qui lui furent adressées, frappèrent vivement le serviteur de Dieu, et lui firent concevoir l'espérance que ce nouvel élève parviendrait heureusement au terme de ses désirs, et ferait un prêtre pieux et plein de zèle.

La première messe à laquelle il assista commençait par ces mots : *Exaltavi electum de plebe mea,* etc. *J'ai élevé mon élu au milieu de mon peuple. Je l'ai consacré avec mon huile sainte. Ma main sera son appui et mon bras le fortifiera* (1). Il lui semblait que Dieu lui adressait ces paroles prophétiques, pour exciter sa confiance et l'encourager à poursuivre courageusement la voie où sa bonté l'introduisait. Elles firent sur lui une telle impression de joie et de bonheur, qu'après le saint sacrifice il dit à son père qu'il en était hors de lui-même. Ainsi, l'Esprit-Saint lui faisait part abondamment des ineffables consolations dont il récompense d'ordinaire les premiers sacrifices des âmes qui renoncent, pour son amour, aux espérances du siècle.

Le P. Baudouin, voyant son âge avancé et son vif désir de s'instruire, lui donna un répétiteur intelligent. Le jeune séminariste se livra à l'étude avec une ardeur telle, qu'il fallut la modérer. Comme il se tenait à l'écart, un livre à la main, au temps de la récréation, le sage supérieur lui fit comprendre que l'arc ne peut pas toujours être tendu, et que donner quelque relâche à l'esprit, c'est le rendre plus dispos pour le travail. Son application, son jugement et sa mémoire heureuse lui firent faire des progrès sensibles; mais il avança plus rapidement encore dans la carrière de la vertu : il devint un modèle pour le séminaire. Le P. Baudouin se plaisait à l'appeler son fils béni; il l'aimait surtout à cause de sa candeur et de son humilité. Aussi l'emmenait-il avec lui, comme son servant de messe, lorsqu'il allait célébrer les saints mystères à la communauté des religieuses de Chavagnes. La tenue et le recueillement du pieux séminariste, pendant les offices, étaient pour tous ceux qui jetaient les yeux sur lui un sujet d'édification. Lorsqu'il

(1) Ps. 88, 19 et 20.

avait le bonheur d'approcher de la Table Sainte, il semblait n'être plus sur la terre. Un jour, une religieuse, qui avait soin de la sacristie, étant venue lui parler pendant son action de grâces, il ne répondit rien; elle revint une seconde et une troisième fois sans recevoir de réponse; ne voulant pas faire de nouvelles instances, elle se retira, et dit à une de ses sœurs : « Sans doute que notre jeune saint est tombé en extase. » Il n'était pas moins édifiant pendant les vacances qu'il passait auprès de ses parents, à Saint-Martin-des-Noyers. Sa dévotion envers l'adorable Eucharistie, déjà remarquable avant son entrée au séminaire, s'était accrue d'une manière sensible. Il restait, chaque jour, si longtemps dans le lieu saint, que les habitants du bourg en témoignaient leur étonnement.

Après ces jours de loisir et d'épreuve, trop souvent l'écueil de l'innocence, il rentrait au séminaire encore plus affermi dans la vertu. Sa vocation au sacerdoce ne laissant aucun doute, ses supérieurs lui ouvrirent avec confiance l'entrée du sanctuaire. Il franchit en peu de temps les premiers degrés de la cléricature. Bientôt, Mgr Paillou, qui gouvernait les diocèses de Luçon et de La Rochelle, réunis alors en un seul, crut devoir lui conférer les ordres sacrés du sous-diaconat et du diaconat.

L'esprit de Dieu, dont le pieux lévite était rempli, lui inspira le désir d'embrasser la pratique des conseils évangéliques; il sollicita et obtint son admission dans la société des Enfants de Marie immaculée, formée par le P. Baudouin. Quoique liés par les trois vœux de religion, les membres qui en faisaient partie pouvaient, dans ce temps-là, remplir les fonctions de vicaire et même celles de curé.

A cette époque, un grand nombre de paroisses étaient privées de pasteurs, et Mgr Paillou, qui avait à cœur de pourvoir, le plus tôt possible, aux besoins les plus pressants, se hâtait d'élever à la prêtrise les aspirants au sacerdoce, dès qu'ils avaient acquis les connaissances nécessaires pour diriger les âmes. Pendant quatre ans, M. Monnereau s'était adonné, avec le plus grand soin, à l'étude du latin, de la philosophie et de la théologie; mais quelle qu'eût été son application et quelle que fût son intelligence, sa science ne pouvait pas avoir cette profondeur qui s'acquiert par des études prolongées; du moins il avait le suffisant, et il était bien résolu de continuer à travailler sérieusement pour perfectionner ses connaissances; ce qu'il fit jusqu'à la fin de sa vie. Appelé à l'ordre sublime du sacerdoce par ses supérieurs, il se prépara par un redoublement de piété à recevoir cette faveur céleste. Les instructions du P. Baudouin, pendant la retraite préparatoire, lui donnèrent de nouvelles lumières sur l'auguste caractère dont il allait être revêtu, ainsi que sur les devoirs qui lui seraient imposés, et excitèrent en lui d'abord une sainte crainte, puis une douce confiance.

CHAPITRE II.

Depuis sa promotion au sacerdoce, en 1812, jusqu'à sa nomination à la cure des Brouzils, en 1814.

Le fervent diacre vit avec bonheur arriver le jour où, avec l'onction sacerdotale, il recevrait une plus grande participation de la vie de Notre-Seigneur Jésus-Christ. Il fut ordonné prêtre par Mgr Paillou, le 25 août 1812, dans la chapelle du petit séminaire de Chavagnes. Quel torrent de grâce la bonté divine a dû répandre dans un cœur si bien préparé ! Que n'a-t-il pas ressenti au moment où le Très-Haut, l'élevant au-dessus de la terre, lui confiait un pouvoir qu'il n'a pas accordé aux Anges, celui d'offrir l'Agneau immolé pour le salut du monde, et de remettre les péchés. Son recueillement si profond, son visage animé par une vive expression de foi et de piété, ses yeux humblement baissés, tout donnait à ceux qui le considéraient quelque idée de ce qui se passait au fond de son âme.

Le souvenir de la grâce insigne de son ordination, uni à celui des autres faveurs que le Seigneur lui avait prodiguées au berceau de son éducation cléricale, s'imprima dans son cœur en caractères ineffaçables. Nous pouvons citer en témoignage une lettre adressée, le 10 février 1851, à une religieuse des Sacrés-Cœurs de Jésus et de Marie par le directeur de la congrégation établie, sous les auspices de l'auguste Mère de Dieu, pour les élèves du petit séminaire de Chavagnes :

« Votre vénéré Père eut la bonté, l'année dernière, d'accepter l'invitation que je lui avais faite de célébrer les offices le jour de la Visitation, fête patronale de la congrégation de la Sainte Vierge. Il prêcha, à la grand'messe, avec cette onction et cette éloquence de cœur que vous connaissez. Après son action de grâces, il se rendit à la prière que je lui fis de prendre quelque chose avant le dîner. Je me trouvais seul avec lui ; il ne faisait aucune attention à ce qui était servi ; silencieux et comme hors de lui-même, il pleurait et sanglotait même. — Eh ! mon bon Père, lui dis-je, vous paraissez bien triste. — Ah ! répondit-il, en versant des larmes plus abondantes, j'ai bien sujet de l'être quand je pense à toutes les grâces que j'ai reçues dans cette chapelle, où je viens de dire la messe. Lorsque j'ai commencé à prêcher, le souvenir de toutes ces faveurs s'est présenté si vivement à mon esprit, et mon cœur a tellement été ému que j'ai cru un instant qu'il me serait impossible de continuer. Oh ! que de grâces j'ai reçues dans ce sanctuaire ! c'est là que.... et il se mit à énumérer les principaux bienfaits que le Seigneur lui avait accordés dans ce lieu saint et dont le sacerdoce était le couronnement. Voyez, ajouta-t-il, ce que je dois éprouver au souvenir de tant de grâces. — Oh ! oui, mon bon Père, lui dis-je, vous devez être bien reconnaissant. — Je ne le serai jamais assez ; mais ce qui m'afflige, c'est de n'en avoir pas bien profité.... Attendri de la peine qu'il ressentait, je tâchai de le rassurer en lui disant qu'il n'avait pas été aussi infidèle qu'il voulait bien le dire, etc., etc.... Je regrette de ne pouvoir reproduire la suite de notre entretien avec ce vénéré Père ; mais ce que je viens de raconter suffit pour donner une idée de sa profonde humilité et de sa vive reconnaissance envers Dieu. Je suis persuadé, ma chère Sœur, que dans la circonstance dont je vous parle, il a reçu des faveurs toutes particulières. Il n'est pas nécessaire d'ajouter que je remerciai le Seigneur de nous avoir fait entendre, ce jour-là, la parole d'un saint, et que j'offris à votre vénéré Père lui-même mes remerciements pour l'excellente instruction qu'il nous avait donnée. Il était venu apporter les bénédictions célestes dans notre petit séminaire, comme autrefois, à pareil jour, notre bonne Mère les avait fait entrer avec elle dans la maison de sa cousine sainte Élisabeth. »

Être honoré du sacerdoce, c'est recevoir une dignité infiniment supérieure à celle des rois. Produire, dans le temps, le Verbe engendré de toute éternité dans le sein du Père suprême ; participer en quelque sorte à la fécondité virginale de Marie pour donner un nouvel Être à un Dieu ; avoir en main les clés du ciel et de l'enfer ! quel ministère ! mais aussi quelles obligations ! Les Anges eux-mêmes, selon les saints Pères, en seraient effrayés : « Vous voilà devenu prêtre, dit l'auteur de l'*Imitation de Jésus-Christ,* et consacré pour célébrer les saints mystères. Loin d'avoir diminué votre charge, vous êtes par là plus étroitement lié au joug de la discipline, et vous êtes engagé à un plus haut degré de sainteté ; un prêtre doit être orné de toutes les vertus et donner aux autres l'exemple d'une sainte vie. Sa conversation ne doit avoir rien de celle du peuple et du commun des hommes ; mais elle doit être avec les Anges dans le ciel ou avec les parfaits sur la terre. » Pénétré de ces vérités qu'il avait méditées profondément, M. Monnereau promit à

Dieu de faire ce qui dépendrait de lui, pour répondre à la sublimité de sa vocation, et s'y appliqua sans retard. Au lieu de laisser s'évaporer, dans la dissipation, le premier parfum de la grâce sacerdotale, pendant les jours de loisir qui suivirent son ordination, il le conserva avec le plus grand soin. Il mit sérieusement la main à l'œuvre afin de poser les fondements de la perfection ecclésiastique, dont il voulait élever l'édifice jusqu'au ciel; en même temps, il se sentit animé d'un grand désir de travailler au salut des âmes rachetées du sang de l'Homme-Dieu. Il lui tardait de s'élancer dans la carrière ouverte à son zèle ; son vœu fut bientôt satisfait. Mgr l'évêque de La Rochelle le nomma vicaire des Sables-d'Olonne, qui avaient alors pour curé M. Vrigneau, prêtre fort recommandable (1).

M. Monnereau se rendit avec empressement au poste que la divine Providence lui avait assigné. Pendant le voyage, il donna aux pauvres qu'il rencontra des témoignages de sa charité envers les indigents; s'il n'en eût été empêché par son frère aîné qui l'accompagnait, il aurait donné tout ce qu'il avait d'argent. Ses traits n'avaient rien de remarquable; mais la piété et la modestie, empreintes sur son visage, frappèrent tout d'abord les habitants des Sables. On s'écria en le voyant : Quel beau tabernacle! La bonne

(1) M. Vrigneau a laissé aux Sables un monument de son zèle dans le beau calvaire élevé en face de la mer. Une inscription, gravée sur le marbre, y rappelle sa mort arrivée loin des Sables. Voici les derniers vers de cette inscription :

Ah! mes chers paroissiens... A ces mots il expire.
De ses vertus, le Ciel était jaloux ;
Ses enfants, d'âge en âge, aimeront à redire :
Son dernier soupir fut pour nous.

opinion qu'on avait conçue s'accrut encore à la vue de sa conduite édifiante. On vit en lui un prêtre qui ne cherchait que la gloire de Dieu et le bien des âmes, désintéressé, humble, dévoué, adonné à la prière, ayant, dans le feu de la jeunesse, la gravité et la circonspection du vieillard. Il se livra avec ardeur aux exercices du saint ministère, sans rien perdre de son recueillement habituel.

M. Monnereau a toujours aimé le spectacle de la nature ; quelle impression dut faire sur son esprit la vue de la mer dont la voix, comme celle des cieux, *raconte la gloire* du souverain Créateur (1). Quel beau sujet de méditation pour lui, lorsque, portant ses pas sur la magnifique plage des Sables-d'Olonne, il contemplait à perte de vue cet Océan si majestueux, image, par sa grandeur, de l'immensité divine, et, par sa perpétuelle agitation, de l'inconstance des choses humaines. Il consacrait beaucoup de temps à la prière, et ses oraisons prolongées entretenaient et rendaient de jour en jour plus intime son union avec le Seigneur. Il admirait la dévotion si remarquable des Sablais au Très-Saint-Sacrement et leur tendre confiance envers la Sainte Vierge, leur glorieuse patronne (2). Le grand nombre de personnes qui assistaient tous les jours au saint sacrifice de la messe, les processions où l'on portait avec pompe, tous les mois, le Très-Saint-Sacrement dans l'église, remplie comme aux plus grandes solennités, la tenue religieuse des assistants, un peuple entier chantant d'une seule voix, pendant les offices, les louanges du divin Roi, le concours nombreux et fréquent

(1) Cœli enarrant gloriam Dei, Ps. 18.

(2) L'église des Sables est sous le vocable de l'Assomption de la B. V. Marie.

dans la chapelle du Rosaire et dans celle de Notre-Dame du Bon-Secours, tout, dans le lieu saint, édifiait singulièrement le nouveau vicaire et excitait sa piété. Un cœur dévoué à Dieu est heureux de le voir aimé, servi, adoré ; il s'anime à la vue des hommages qui lui sont rendus et s'unit, pour le bénir, aux Anges du ciel et de la terre. M. Monnereau voyait aussi avec bonheur, dans l'église paroissiale, un autel dédié au Sacré-Cœur de Jésus. Déjà la salutaire dévotion envers ce cœur adorable avait jeté de profondes racines dans son âme fidèle aux divines inspirations, et s'y étendait, sous la puissante action de la grâce ; nous la verrons porter les fruits les plus abondants.

Le saint prêtre n'avait d'attrait que pour les choses de Dieu ; en tout, il tendait vers Celui qui est notre seule fin et surmontait courageusement les obstacles qu'il rencontrait dans sa marche ; ardent et impétueux, il châtiait son corps pour le réduire en servitude ; à tout prix, il voulait éteindre entièrement en lui la vie des sens, afin de ne vivre que de la vie de la grâce. Ses austérités paraissaient même excessives à certaines personnes, au milieu d'une population pleine de foi, mais naturellement enjouée. Il leur semblait qu'une pénitence si rigoureuse ne convenait pas à sa position ; qu'elle devait être réservée aux âmes qui s'adonnent, dans le cloître, à la vie contemplative : on l'aurait voulu moins retiré et plus expansif. Cependant, il ne manquait pas d'abandon quand il se trouvait avec les simples et les pauvres. Sa charité envers ceux qui étaient dans le besoin lui faisait saisir l'occasion de leur porter secours. A peine avait-il passé aux Sables quelques mois, qu'il reçut une autre destination ; les habitants l'apprirent avec regret : « Comment, disaient-ils, il s'en va déjà, ce bon saint ! » C'était surtout le cri des indigents.

La ville de Fontenay, où il fut envoyé comme vicaire de la paroisse de Notre-Dame, au mois de février 1812, conçut pour lui la même estime. M. Monnereau était sous la direction d'un curé distingué par son talent et par son zèle, M. Bréchard. Le premier vicaire, M. Lucet (1), appartenait comme lui à la congrégation des Enfants de Marie Immaculée ; aussi vécurent-ils dans une grande intimité : on voyait en eux deux frères étroitement unis. M. Monnereau, qui s'occupait peu de son entretien, prenait, avec simplicité, ce dont il avait besoin dans le vestiaire de son collègue. Il employait ses loisirs à donner des leçons de latin à quelques enfants en qui il avait reconnu des dispositions pour l'état ecclésiastique. Diriger vers le sanctuaire les jeunes gens appelés au sacerdoce, c'était à ses yeux une des œuvres les plus dignes du zèle d'un prêtre ; et, comme nous le verrons, il s'y appliqua toute sa vie.

L'apôtre de la belle dilection nous dit de ne pas aimer le monde, ni les choses du monde (2), et saint Paul ajoute : *Si je plaisais aux hommes, je ne serais pas serviteur de Jésus-Christ* (3). A Fontenay, comme aux Sables-d'Olonne, le pieux vicaire n'avait pas d'efforts à faire sur lui-même pour fuir le monde ; son cœur en était tout-à-fait détaché ; il n'allait même qu'avec peine dans

(1) M. Lucet est mort supérieur du petit séminaire de Chavagnes et de la Société des Ursulines de Jésus, fondée par le R. P. Baudouin.

(2) Saint Jean, 2, 15.

(3) Galat. 1, 10.

les sociétés où la bienséance lui faisait un devoir de paraître. Du reste, ses qualités plus solides que brillantes n'avaient point ce poli et cette distinction qui plaisent au monde; ses manières pleines de simplicité n'attiraient pas sur lui l'attention, mais sa vertu était appréciée. M. Lucet a été l'interprête du sentiment général en disant : « Nous le regardions comme un saint François d'Assise. »

Le bonheur qu'il éprouvait à s'entretenir avec Dieu lui faisait rechercher la solitude où l'on entend la voix du divin maître (1). Non loin de Fontenay, au milieu de la forêt de Mervent, sur le penchant d'une colline au pied de laquelle serpente une petite rivière, se trouve une caverne formée par un énorme rocher. Le vénérable de Montfort avait conçu le dessein d'y établir un petit ermitage, et il y passa quelques jours dans la méditation et la prière; on peut juger du bonheur qu'il y goûta, par le chant qu'il composa sur cette solitude :

Loin du monde, en cet ermitage,
Cachons-nous pour prier Dieu:
Peut-on trouver un lieu
Où la grâce ait plus d'avantage? etc.

Cette grotte dans laquelle on a placé, depuis quelques années, une statue du zélé missionnaire qui l'a comme embaumée de l'odeur de ses vertus, est devenue le but d'un pieux pélerinage. C'est là que M. Monnereau se retirait, de temps en temps, pour s'y livrer au saint exercice de l'oraison. Il s'y rendait le matin, de bonne heure, n'emportant qu'un morceau de pain, et y passait la journée entière. Là, comme le saint prêtre dont il suivait les pas,

(1) Osée, 2, 14.

loin des troubles et de l'agitation de la ville, il prêtait l'oreille « à la douce harmonie des oiseaux et des échos. » Il entendait « l'éloquent silence des rochers et des forêts

Qui ne prêchent que paix
Qui ne respirent qu'innocence. »

Tout dans cette paisible solitude l'élevait à Dieu. Qui pourrait dire ce qui se passait dans ses longs et délicieux entretiens avec l'adorable Maître? Il en sortait tout embrasé du feu du divin amour; et, de retour à la ville, il s'efforçait d'en communiquer les vives ardeurs aux âmes qui étaient sous sa conduite.

Pendant son séjour à Fontenay, son père, atteint d'une maladie qui ne laissait pas d'espérance, manifesta le désir de le voir, avant de mourir. Ce fils respectueux et dévoué s'empressa de se rendre à Saint-Martin-des-Noyers; il y arriva assez tôt pour recueillir le dernier soupir de ce père bien-aimé, que la mort lui ravit, le 8 décembre 1812.

La foi seule put adoucir la profonde douleur que lui causa une perte aussi sensible. Celui qu'il pleurait méritait bien les regrets de ses enfants. Entre les qualités dont il fut orné, on doit distinguer son amour pour la justice. Il remplit avec autant de probité que de zèle, pendant un grand nombre d'années, les fonctions de trésorier de la fabrique. Lorsque la République dépouillait les églises, un habitant de Saint-Martin-des-Noyers, s'adressant à lui comme au trésorier de la fabrique, lui offrit dix écus pour un pré qui appartenait au vicariat et qui touchait à sa maison. Le fidèle marguillier en fut indigné, et dit avec vivacité : « Ce bien n'est pas à nous. » Heureux les enfants qui ont sous les yeux, dans leur famille, de tels exemples de vertus !

Quelques jours après le décès de son père, M. Monnereau se rendit à un nouveau poste qui venait de lui être assigné. Mgr Paillou l'avait nommé vicaire de la Garnache. Les personnes de Fontenay qui avaient pu l'apprécier, le suivirent de leurs regrets. Une respectable dame lui ayant fait passer une gravure, il l'en remercia par une lettre où se manifestent l'amour dont il était embrasé pour Jésus et Marie, et le désir ardent qu'il avait de le voir partout connu et aimé. Après avoir exprimé sa reconnaissance, il ajoute : « Je souhaite que l'aimable Jésus, notre divin Maître, et sa tendre Mère que représente l'image que vous m'envoyez, daignent un jour vous en récompenser pour moi. Aimons ces divins modèles, Madame ; nous ne saurions nous perdre en les aimant et en marchant sur leurs traces. J'estime beaucoup les dévotions envers les Anges et envers les Saints : elles sont toutes louables ; mais pour celles envers Jésus et envers Marie, elles feront toujours mes plus chères délices. Et, en effet, toutes les autres dévotions n'ont pour fin que de conduire à Jésus par Marie, à l'amour de Jésus par l'amour de Marie. Celui qui a trouvé ce précieux trésor est heureux : il ne lui manque plus rien dans le lieu de son exil. Jésus brûle d'amour pour nous ; usons de retour ; brûlons aussi nous d'amour pour lui : il le mérite à toutes sortes de titres. Sans Jésus, après la chute de notre premier père, où en étions-nous ? Jésus a eu pitié de nous, il est venu à notre secours, il nous a tirés des mains du démon, il nous a sauvés de la mort éternelle, il nous a ouvert la porte du ciel ; maintenant il nous prépare dans son royaume des trônes dont nous ne saurions exprimer la beauté. Soyons donc reconnaissants envers ce divin Sauveur ; cherchons à lui plaire en toutes choses ; et le moyen, c'est de pratiquer les vertus dont il nous a donné l'exemple, lesquelles sont marquées dans le saint Évangile. Considérons-en la belle et aimable doctrine ; elle ne respire que la bonté, la douceur, l'humilité, la chasteté, le détachement de tout ce qui peut nous rendre malheureux. O hommes ! si vous la connaissiez, si vous vous donniez la peine de la considérer un moment, jamais vous n'en embrasseriez d'autres : vos plus chères délices seraient de la mettre en pratique. Pour nous, Madame, à qui Jésus, dans sa grande miséricorde, a bien voulu en donner l'intelligence, nourrissons-en notre esprit et la nuit et le jour, afin que par cette méditation nous croissions de plus en plus dans la connaissance et l'amour de Jésus. »

M. Hervouet, curé de la Garnache, à qui M. Monnereau avait été donné pour collaborateur, était un prêtre de beaucoup de mérite, ne respirant que la gloire de Dieu et le salut des âmes (1). Ses exemples et ses conseils devaient puissamment contribuer à faire avancer son jeune vicaire dans les voies de la piété. La première fois que le vénérable curé l'entendit prêcher dans l'église de la Garnache, il fut frappé de l'onction avec laquelle il annonçait la parole de Dieu. « Voilà, dit-il après le sermon, un prêtre qui fera beaucoup de bien. » Ses

(1) Depuis, M. Hervouet a été supérieur du petit séminaire des Sables-d'Olonne, et est mort missionnaire, à Saint-Laurent-sur-Sèvres.

espérances se réalisèrent. M. Monnereau le seconda avec un zèle ardent et conquit l'estime de tous les habitants de la paroisse. Voici ce qu'a écrit à son sujet, en 1858, l'honorable curé de la Garnache, auquel on avait demandé des renseignements sur le vicariat de l'homme de Dieu : « On avait une grande idée de sa sainteté ; on m'a surtout parlé de sa simplicité, de son amour pour l'obscurité, de sa charité envers les pauvres. Un homme digne de foi m'a dit qu'il avait été un jour jusqu'à donner à un pauvre l'une des deux soutanes qu'il possédait. » Son désintéressement et sa générosité éclatèrent davantage encore dans une autre circonstance. On lui avait donné une métairie, avec la liberté d'en disposer comme bon lui semblerait ; il la vendit et en donna le prix au séminaire, sans en rien réserver pour lui-même.

Aizenay était, à cette époque, dans un état de souffrance auquel Mgr Paillou désirait apporter remède. Il lui fallait, pour remplir ses vues, un prêtre d'une piété, d'un zèle, d'une prudence et d'une énergie à toute épreuve. Son choix s'arrêta sur le vicaire de la Garnache, et il l'envoya, comme vicaire, à Aizenay, à la fin de 1813. M. Monnereau accueillit cette nomination comme les autres, avec cet esprit de foi qui lui faisait voir dans son évêque le représentant de Notre-Seigneur Jésus-Christ. Toujours soumis aux dispositions de la Providence et préparé à tout bien, il se hâta de se rendre au lieu où l'appelait la volonté de son Dieu. En tout il cherchait, non ses intérêts, mais ceux du divin Maître.

Le Seigneur l'avait envoyé pour montrer aux habitants d'Aizenay les vertus et la perfection sacerdotale brillant d'un vif éclat dans un prêtre jeune encore.

Il y avait un grand abus dans l'église paroissiale : les jours de fêtes et les dimanches, les hommes assistaient aux offices dans le sanctuaire; ils montaient jusqu'au pied de l'autel, et déposaient sur le marchepied leurs bâtons et leurs chapeaux. M. Monnereau, dont la foi était si vive, voyait avec une peine extrême une habitude si contraire au respect dû au Très-Saint-Sacrement, et d'ailleurs très-gênante pour le prêtre qui célébrait les saints mystères. Un dimanche, au moment de monter à l'autel, autour duquel il voit, comme à l'ordinaire, beaucoup d'hommes, il se sent tout-à-coup embrasé, comme son divin Maître, d'un zèle ardent pour la maison de Dieu : « Si l'on ne se retire pas du sanctuaire, s'écrie-t-il, je n'offrirai pas le Saint Sacrifice. » Personne ne bouge. « Je vous le répète, reprend-il vivement, si l'on veut avoir la messe, il faut qu'on sorte du sanctuaire; car je déclare que je ne la dirai pas, si l'on s'obstine à rester. » Le ton d'autorité avec lequel il parle impose aux hommes placés dans le sanctuaire; ils en sortent, et, depuis, les laïcs n'y entrèrent plus.

Sachant que le premier devoir d'un prêtre est d'acquérir la sainteté, que c'est d'ailleurs le moyen d'attirer sur son ministère les bénédictions du ciel, il s'occupait, avant tout, du soin de sa propre perfection.

Les saintes violences qu'il se faisait intérieurement pour atteindre le but auquel il aspirait, ne sont bien connues que du ciel; mais son esprit de détachement et de mortification perçait dans toute sa conduite. Aux privations que lui imposaient son vœu de pauvreté et la règle qu'il s'était engagé à suivre, son zèle pour son avancement et pour la pratique des conseils évangéliques lui faisait ajouter bien des sacrifices et des retranchements ; ainsi, il n'avait d'ordinaire qu'une soutane à son usage. Le soir, il avait coutume de retirer la couëtte de son lit pour passer sur la paillasse le peu de temps qu'il donnait au sommeil ; il consacrait une grande partie de la nuit à la prière et au travail.

La domestique qui le servait avait à peine les premières notions de la cuisine ; ses repas étaient très-mal apprêtés, et cependant M. Monnereau ne lui adressait pas la moindre observation. « Il est toujours, disait-elle, content de ce que je fais. »

Jamais les pauvres ne recouraient vainement à lui : il leur distribuait tout ce qu'il avait. Une personne qui lui fournissait des bas ne pouvait pas suffire à lui en faire, parce qu'il les donnait aux indigents à mesure qu'il les recevait. Les représentations les plus pressantes ne pouvaient l'engager à modérer ses libéralités. La domestique lui ayant un jour demandé s'il ne voulait pas qu'on lui fît faire quelques chemises, il demanda combien il en avait : « Trois, lui répondit-elle. — Eh bien, j'en ai une de trop. »

Une excellente demoiselle, qui depuis, conformément à ses avis, entra au couvent de la Visitation, à Nantes, trouvait ses charités excessives ; et, pour qu'il lui restât quelque chose, elle mettait parfois en réserve l'argent qu'elle était chargée de lui remettre.

Que ne fit-il pas pour la conversion des pécheurs ! Il y avait, à une demi-lieue d'Aizenay, un homme d'un caractère violent et emporté, qui avait attenté aux jours de sa femme et lui avait même fait une profonde blessure. M. Monnereau entreprit de le convertir, avec le secours d'En-Haut; mais dès que cet homme l'aperçut, il se cacha pour ne pas parler à un prêtre; le zélé vicaire parvint pourtant à s'aboucher avec lui. Cet entretien suffit pour lui toucher le cœur. Après le départ du jeune apôtre, le vieux pécheur alla triomphant trouver sa sœur pour lui faire part de la satisfaction qu'il éprouvait d'avoir parlé à M. le vicaire d'Aizenay. « Je vois, ajouta-t-il, qu'à tout péché il y a miséricorde. » Sa sœur le félicita de ses heureuses dispositions, et le fortifia dans le désir qu'il avait de changer de vie. Fidèle à la voix de la grâce, il se convertit, persévéra et mourut d'une manière si édifiante, que tous les assistants étaient attendris jusqu'aux larmes.

La vertu de M. Monnereau ne se démentit pas un seul instant, pendant son vicariat d'Aizenay; c'est ce qu'atteste son digne collègue, M. Chacun, aujourd'hui curé des Moutiers-sur-le-Lay. « Son zèle, a-t-il écrit, était ardent et éclairé; il avait un courage indomptable pour faire le bien, une piété douce et agréable, une humilité profonde sans aucun fard, une prudence parfaite. Il aimait à chanter et chantait souvent des cantiques sur différents sujets; mais son cantique favori était celui-ci : *Sainte cité* (1). Quand il le chantait, il semblait être déjà dans l'heureuse demeure des élus; sa figure me représentait celle d'un séraphin. »

(1) Ce cantique sur le ciel se trouve dans le *Recueil des Cantiques* à l'usage du diocèse de Luçon. M. Monnereau se plaisait encore à le chanter à la fin de sa vie.

CHAPITRE III.

Sa nomination à la cure des Brouzils, son arrivée et ses premiers travaux dans cette paroisse.

M. Goillandeau, ancien chanoine de la collégiale de Montaigu, lequel desservait la paroisse de Notre-Dame-des-Brouzils (1) depuis la Révolution, eut, le lundi de Pâques 1814, une attaque d'apoplexie qui ne lui permit plus d'exercer les fonctions pastorales ; il était même dans l'impossibilité d'offrir le Saint Sacrifice. Au bout de quelque temps, les habitants, voyant qu'il n'y avait pas d'espoir de guérison, désirèrent vivement un autre curé. Trois hommes honorables se rendirent à La Rochelle pour exprimer leur vœu à Mgr Paillou. Le P. Baudouin, qu'ils allèrent voir, se chargea d'appuyer leur requête. Au sortir du conseil, il les aborda tout joyeux en leur disant : « Réjouissez-vous ; Monseigneur vous donne un curé, nommé M. Monnereau, qui restera plus de deux ans parmi vous, parce que c'est un excellent ecclésiastique. » Mgr Paillou dit lui-même qu'il ne pouvait pas faire aux habitants des Brouzils un plus riche cadeau que de leur donner un si saint prêtre.

Son départ d'Aizenay excita les regrets de toute la paroisse. M. Roy, qui en fut nommé curé peu après,

(1) La paroisse des Brouzils était un prieuré fondé, en 1120, par Gérard Archemaste, seigneur de Montaigu, en l'honneur de la bienheureuse Vierge Marie, soumis à l'abbé de Cluny et immédiatement au prieur d'Aix, du même ordre. (Pouillé de l'évêché de Luçon.)

disait que, partout où il allait, il trouvait des marques de la sainteté de M. Monnereau. « Alors, comme toujours et partout, écrivait-il le 29 juillet 1858, sa réputation a été celle d'un saint prêtre. » Tel était son esprit de pauvreté, qu'en partant il n'avait que vingt-cinq centimes.

Il arriva aux Brouzils le 14 août 1814, à la chute du jour, et se rendit aussitôt à l'église, dont les portes se trouvaient fermées. Il les fit ouvrir, pour avoir la consolation de faire sa première visite à notre divin Maître, caché dans l'Eucharistie. Il se prosterna à ses pieds et s'inclinant jusqu'à terre comme s'il eût voulu s'anéantir en sa présence, il l'adora assez longtemps avec un recueillement et une piété dont furent vivement frappées les personnes qui étaient présentes. L'humble serviteur de Dieu ne voulut pas permettre qu'on sonnât les cloches pour annoncer son arrivée. Le presbytère avait été affermé par le percepteur et par d'autres personnes qui l'occupaient encore. Une respectable octogénaire, Mme Jagueneau, offrit l'hospitalité au nouveau pasteur, en attendant qu'il se pût loger à la maison curiale.

Le lendemain, jour de l'Assomption de la très-sainte Vierge, fête patronale de l'église paroissiale, il célébra les saints mystères, pendant lesquels il fit une instruction solide et pleine d'onction. « Il prêcha, a écrit une personne qui l'avait entendu, avec une piété si affectueuse, un amour si ardent, une force si étonnante et un tel feu, qu'il en paraissait transporté. Son zèle et sa ferveur rayonnaient sur son visage. » Son cœur s'épanchait en quelque sorte tout entier pour inspirer à ses auditeurs l'amour dont il était rempli pour la Reine du ciel. Après avoir tracé le tableau de ses grandeurs, de sa gloire et de sa puissance, il l'invoqua avec des expressions tendres et animées par la confiance. Il se mit sous sa protection avec toute la paroisse, et la conjura de bénir le pasteur et le troupeau. Les expressions manquent pour peindre l'effet que cette première instruction produisit sur l'auditoire. Au sortir de l'église, la foule ravie répétait : « Notre prêtre est un saint ! Comme il prêche bien ! Jamais nous n'avions entendu de si belles choses. » Les cœurs étaient déjà gagnés ; la paroisse allait se renouveler, et elle en avait besoin.

Quand la Révolution éclata, elle était confiée aux soins d'un vertueux ecclésiastique choisi par les Bénédictins, M. Houssin, natif d'Angers. Au jour de l'épreuve, il donna des marques signalées de sa foi et de sa fidélité à l'Église. Au moment où le serment à la constitution civile du clergé allait lui être demandé, une dame lui dit que si ce serment répugnait à sa conscience, il pouvait seulement le faire de bouche. « Non, non, Madame, lui répondit-il, ma bouche ne peut pas dire ce que mon cœur dément. » Aussi refusa-t-il courageusement ce serment funeste. Comme on lui demandait ensuite pourquoi il n'avait pas suivi l'exemple de son vicaire, qui s'était rendu au vœu de l'Assemblée Nationale : « Si j'avais deux âmes, répondit-il comme un grand pape, je pourrais peut-être en sacrifier une en faisant ce qu'on demande ; mais je n'en ai qu'une (1). » Ne croyant pas pouvoir rester à la tête de son troupeau, il s'en éloi-

(1) Pendant que le vicaire faisait le serment, M. Houssin versait des torrents de larmes. Les habitants firent ce qu'ils purent pour retenir leur pasteur ; mais ils chassèrent le vicaire qui avait fait le

gna, fut pris et scella de son sang son attachement à la foi.

Sans doute, ce saint prêtre qui, pendant seize ans, avait déployé le plus grand zèle dans la paroisse des Brouzils, ne l'oublia pas à sa dernière heure, et offrit à Dieu son sacrifice afin d'attirer sur elle les bénédictions du ciel.

D'autres grâces bien précieuses furent accordées aux habitants des Brouzils. Comme les maisons avaient été incendiées et qu'on était continuellement exposé à se voir assailli par les troupes républicaines, les vieillards, les femmes et les enfants, pour échapper à la mort, se cachaient dans la forêt de Grala, pendant que les hommes valides combattaient, sous les ordres de Charette, pour la défense de la religion et de la monarchie (1). Ceux-ci venaient eux-mêmes passer quelques instants dans cet asile, quand les circonstances le leur permettaient. Là, ils pouvaient souvent entendre la sainte messe, célébrée par quelques-uns des prêtres fidèles restés dans le Bocage (2); ils s'y purifiaient dans la piscine sacrée de la pénitence, et recevaient, dans le sacrement de l'Eucharistie, le Dieu de force et de consolation.

Ces secours spirituels avaient contribué à entretenir la foi dans les âmes, sans arrêter le torrent du mal grossi

serment. En se retirant, le malheureux faillit être lapidé par les habitants de Saint-Georges, qui partageaient l'indignation de la paroisse des Brouzils.

(1) Deux combats dont il sortit vainqueur furent livrés dans la paroisse des Brouzils : l'un, dans le bourg même ; l'autre, dans les landes de la Fraisière.

(2) Parmi ces zélés ministres de Dieu, nous pouvons citer MM. Payraudeau et Jagueneau, qui furent arrêtés par les agents de la République et conduits auprès du Poiré, où on les massacra.

par la Révolution, qui avait été partout la source des plus affreux désordres. M. Goillandeau n'avait pu arracher les ronces et les épines d'un champ longtemps resté en friche; outre que ses forces ne lui permettaient pas de le cultiver comme il eût été à souhaiter, il avait à lutter contre la défiance des habitants des Brouzils. Plusieurs ne voulaient pas assister à sa messe, parce que, bien qu'il ne se fût pas soumis à la constitution civile du clergé, il avait prononcé un serment refusé par d'autres prêtres vendéens. Les sacrements n'étaient pas fréquentés; beaucoup même les avaient abandonnés. La jeunesse, entraînée par l'amour des plaisirs, négligeait les pratiques religieuses. Néanmoins, si la foi était affaiblie, elle était loin d'être éteinte. L'influence qu'elle exerçait encore donnait lieu au nouveau curé d'espérer que son ministère la ranimerait. Il avait un autre motif de consolation et d'espérance bien honorable pour les Brouzils; lui-même l'a fait connaître dans un âge avancé. « A mon arrivée dans la paroisse, disait-il, je fus frappé de la réserve et de la modestie des femmes; et dès lors, je me persuadai que je pourrais, avec le secours de la grâce, y faire du bien. »

Le nouveau curé des Brouzils mit la main à l'œuvre avec toute l'ardeur dont il était capable. Son premier soin fut d'apprendre à connaître son troupeau, d'étudier ses besoins et de lui témoigner son intérêt et son dévouement. La visite qu'il fit dans toutes les maisons manifesta sa bonté et son vif désir de sauver les âmes. Chacune de ses paroles était comme une semence de piété qui devait germer dans les cœurs et y porter des fruits.

Les bénédictions du ciel s'attachaient à ses pas : elles se répandirent avec abondance sur l'heureuse maison qui lui donnait l'hospitalité. Mme Jagueneau était une femme vertueuse, qui se contentait de communier aux plus grandes fêtes de l'année. Aux paroles enflammées de l'homme de Dieu, elle sentit accroître sa dévotion pour l'adorable Eucharistie, et mit son bonheur à s'approcher plus souvent de la Table sainte ; quelques autres personnes suivirent son exemple, et les communions, devenues plus fréquentes, attirèrent de nouvelles grâces sur la paroisse.

Quoiqu'il jouît de la plus grande liberté chez Mme Jagueneau, M. Monnereau, dans l'intérêt du bien, désirait habiter le presbytère. Cette satisfaction lui fut accordée huit mois après son arrivée. Il se contenta d'un ameublement tout-à-fait simple. Tout, dans sa nouvelle demeure, respirait l'esprit de pauvreté ; sa chambre n'avait rien de plus que la cellule d'un religieux. Il s'inquiétait peu de son logement, mais il désirait avec ardeur voir la maison de Dieu moins indigne de la Majesté suprême, qui daignait y faire son séjour. L'église, ancienne chapelle du moyen-âge, se trouvait dans l'état le plus déplorable; elle avait des lattes sans lambris, des bancs en ruine, des autels d'une extrême simplicité et noircis par le temps; on n'y voyait point de chaire. D'ailleurs, elle était beaucoup trop petite pour la population. Il aurait fallu la renverser pour en construire une nouvelle; mais les circonstances ne le permettant pas, le serviteur de Dieu y fit du moins les réparations les plus urgentes. Un lambris couvrit les lattes, les bancs furent refaits, les autels repeints et ornés de dorure; on plaça une chaire et une tribune. Quelques ornements sacerdotaux avaient été préservés du vandalisme révolutionnaire; mais ils étaient si pauvres et tellement usés, qu'on ne pouvait plus s'en servir convenablement. M. Monnereau les jeta au feu et s'en procura de plus décents.

En prenant soin du temple matériel, il ne pouvait oublier les temples spirituels, les âmes, qui doivent être bien davantage l'objet du zèle des ministres du Seigneur.

Le soin des enfants a toujours été regardé comme un des premiers devoirs d'un curé; M. Monnereau en comprenait toute l'importance; il s'y portait avec d'autant plus d'ardeur, qu'il avait un amour de prédilection pour la jeunesse. Faire le catéchisme, c'était pour lui un bonheur, et il y mettait tout le zèle et toute l'assiduité possibles. En imprimant fortement dans l'esprit des enfants les vérités fondamentales de la foi, il s'appliquait à les pénétrer d'une vive horreur du péché, à leur faire aimer Notre-Seigneur Jésus-Christ, et à leur inspirer beaucoup de dévotion envers la très-sainte Mère et pour le père nourricier de cet adorable Sauveur. Il les plaçait sous l'aile de Marie et de Joseph, afin de les voir croître en sagesse et en grâce, comme le divin Enfant à Nazareth. « N'oubliez pas, leur disait-il aussi, que vous avez pour gardien un prince du paradis; ne faites jamais rien qui puisse le contrister. Comment oseriez-vous faire devant lui ce que vous ne voudriez pas faire en ma présence ? »

Il prenait toutes sortes de moyens pour accélérer les progrès des enfants dans l'étude de la Religion.

Nous avons entre les mains une liste d'hommes et de

femmes chargés, dans chaque village, de faire réciter le catéchisme aux enfants, les hommes aux petits garçons, les femmes aux petites filles. Cette liste se trouve à la suite d'un sermon où il s'attache à démontrer le prix de l'instruction religieuse. « Si Notre-Seigneur, dit-il en finissant, a promis une si riche récompense à ceux qui font l'aumône matérielle, quelle récompense ne doit-i pas réserver à ceux qui font l'aumône spirituelle dont nous parlons ! »

Un an après son arrivée, le jour de l'Assomption 1815, il admit à la Table Sainte les enfants qu'il y avait disposés avec tant de zèle. La pompe qu'il déploya dans cette cérémonie déjà si touchante par elle-même, ses paroles, son air inspiré, le recueillement et la piété des jeunes communiants, tout frappa les spectateurs, au point qu'ils disaient : « Nous n'avons jamais vu une si belle fête ! »

Le jour de la première communion, si serein et si doux à son cœur, était un peu assombri par la pensée de l'avenir. Il se séparait de ses chers enfants avec d'autant plus de regrets, qu'il redoutait pour eux les écueils dont est semée la mer du monde. Afin de les fortifier dans la vertu, il les faisait approcher tous les mois du tribunal de la pénitence, et leur distribuait de temps en temps le pain des Anges. Il mettait tout en œuvre pour les prémunir contre la pernicieuse influence du mauvais exemple.

Comme nous l'avons dit, la jeunesse était légère ; elle recherchait les danses et les veillées. Dans ces assemblées, il y avait des désordres en quelques maisons ; l'homme de Dieu prit à tâche d'y remédier, et afin d'abolir l'abus, il crut qu'il devait en ôter l'occasion, en défendant aux jeunes gens de l'un et de l'autre sexe de se réunir pour se livrer à ces divertissements dangereux. Ils se montrèrent dociles, à l'exception d'un petit nombre.

Un soir, apprenant qu'il y a un bal dans le bourg, il s'empresse d'aller à la maison où il se tient. Sa seule vue suffit pour disperser les personnes qui dansaient ; mais dès qu'il fut parti, elles rentrèrent et se remirent en danse. Informé de ce qui se passe, il revient, un crucifix à la main, et s'écrie : « Vous n'avez pas voulu obéir à la voix de votre pasteur, vous rendrez-vous à celle d'un Dieu crucifié ? » Ces paroles produisirent une vive impression sur l'assemblée; les chants et la danse cessèrent. Plusieurs jeunes personnes qui faisaient partie de la réunion furent si profondément touchées, qu'elles passèrent la nuit à pleurer. Le zèle que M. Monnereau montra, dans cette circonstance, parut aux supérieurs ecclésiastiques trop peu mesuré, d'autant plus qu'il faillit être maltraité.

Une jeune personne qui appartenait à une famille honorable lui ayant dit qu'elle était dans la nécessité de paraître à une soirée où elle pourrait difficilement s'abstenir de danser : « Je ne puis, lui répondit le serviteur de Dieu, tolérer les danses où les règles de la modestie sont blessées; quant aux autres, je vous permets, quoique avec peine, d'y prendre part dans les circonstances où vous vous trouvez. Mais songez que le démon est au milieu de l'assemblée pour séduire les âmes, et que la danse en a précipité une foule dans l'enfer. »

Le zélé pasteur avait à cœur de faire disparaître un mal bien plus grand encore que les plaisirs perfides auxquels se livrait la jeunesse de la paroisse.

Un grand nombre de personnes étaient attachées au schisme connu sous le nom de *Petite Église*. Elles refusaient d'assister aux offices de la paroisse; mais quand la mort frappait quelqu'un des leurs, elles le portaient à l'église avant de le conduire au cimetière. C'était un abus qu'il ne pouvait pas laisser subsister. Ayant appris qu'un des dissidents venait de mourir et qu'on se disposait à l'introduire dans le lieu saint, il en fit fermer les portes au moment où l'on devait se présenter.

Il usa aussi d'énergie pour remédier à un autre abus : les noces des dissidents se passaient d'une manière toute païenne; on allait se ranger autour d'un feu de joie, et là on mettait l'anneau au doigt de celle qui voulait se marier, puis on se livrait au plaisir. Les fidèles étaient invités et prenaient part à cette fête nuptiale, où l'alliance n'était pas bénie par l'Église. M. Monnereau s'éleva avec force contre cette pratique si peu édifiante, et parvint à empêcher les membres de la véritable Église d'assister aux noces des dissidents.

Qui pourrait dire ce que son zèle lui fit entreprendre afin de ramener au bercail ces pauvres brebis égarées ? Résolu de ne se donner aucun repos jusqu'à ce qu'il n'y eût dans la paroisse qu'un seul troupeau, il employa, pour convertir les partisans de la *Petite Église*, les moyens qui agissent le plus puissamment sur le cœur de l'homme : la prévenance, la douceur et la bonté. En toute occasion il leur donnait des marques particulières de bienveillance; c'était chez eux, par exemple, qu'il faisait acheter le beurre et les autres choses de ce genre dont on avait besoin au presbytère. Il les visitait avec une affabilité à laquelle ils ne pouvaient pas être insensibles; on eût dit qu'il portait sur eux ses préférences. Sa vertu avait trop d'éclat pour ne pas frapper ces personnes qui, au milieu de leur erreur, étaient encore profondément pénétrées de sentiments religieux; elles ne pouvaient s'empêcher de rendre hommage à sa piété. N'osant pas encore entrer dans le lieu saint, plusieurs allaient l'écouter à la porte de l'église, pendant qu'il annonçait la divine parole. « Quel dommage, se disaient-ils ensuite les uns aux autres, qu'un tel prêtre ne soit pas de notre Église ! »

De temps en temps, un prêtre dissident venait exercer sacrilégement aux Brouzils les fonctions du saint ministère et administrer sans pouvoir le sacrement de Pénitence. Combien le pasteur fidèle eût été heureux d'écarter de son troupeau ce loup ravisseur ! Du moins s'efforçait-il d'arrêter le cours du mal autant qu'il était en lui. Dès qu'il savait qu'on avait envoyé quérir le prêtre schismatique, il se rendait dans la maison où on l'attendait, et s'appliquait à prémunir ceux qui l'habitaient contre le danger auquel ils allaient être exposés; outrages, mauvais traitements, rien ne le rebutait. Une dissidente tombée en paralysie était obligée de garder le lit continuellement, et pouvait difficilement s'exprimer. Un état si déplorable toucha M. Monnereau de compassion; mais il était plus sensible encore au danger qu'elle courait pour son salut. Résolu de tout faire, afin de la convertir, il se présenta à sa demeure. Malheureusement, une autre dissidente, sœur de la malade, l'empêcha de lui parler. Une seconde et une troisième tentative n'eurent pas plus de succès. Enfin, il put pénétrer dans la maison, et eut la consolation de voir la malade témoigner par un signe qu'elle voulait se confesser. Alors, sa sœur, semblable à une furie, accable d'injures le saint prêtre, l'appelle un intrus et jette abondamment sur lui de l'eau bénite, comme pour chasser un démon. L'homme de Dieu, après avoir tout souffert avec un grand calme, se retira, le front serein. Le sourire sur les lèvres, il dit à quelques personnes qui se rencontrèrent sur son passage : « Je viens d'être bien bénit. » Il eut la douleur de ne pouvoir administrer les derniers sacrements à la pauvre paralytique dont la sœur s'obstina à le repousser (1).

Il aurait voulu extirper la racine du mal, en convertissant le prêtre infidèle qui entretenait un grand nombre de ses paroissiens dans le schisme. Plusieurs fois il essaya vainement de s'aboucher avec lui. Enfin, apprenant qu'il est dans une ferme de la paroisse, et que les dissidents sont réunis pour l'entendre, il s'y rend en grande hâte et entre dans la maison sans se faire annoncer. A son aspect, la surprise est extrême ; le prêtre dissident reste interdit, troublé sans doute par les remords qu'excite la présence d'un fidèle ministre de Jésus-Christ. Aussitôt, le curé des Brouzils, pour le ramener dans la voie de l'obéissance à l'Église, lui dit tout ce que peut suggérer le zèle le plus ardent, la charité la plus tendre. Le prêtre schismatique écoute tout dans un profond silence ; il ne peut balbutier un seul mot ; mais aussi il ne cède ni à la voix de la vérité, ni aux cris de sa conscience. M. Monnereau, le voyant endurci comme Pharaon, s'adresse aux dissidents dont il est entouré et les engage à se sé-

(1) Une catholique ayant cousu une médaille de la Sainte Vierge à la camisole de la mourante, sa malheureuse sœur arracha cette médaille avec violence, et la rejeta comme une chose souillée.

parer du pasteur mercenaire. Sa parole parut les impressionner vivement, mais ils ne se détachèrent pas alors de l'erreur. Son zèle ne les abandonna point.

Que de fois ses prières montèrent vers le ciel pour solliciter la conversion de ces âmes aveuglées par l'ignorance plutôt que par la malice ! Ses vœux et ses soins ne furent pas inutiles : les dissidents de sa paroisse rentrèrent peu à peu dans le giron de l'Église. Aujourd'hui, il n'y reste qu'une personne encore attachée au schisme.

CHAPITRE IV.

Ses prédications et sa direction.

Le zèle du curé des Brouzils se déployait surtout dans la prédication. Il ne passait pas un dimanche sans évangéliser son peuple, qui avait besoin d'être éclairé. Son prédécesseur ne prêchait point; il se bornait à faire de temps en temps quelque lecture; aussi l'on était avide d'entendre la parole de Dieu. Les premières instructions du nouveau pasteur roulèrent sur les vérités fondamentales de la Religion, qu'il exposait d'une manière solide et claire.

Ce que nous avons dit de son premier sermon a déjà donné une idée de la chaleur qu'il mettait dans son débit. Chacune de ses paroles était comme une flèche enflammée sortant d'un cœur embrasé de l'amour de Dieu. Bien que l'église ne fût pas favorable à la prédication, sa voix accentuée et pénétrante la remplissait et se faisait entendre partout; quelquefois il était si transporté, qu'il semblait vouloir s'élancer vers le ciel et y entraîner ses auditeurs. Néanmoins, il contenait assez son ardeur pour rester maître de lui-même. Quelque animé qu'il fût, ses idées étaient toujours suivies et coordonnées. Un vénérable ecclésiastique des Brouzils, membre de la congrégation des Enfants de Marie Immaculée et missionnaire apostolique, le R. P. Félix Coumailleau, qui a entendu ses instructions pendant bien des années, dans sa jeunesse, en a conservé un doux souvenir. « Qu'il était beau en chaire ! a-t-il écrit; on voyait en lui l'apôtre infatigable, le prédicateur pénétré, le prêtre inspiré; on l'écoutait avec bonheur; il était entraînant; il ne s'occupait pas de bien dire, mais de faire du bien; il cherchait, non à plaire, mais à toucher, et il y réussissait toujours. »

Il ne montait en chaire qu'après s'être préparé par la prière et par un travail sérieux. Malgré des occupations qui devaient, ce semble, absorber tout son temps, il écrivait ses sermons d'un bout à l'autre, afin de dire des choses plus substantielles et bien exactes. On assure qu'il a continué cette méthode jusqu'à la fin de sa vie.

Nous avons sous les yeux un nombre considérable de ses instructions : toutes sont empreintes de l'esprit de piété dont il était animé; on y voit un prêtre qui ne cherche que la gloire de Dieu. Afin d'en donner une idée, il faudrait le suivre dans le cours de ses prédications, le voir tantôt s'élevant pour contempler, dans la splendeur de sa gloire, l'adorable Trinité entourée de mille millions d'Anges qui se voilent la face, devant Sa Majesté suprême, et chantent l'immortel trisagion; tantôt descendant des hauteurs des cieux pour adorer, dans la grotte de Bethléem ou dans l'humble maison de Nazareth, le Très-Haut comme anéanti sous la forme d'un esclave ; tantôt empruntant aux écrivains sacrés leurs foudres menaçantes pour ébranler le cœur des pécheurs ; tantôt répétant les suaves paroles du Dieu de miséricorde et d'amour, pour exciter leur confiance et les ramener à la vertu ; d'autres fois, faisant briller aux yeux de ses auditeurs la couronne immortelle réservée à l'âme fidèle, et les exhortant vivement à se rendre dignes de cette grande récompense ; enfin, traçant d'une main sûre des règles de conduite aux personnes de tout sexe, de tout âge et de toute condition.

Les sujets dans lesquels il semble se complaire sont ceux où il traite de l'amour que Dieu a pour nous et de celui que nous devons avoir pour lui.

Tout dévoué au cœur adorable du Sauveur, il conduit souvent ses auditeurs à ce divin sanctuaire, montre les trésors qui y sont renfermés, et invite à puiser dans cette source inépuisable de grâces. « Dieu, dit saint Bernard, veut que tous ses dons passent par Marie. » Le culte de cette auguste Vierge est comme la porte du cœur miséricordieux de Jésus. M. Monnereau s'attachait à faire comprendre cette vérité à ses paroissiens. Dans les effusions de son amour, il s'adressait alternativement au cœur de Jésus et au cœur de Marie ; ses yeux animés, son ton chaleureux, ses gestes expressifs, tout faisait alors éclater les sentiments dont son cœur était pénétré. Dans ces moments, il se surpassait lui-même, et laissait échapper ce cri de son amour et de son zèle : « Gloire éternelle aux sacrés cœurs de Jésus et de Marie ! »

Le recueil de ses sermons en contient un grand nombre sur la Reine du ciel. Il ne se lasse pas d'exposer les motifs que nous avons de l'aimer, de l'honorer, de l'invoquer et d'imiter ses vertus. Nous avons remarqué spécialement les discours qu'il a composés pour le mois de Marie. Cette sainte pratique avait un attrait tout particulier pour lui. Il lui était si doux de voir chaque soir ses paroissiens groupés autour de l'autel de cette divine Vierge, comme des enfants autour de la plus tendre des mères !

On peut juger du bonheur que lui faisait ressentir, chaque année, le retour de ce mois de grâces, par cet exorde d'un de ses pieux discours sur cet inépuisable sujet : « Le voilà donc encore arrivé ce beau mois entièrement consacré par l'Église à l'honneur et à la gloire de Marie. Oh ! avec quelle joie, quelle allégresse et quels transports ne devons-nous pas nous livrer à cette douce et agréable dévotion. Il en est de Marie, parmi toutes les créatures, ce qu'il en est du mois de mai parmi toutes les autres saisons de l'année ; c'est dans le mois de mai que la nature déploie toute sa beauté, toutes ses richesses, toute sa fécondité ; c'est dans ce mois que nos jardins, nos prairies se couvrent de toutes sortes de fleurs ; c'est aussi dans Marie que le Ciel s'est plu à déployer toutes les beautés et toutes les richesses de la grâce. Le cœur très-saint et très-immaculé de cette Reine de la terre et des cieux, est un beau jardin de fleurs aromatiques, plantées par le véritable et grand roi Salomon. »

Après avoir montré ce que Dieu a fait pour elle et l'ardeur des fidèles à lui payer leur tribut d'hommages, le zélé pasteur ajoute : « Serions-nous donc les seuls qui ne suivrions pas l'empressement, l'enthousiasme général ? Non, mes frères, nous honorerons Marie, nous bénirons Marie ; nous exalterons sa grandeur, ses qualités, ses vertus, ses perfections ; nous l'aimerons comme notre tendre Mère ; nous lui demeurerons attachés et fidèles jusqu'au dernier soupir ; nous l'invoquerons comme notre secours puissant ; nous l'imiterons comme le modèle le plus parfait après son divin fils ; nous lui construirons des chapelles, nous lui élèverons des autels, où, pendant tout le beau mois consacré à sa gloire, nous nous réunirons, chaque jour, pour lui offrir nos vœux et nos hommages, pour lui adresser nos prières, pour chanter des cantiques en son honneur, pour faire des lectures et des méditations relatives à ses mystères, à ses actions, à sa vie, à ses vertus, à ses perfections. »

Conformément à ses désirs, les habitants de chaque village éloigné y dressaient un autel sur lequel ils plaçaient la statue de la Reine du ciel, au milieu de riches bouquets de fleurs. Ils y venaient tous les soirs chanter des cantiques, réciter le chapelet et faire une pieuse lecture. Quelquefois M. Monnereau allait lui-même présider cet exercice. Là, laissant parler son cœur, il exprimait avec un pieux abandon ce qu'il ressentait pour la glorieuse Patronne de sa paroisse, et communiquait son amour filial envers cette divine Mère à ceux qui l'écoutaient. Toujours on était heureux de l'entendre.

Sa tendre dévotion envers l'époux virginal de Marie et envers les esprits célestes, nos soutiens et nos guides, lui inspirait des paroles pleines d'onction pour exciter et accroître dans les cœurs l'amour de saint Joseph et des saints Anges.

Une de ses principales recommandations à ses paroissiens, c'était d'entendre la messe avec beaucoup de recueillement et de piété. « Quand vous venez assister au saint sacrifice, leur disait-il, figurez-vous que vous suivez Notre-Seigneur Jésus-Christ dans la voie douloureuse qui le conduisait au Calvaire. Vous qui demeurez loin du bourg, récitez le chapelet en venant, et vous arriverez à l'église bien préparés à entendre la sainte messe. Si, au contraire, vous vous occupez, chemin faisant, de ce qui se passe dans la paroisse; si vous vous entretenez des défauts des uns et des autres, comment voulez-vous être recueillis pendant les divins mystères ? »

Ses accents étaient de feu quand il parlait de l'auguste sacrement de nos autels. Un jour, après avoir peint avec de vives couleurs l'amour que Jésus-Christ nous témoigne dans l'Eucharistie, il se tourna vers le tabernacle, et s'adressant au Dieu caché sous les saintes espèces : « O mon divin Sauveur, lui dit-il, comment se fait-il qu'après une si grande marque de bonté, nos cœurs ne brûlent pas pour vous ? D'où vient tant de froideur, tant d'indifférence ? Pourquoi cet abandon dans lequel vous laissent tant de chrétiens? Ah ! c'est qu'ils ne vous connaissent pas, c'est qu'ils ne comprennent pas la grandeur d'un tel bienfait. Que ne puis-je, doux Sauveur, vous dédommager d'une si noire ingratitude ? Que ne puis-je ramener à vous tous ces pauvres égarés ? Que ne puis-je raconter à l'univers entier toutes les merveilles, toutes les inventions de votre amour, afin d'allumer dans tous les cœurs ce feu divin que vous êtes venu allumer sur la terre ? »

Le zélé pasteur voulait que ses paroissiens s'accoutumassent à faire toutes leurs actions par esprit de foi, et que, pour cette raison, ils les consacrassent à Dieu dès le matin. « Il y a, disait-il, au chevet de notre lit, un démon qui veut nous ravir notre première pensée; ayons soin de l'offrir au Seigneur; déposons dans le divin cœur de Jésus toutes les actions de la journée ; marchons en présence de Dieu, et, le soir, représentons-nous notre lit comme un tombeau et nos draps comme un suaire... Ce n'est pas tout de faire beaucoup de bonnes œuvres à l'extérieur, si l'intention n'est pas pure, si l'on n'agit pas pour la gloire de Dieu. Toutes ces œuvres ne sont alors que de belles apparences, semblables à ces tristes fruits des bords de la Mer Morte, qui, sous une brillante écorce, ne renferment que de la pourriture. Élevons nos cœurs vers Dieu ; avançons sans regarder les choses d'ici-bas. J'ai passé devant de beaux châteaux ; si j'étais resté debout pour les contempler, on m'eût pris pour un insensé. Que penser donc de celui qui se laisse arrêter par les choses de la terre au lieu de poursuivre sa route vers le Ciel ; marchons sans relâche vers la céleste patrie. »

Sachant que nous pouvons tout en celui qui nous fortifie, il disait aux âmes qui étaient sous sa conduite de ne pas s'effrayer des obstacles qu'elles rencontraient dans le chemin du salut : « Pour vaincre les tentations, disait-il, il faut simplement les mépriser ; au plus fort du combat, rappelez-vous ces paroles du divin Maître à saint Paul : « *Ma grâce te suffit* (1). »

» Même après les chutes, ajoutait-il, conservez l'espérance, approchez avec confiance de celui qui a couru après la brebis égarée pour la ramener au bercail ; allez au charitable Samaritain qui veut guérir vos plaies ; au tendre Père qui tend les bras à son enfant prodigue ; au Dieu infiniment bon qui ne désire rien tant que d'exercer la miséricorde ; qui dit aux pauvres pécheurs : « *Venez à moi, vous tous qui êtes chargés d'iniquités, et je vous sou-*

(1) 2 Corinth. 12, 9.

lagerai (1). » Si le souvenir de vos fautes vous porte au découragement, à une sombre tristesse, à la mauvaise humeur, c'est l'esprit malin qui se cache sous le masque du repentir ; défiez-vous-en, prenez vite votre crucifix et baisez-le avec respect, en jetant un regard sur Celui qui y est attaché par amour pour nous ; humiliez-vous à ses pieds, et dites-lui de tout votre cœur, que vous aimeriez mieux mourir que de l'offenser désormais ; ensuite soyez tranquille ; le reste serait scrupule, vous perdriez votre temps ; loin de diminuer le mal, vous l'augmenteriez ; vous déplairiez au bon Dieu en doutant de son infinie miséricorde. »

Le pieux prédicateur voulait qu'on fût joyeux au service de Dieu : « Chassons, disait-il, l'esprit de chagrin et de mélancolie, comme on chasse une pensée contre la sainte vertu ; réjouissons-nous dans le Seigneur : son joug est aimable. Dès votre réveil, ouvrez votre cœur à la joie ; peut-on se lever avec tristesse, quand on pense qu'on va servir le meilleur Maître ? »

Quelle impression profonde devaient produire des instructions aussi solides que lumineuses, débitées avec le zèle qu'inspire l'amour divin, par un prêtre d'un caractère ardent et énergique, s'adressant à un peuple plein de foi et si longtemps privé des enseignements de la Religion ! Puis, avec quelle ferveur l'homme apostolique ne conjurait-il pas le Très-Haut de répandre sur ses prédications les bénédictions les plus abondantes ! Aussi sa parole, vivifiée par la grâce, opéra-t-elle de nombreuses conversions. On vint en foule au tribunal de la pénitence.

(1) Matt. 11, 28.

Là, il appliquait à chacun, avec une rare sagesse, les conseils qu'il avait donnés du haut de la chaire d'une manière générale. Il entrait pour ainsi dire dans l'âme de chaque pénitent, pour y déraciner le vice et y développer les germes de la vertu. Quelquefois, afin qu'on n'oubliât pas ses conseils, il les mettait par écrit. Voici en particulier un petit réglement qu'il a donné à une dame qui était veuve.

« Celui qui vit selon la règle, dit un Père de l'Église, vit selon Dieu ; en conséquence, vous vous ferez un devoir de vivre d'une manière bien conforme au petit réglement que je vais vous tracer, et qui est en tout conforme à l'esprit de saint François de Sales, ce maître si aimable de la vie spirituelle :

1° Vous vous leverez de cinq à six heures.

2° Sitôt votre lever, vous ferez une demi-heure d'oraison dans votre chambre ; pour vous apprendre à la bien faire, lisez les treize premiers chapitres de la seconde partie de l'*Introduction à la Vie dévote,* par saint François de Sales.

3° Vous réciterez, tous les jours, vers l'heure de la messe, cinq *Pater* et cinq *Ave* en l'honneur des cinq plaies de Notre-Seigneur, à l'intention d'entendre la sainte messe et de participer aux fruits du saint sacrifice.

4° Entre dix et onze heures, vous ferez une lecture spirituelle d'un quart d'heure.

5° A deux heures, vous réciterez le chapelet, seule, dans votre chambre.

6° A quatre ou cinq heures, vous ferez une seconde lecture spirituelle d'un quart d'heure.

7° A sept heures, vous examinerez votre conscience

pendant cinq minutes : vous verrez alors si vous avez manqué à votre réglement.

8° De huit heures et demie à neuf heures et demie, vous ferez la prière du soir, ce qui est l'affaire de cinq à six minutes ; il serait à souhaiter qu'elle fût faite en commun lorsque vous n'aurez pas de compagnie.

9° Comme nous sommes tous les serviteurs et les servantes de Dieu, et que tout serviteur doit travailler pour son maître, vous aurez soin d'offrir à Dieu, tous les jours, non-seulement votre personne, mais encore toutes vos pensées, vos paroles, vos actions, vos occupations. Je vous conseille à ce sujet la pratique fréquente des oraisons jaculatoires ou élévations de votre cœur à Dieu ; par là, vous lui offrirez votre cœur, vos pensées, vos désirs, vos affections, vos paroles et vos actions. Vous aurez aussi une dévotion toute spéciale aux divins cœurs de Jésus et de Marie, à saint Joseph, à votre Ange gardien et à votre sainte patronne.

10° Vous avez de la propension naturelle au soulagement des pauvres et des malheureux. Eh bien ! je vous les recommande ; mais figurez-vous bien que c'est Jésus-Christ que vous secourez en leur personne.

11° Vous irez tous les mois à confesse, en attendant que vous puissiez y aller plus souvent.

12° Ayez soin que votre domestique et vos servantes servent Dieu avec fidélité ; veillez sur eux : c'est un devoir dont personne ne peut vous dispenser. Faites-leur quelquefois, ou faites-leur faire par d'autres des lectures spirituelles.

Observez ce petit réglement : vous aimerez Dieu et vous serez aimée de lui, ainsi que de sa très-sainte

Mère qui vous prendra, soyez-en sûre, sous sa protection. »

Très-souvent, le matin, pendant l'Avent et le Carême, avant d'entrer au confessionnal, le zélé directeur faisait une courte instruction aux personnes qui se pressaient autour du tribunal sacré, afin de les disposer à recevoir le sacrement de Pénitence.

Au commencement de son ministère, il s'était montré un peu sévère envers les pécheurs; mais bientôt il avait changé de conduite à leur égard, reconnaissant que la douceur porte plus de fruits que la sévérité. Aussi témoignait-il une bonté toute paternelle aux âmes qui venaient lui découvrir les blessures du péché. « Je ne crains point, a-t-il dit depuis, d'avoir été trop indulgent; le Seigneur aime mieux la miséricorde que les sacrifices. Sa miséricorde est infinie; il désire pardonner toujours. Ayons donc une confiance pleine et entière en Dieu. Ne craignons rien; si nous avons la bonne volonté, il nous viendra en aide, et le ciel sera notre partage. »

Pour rassurer une âme timorée qu'il dirigeait, il lui écrivit : « Point de ces vains scrupules qui tuent le corps, dessèchent l'âme et bannissent de notre cœur la dévotion. Il vaut mieux nous occuper tout simplement des mystères de notre bon Seigneur, nous élever avec lui dans le ciel, où il est allé nous préparer un si beau trône, une si riche couronne. Ces réflexions vous feront infiniment plus de bien que toutes ces inquiétudes qui n'aboutissent qu'à des découragements. Loin de nous ces prédicateurs outrés et jansénistes qui ne donnent jamais la moindre consolation, jamais la moindre confiance en Dieu ! Avec eux, jamais on n'a bien fait, toujours tout est à refaire. Anathême à tous les prédicateurs jansénistes ! déjà l'Église les a condamnés. Vive l'esprit de Jésus et de Marie, qui est un esprit de douceur, de confiance, d'humilité, de simplicité et de paix ! C'est là où je vous conduis, où je vous laisse, où je vous bénis. »

Il avait le don de consoler les affligés ; ses paroles, selon l'expression d'une de ses filles spirituelles, étaient comme un baume qui rendait le calme au cœur agité par la crainte, un bouquet dont le parfum récréait sans cesse celle à qui il en faisait don.

Le saint prêtre qui avait introduit la communion fréquente dans sa paroisse recommandait d'une manière toute particulière cette pratique aux âmes agitées de vives passions et exposées à plus de dangers : « Croyez-moi, écrivait-il, à une de ses jeunes paroissiennes, vous avez besoin d'une bonne nourriture ; c'est à la Sainte Table que vous la trouverez : plus nous en approchons souvent avec piété, plus nous devenons semblable à celui que nous recevons, c'est-à-dire, humble, pieux, fervent, chaste, modeste, détaché des choses de la terre et de ce maudit monde, que nous devons détester de plus en plus. »

A tous les fidèles, il recommandait le fréquent usage de la communion spirituelle. « Nous pouvons, disait-il, nous unir ainsi à Notre-Seigneur, non-seulement dans le lieu saint, mais partout où nous sommes, même au milieu des champs. » Il regardait cette pratique comme un puissant moyen d'entretenir dans l'âme la vie de Jésus-Christ et la ferveur de l'amour divin.

Jamais curé ne laissa plus de liberté que lui à ses paroissiens pour ouvrir leur conscience à qui bon leur semblerait. Comme tous les saints prêtres, il n'avait en vue que le salut et la perfection des âmes et la gloire de Dieu.

Dans tous ses rapports avec ses paroissiens, M. Monnereau se montrait un digne ministre de Jésus-Christ. Il s'intéressait à leurs affaires temporelles, partageait leurs consolations, prenait part à leurs peines et les exhortait à vivre dans une union semblable à celle des premiers chrétiens, qui n'avaient qu'un cœur et qu'une âme. Apprenait-il qu'il y avait quelque mésintelligence dans une maison, dans un village, nulle démarche ne lui coûtait pour la faire cesser. Afin de réconcilier les personnes désunies, il les faisait venir au presbytère ou allait les trouver chez elles, quelque éloignées qu'elles fussent du bourg. La tendresse de sa charité et l'influence de sa vertu triomphaient des obstacles qui semblaient insurmontables. Souvent sa douce parole a éteint des haines invétérées et uni étroitement des esprits et des cœurs divisés depuis longtemps. Plus heureux encore de prévenir le mal que d'y remédier, il s'efforçait d'aplanir les différends qui pouvaient occasionner des inimitiés. La sagesse de ses avis a prévenu bien des dissensions.

Saint François de Sales dit, dans son naïf langage : « Si vous êtes bien amoureux de Dieu, vous parlerez souvent de Dieu, et comme les abeilles ne démêlent autre chose que le miel avec leur petite bouchette, ainsi votre langue sera toujours emmiellée de son Dieu et n'aura point de plus grande suavité que de sentir couler entre vos lèvres des louanges et des bénédictions de son nom. » Tel était le pieux curé des Brouzils. *Sa bouche parlait de l'abondance de son cœur,* tout rempli de l'amour divin. Souvent ses conversations roulaient sur les choses du ciel; ses entretiens mêmes sur les choses de la terre étaient semés de quelques paroles de piété. Jamais il ne perdait de vue le but où il voulait conduire son troupeau, et il profitait de toutes les occasions de le porter à Dieu. Par cette conduite toute sacerdotale, ses relations avec ses paroissiens produisaient d'heureux fruits de salut. Il leur faisait goûter des avis et des recommandations qui avaient été comme inaperçus dans ses instructions à l'église. Puis il demandait d'une manière si aimable des sacrifices pénibles à la nature, qu'on ne pouvait pas les lui refuser. Plus d'une fois, les coups légers de sa houlette ont fait rentrer dans le droit sentier des brebis qui s'égaraient. Bien souvent un mot de sa part suffisait pour conduire au tribunal de la miséricorde des personnes qui tardaient trop à s'y présenter.

Il engageait instamment les personnes qui le pouvaient à entendre la messe tous les jours. Sa domestique, à laquelle il fit cette recommandation, lui répondit : « Mais, monsieur le curé, on a souvent affaire à moi; si je ne suis pas au presbytère, que feront les personnes qui viendront me parler ? — Elles feront comme vous : elles iront à la messe. »

Aux fêtes nuptiales, les futurs époux allaient à l'église accompagnés d'une nombreuse assistance, qui traversait le cimetière et s'avançait jusqu'à la porte du lieu saint, au son des instruments et avec des cris désordonnés ; c'était manquer de respect aux morts dont on foulait les cendres et exciter la dissipation, dans un moment où les jeunes fiancés devaient se préparer par le recueillement à la réception d'un sacrement auguste, et être soutenus des prières de toute l'assemblée. Le curé des Brouzils s'éleva avec ardeur contre cet abus et parvint à le détruire. Il se livrait à tout son zèle pour faire comprendre à ceux qui demandaient la bénédiction nuptiale combien il leur importait de la recevoir avec de saintes dispositions, pour élever le cœur des assistants vers le ciel et arrêter les désordres qui trop souvent attirent la malédiction de Dieu sur les mariages. Presque toujours il faisait une instruction forte et touchante dans la célébration des noces, et pressait vivement les pères et les mères de veiller d'une manière particulière dans ces circonstances sur la conduite de leurs enfants.

Il n'ignorait pas que les malades ont un besoin tout particulier des secours de la religion. Aussi étaient-ils l'objet de tous ses soins. Quoique la paroisse ait une grande étendue, il faisait toutes ses visites à pied. Comme on lui conseillait d'acheter une monture, il répondit : « Les Apôtres n'en avaient point ; je suis jeune, vigoureux ; nous verrons plus tard. » Il refusa même de recevoir un cheval que ses parents lui avaient envoyé.

Était-il appelé auprès d'un malade, son zèle lui donnait en quelque sorte des ailes ; on pouvait difficilement le suivre ; souvent il prenait les devants, et il avait parfois le temps d'administrer les sacrements de Pénitence et d'Extrême-Onction avant l'arrivée de ceux qui étaient allés le quérir. A quelque heure qu'on le demandât, soit le jour, soit la nuit, il avait le même empressement à se rendre auprès des malades. « Monsieur le curé, lui disait-on, vous en faites trop ; vous en mourrez. — Je serais trop heureux, répondait-il, de mourir pour les âmes ; et qu'est-ce que je fais, en comparaison de ce qu'ont fait Notre-Seigneur et les Apôtres pour le salut du monde ? » Il eût volontiers sacrifié sa vie afin de sauver le moindre de ses paroissiens.

Un jour que la pluie tombait par torrents, on lui dit, sur les cinq heures du soir, dans les fêtes de Noël, qu'une jeune personne d'un village éloigné venait d'avoir une attaque d'apoplexie ; il part sur-le-champ, sans manteau, n'emportant que son bréviaire et le sac où se trouvait ce qui était nécessaire pour donner l'Extrême-Onction. En le voyant sortir, plusieurs personnes s'écrièrent qu'il ne pourrait pas passer, que les ruisseaux avaient débordé, que c'était s'exposer à périr. Rien ne put l'empêcher de suivre l'élan de son zèle. Quelques heures après, sa mère, très-inquiète, envoya des hommes à sa rencontre ; mais, à peu de distance du bourg, ils furent arrêtés par les eaux qui ne laissaient apercevoir que la pointe des haies, et retournèrent. On passa la nuit dans une grande anxiété. Enfin, le lendemain, M. Monnereau revint, accompagné d'un de ses paroissiens chez lequel il avait été obligé de rester.

Un ouvrier, que la Révolution avait conduit dans la Vendée, s'était établi aux Brouzils. Atteint d'une maladie mortelle, cet homme, ennemi acharné des prêtres, ne voulait en aucune manière entendre parler de confession; il résista longtemps aux sollicitations du bon pasteur. Enfin, vaincu par sa tendre charité, il lui fit l'aveu de ses égarements avec les signes d'un sincère repentir, et reçut le saint viatique. Au comble de la joie, il répétait aux personnes qui allaient le voir : « Oh ! si les pécheurs de la paroisse connaissaient bien M. le curé, aucun d'eux ne refuserait de se convertir, et jamais on ne lui causerait la moindre peine. » Cet heureux pénitent mourut en pressant le crucifix sur son cœur, dans de grands sentiments de piété.

Le saint prêtre avait un don particulier pour disposer les mourants à franchir le redoutable seuil de l'éternité. Les riantes images dont il leur présentait le tableau et la suave onction de ses paroles adoucissaient l'horreur que la mort inspire naturellement : il calmait les âmes agitées par la crainte, et souvent les faisait soupirer après la céleste patrie.

Il compatissait aux douleurs qu'excite dans une famille la perte d'un de ses membres, et il puisait pour elle dans une foi vive des paroles de consolation et d'espérance. Nous citerons en témoignage une lettre qu'il adressa à Mlle Le Sueur, du Boupère (1), désolée de la perte de son père : « Je prends une part bien sensible à la peine et à la douleur qu'a dû vous faire éprouver la mort de votre tendre et béni père, car c'est là un des sacrifices toujours coûteux et toujours pénible à un cœur tendre et affectueux. Il est vrai que la Religion, qui nous fait envisager la mort du juste comme un doux sommeil qui l'arrache aux misères de la vie et qui le transporte dans le sein de la bienheureuse éternité, nous en adoucit grandement l'amertume ; néanmoins, cette séparation, quoique pour un temps limité, ne laisse pas que d'être toujours accablante, vu que dans les des-

(1) Mlle Le Sueur est depuis entrée dans la congrégation des religieuses des Sacrés-Cœurs de Jésus et de Marie, où elle a reçu le nom de Marie de Jésus. Douée des plus belles qualités, elle a été appelée par les suffrages de ses sœurs à la charge de supérieure générale, en 1851. Elle est morte pieusement, le 8 octobre 1857, à l'âge de 43 ans.

seins du Créateur nous n'étions pas faits pour mourir. Aussi l'Apôtre, en parlant de nos chers défunts, ne nous défend pas de nous attrister à leur sujet, et de payer à la sensibilité naturelle le tribut que nous lui devons en pareille circonstance par l'effusion de quelques larmes; seulement, il nous défend de nous attrister à la manière des infortunés païens, qui n'ont plus d'espoir de se revoir. Pour nous, en qualité de chrétiens, nous conservons toujours dans notre cœur la douce confiance de revoir un jour ces bien-aimés, et de leur être réunis pour une éternité. Si donc il n'est plus en notre pouvoir, selon l'expression du Roi Prophète, de les rappeler à nous, il est de notre devoir de penser souvent à aller à eux. Qu'il sera beau ce jour où il vous sera donné d'aller avec votre bien-aimé père, ainsi qu'avec la multitude innombrable des bienheureux; d'être admise, dans la cité sainte, dans la Jérusalem céleste, à voir, à contempler, à bénir, à aimer l'ineffable mystère de l'auguste Trinité, ainsi que l'aimable et glorieuse humanité de Jésus-Christ, le Sauveur des âmes. »

CHAPITRE V.

Autres preuves de son zèle pour le salut des âmes et de sa tendre charité.

A l'exemple de saint Paul, M. Monnereau pouvait dire à ses paroissiens : « *Pour moi, je donnerais tout très-volontiers et je me donnerais encore moi-même pour le salut de vos âmes* (1). » Jour et nuit il n'était occupé que des moyens de les sanctifier; chaque matin il devançait à l'église les plus zélés et les plus fervents, prêt à entendre les confessions de tous ceux qui se présenteraient.

Le dimanche, après avoir passé plusieurs heures au confessionnal et chanté la grand'messe, à peine avait-il pris quelque chose qu'il retournait confesser jusqu'au catéchisme. Les vêpres finies, il rentrait au tribunal de la pénitence, et y restait très-souvent jusqu'à sept ou huit heures du soir. Quelquefois la privation de nourriture lui faisait sentir de vives douleurs d'estomac. Pour les adoucir, il se contentait de prendre une cuillerée de miel.

Cette vie austère ne lui ôtait rien de son aménité ; suivant le conseil du grand Apôtre, il recherchait tout ce qui est aimable, afin de gagner les âmes à Dieu.

(1) Corinth., 12, 15.

Plusieurs hommes du bourg, cédant à son invitation, allaient passer avec lui quelques instants à la chute du jour. Il savait, tout en les récréant, élever leur cœur vers Dieu et les porter à la vertu. Leur délassement le plus agréable était de chanter des cantiques. Tous ceux qui venaient le visiter étaient accueillis avec la plus grande affabilité. C'était un père qui portait tous ses enfants dans son cœur.

Le bien qu'il opérait par sa bonté et par l'activité de son zèle s'étendait de jour en jour. Il employait toutes sortes de moyens pour faire fleurir la foi et la piété dans sa paroisse. C'est dans ce but qu'il institua la confrérie du Saint-Sacrement : on s'y enrôla avec empressement. Aux processions de la Fête-Dieu et en d'autres circonstances analogues, tous les hommes agrégés avaient un cierge à la main, et marchaient sur deux rangs avec la modestie et le recueillement des religieux.

Mgr Paillou l'autorisa aussi à établir dans sa paroisse la confrérie du Sacré-Cœur de Jésus, et à l'affilier à celle qui a été érigée à Rome dans la chapelle de Sainte-Marie *ad Pineam*. Ce fut pour le curé des Brouzils un bonheur inexprimable de voir s'ouvrir dans la paroisse cette source abondante de grâces.

Il n'y avait pas encore de chemin de croix dans son église ; c'était un vide qu'il voulait combler ; mais il n'attendit pas, pour satisfaire sa dévotion, qu'il fût régulièrement érigé. Le Vendredi-Saint, prenant un crucifix à la main, et suivi d'une nombreuse assistance, il faisait quatorze stations ; il s'arrêtait principalement aux lieux où se trouvait élevé l'instrument du salut. Les fidèles n'avaient pas droit aux indulgences dont sont enrichis les chemins de la croix; mais ce saint exercice, où le pieux pasteur leur remettait fortement sous les yeux les scènes attendrissantes de la Passion, rendait leur foi plus vive et leur amour envers le divin Rédempteur plus tendre et plus généreux; ils en retiraient toujours de précieux fruits.

Par ses conseils, un grand nombre de personnes se procurèrent des crucifix, y firent attacher les indulgences du chemin de la croix, et tâchaient de les gagner en méditant sur la Passion de Notre-Seigneur.

Cependant M. Monnereau, qui désirait ardemment avoir les stations du chemin de la croix canoniquement établies dans l'église paroissiale, s'adressa au R. P. Dom Augustin, abbé du monastère de Bellefontaine. Ce zélé religieux voulut bien quitter sa chère solitude de la Trappe, afin de répondre à la demande du digne curé des Brouzils, avec la permission de l'Ordinaire. Les instructions qu'il fit dans cette cérémonie touchèrent sensiblement l'auditoire; M. Monnereau surtout en fut profondément pénétré. Il bénit le ciel d'avoir accordé à sa paroisse une faveur si propre à attirer les bénédictions célestes.

Excités par ses pressantes exhortations, les fidèles s'attachèrent ardemment à cette dévotion salutaire. Chaque jour, à l'heure annoncée par le son de la cloche, les religieuses qu'il fonda, comme nous le verrons bientôt, faisaient, d'après ses recommandations, l'exercice du chemin de la croix, avec les pieuses personnes du bourg.

De temps en temps, particulièrement tous les vendredis du Carême, M. Monnereau réunissait ses paroissiens afin de parcourir avec eux solennellement les quatorze stations. Chaque année, dans la retraite préparatoire à la première communion, il faisait le chemin de la croix avec les enfants, pour exciter en eux des sentiments de contrition et d'amour envers Jésus-Christ, et les disposer ainsi à recevoir dignement le sacrement de Pénitence. Enfin, il pratiquait lui-même fréquemment ce saint exercice en son particulier; il y vaquait tous les jours dans les dernières années de sa vie.

Le lundi de la Passion de l'année 1815, il planta avec beaucoup de pompe une croix à l'extrémité du cimetière attenant à l'église. Vingt-cinq jeunes gens, choisis pour la porter, s'avancèrent, sous ce précieux fardeau, pieds-nus et la tête couronnée d'épines. La foule immense qui assistait à cette pieuse cérémonie les suivait dans un profond recueillement. La croix érigée, l'homme de Dieu, attendri, comme le disciple bien-aimé sur le Golgotha, prêcha sur la Passion de Notre-Seigneur avec tant d'énergie, d'onction et de feu, qu'il fit la plus vive impression sur les assistants.

Plusieurs autres croix furent successivement plantées dans différents endroits. Le zélé pasteur allait les bénir processionnellement, à l'issue des vêpres. Il était beau de le voir conduire ainsi son peuple, quelquefois pendant plus d'une lieue, tantôt récitant le chapelet, tantôt chantant des cantiques.

Il proposait à ses paroissiens comme modèle de la tendre compassion dont nous devons être pénétrés pour les souffrances de notre aimable Sauveur, la divine Marie, debout et baignant de ses larmes, le bois sacré auquel son fils unique était attaché. Chaque vendredi, pendant le Carême, il faisait déposer la statue de Notre-Dame-de-Pitié au pied de la croix du cimetière, et y conduisait les fidèles. Là, après avoir salué respectueusement l'instrument de notre salut par le chant : *O crux ave, spes unica,* il adorait, en union avec la Mère des Douleurs, Notre-Seigneur Jésus-Christ, donnant sa vie afin de sauver le monde ; lui faisait amende honorable pour l'ingratitude des pécheurs, et compatissait en même temps à l'extrême affliction de Marie elle-même, qui, dit saint Bonaventure, « a souffert dans son cœur tout ce que son divin Fils a enduré dans son corps. »

A son arrivée aux Brouzils, il avait trouvé la confrérie du saint Rosaire instituée dans l'église paroissiale ; mais elle était un peu languissante : il prit à cœur de la raviver et de la faire refleurir.

Le dévoué serviteur de la Reine du ciel désirait aussi la confrérie du Scapulaire de Notre-Dame-du-Mont-Carmel. Le petit habit est un bouclier dont il voulait armer tous ses paroissiens, et particulièrement les jeunes gens, assaillis de passions si orageuses. Le général des Carmes le remplit d'une sainte joie en l'autorisant à bénir et à donner ce gage de la puissante protection de Marie. Son bonheur s'accrut de l'empressement avec lequel les habitants des Brouzils se présentèrent pour recevoir le saint scapulaire.

Tout ce qui pouvait contribuer au salut des âmes rachetées du sang d'un Dieu, était cher à ce fidèle dispensateur des trésors de la grâce.

L'œuvre de la Propagation de la Foi l'intéressait au plus haut point. Il l'établit dans sa paroisse et s'appliqua à la faire fleurir, non-seulement pour le salut des infidèles, mais encore pour l'avantage spirituel de ses paroissiens, persuadé qu'en faisant des sacrifices afin d'obtenir la lumière de la vérité aux nations ensevelies dans les ombres de la mort, ils obtiendraient du Dieu qui récompense magnifiquement les âmes généreuses, la grâce de conserver le trésor de la foi.

Après leur avoir dit, dans une instruction très-solide, que, par leurs aumônes, ils aideraient les missionnaires à traverser la vaste étendue des mers, à pénétrer dans les pays les plus éloignés, et que, par leurs prières, ils attireraient les bénédictions du ciel sur leur mission, il ajouta : « Courage, chrétiens charitables, courage, en pensant à la récompense qui vous en reviendra. L'Église, dit l'Apôtre, est composée de plusieurs membres : les uns sont la tête, d'autres les yeux, d'autres les pieds et les mains ; et comme dans un corps tous les membre partagent les avantages de tout le corps, de même auss vous aurez part à tous les biens spirituels de l'œuvr sainte de l'Association ; vous aurez part aux prières, au sacrifices, aux conversions de tant de pauvres malheu reux sauvages, infidèles et païens, qui, par les soins de hommes apostoliques, deviennent de fervents chrétien et même de saints martyrs. »

Afin d'entretenir le zèle de ses paroissiens pour l'œuvr de la Propagation de la Foi, l'homme de Dieu le exhorte à lire attentivement les *Annales* qui leur seron remises, et il continue ainsi : « Il serait à souhaiter qu vous sussiez bien apprécier tous les avantages que vou procurera cette lecture : vous verrez une infinité d choses capables de vous édifier, de vous instruire et d vous charmer. D'un côté, vous admirerez la foi, le zèl et le courage de nos hommes évangéliques ; d'un autre, la fidélité et la persévérance dans la vertu des nouveaux convertis ; vous admirerez encore l'intrépidité de tant de héros qui, aujourd'hui comme dans la primitive Église, n'hésitent pas à verser leur sang pour la cause de Jésus-Christ. »

A l'association pour la Propagation de la Foi, le pieux pasteur a joint une autre institution, qui en est aujourd'hui comme inséparable, l'association de la Sainte-Enfance : œuvre admirable qui, en ouvrant le ciel à une infinité d'enfants de la Chine, inspire à ceux de la France une tendre charité, les initie, à peine sortis du berceau, à la pratique des bonnes œuvres, fait descendre sur eux et sur leur famille des grâces abondantes, et les aide à garder la fleur de l'innocence.

Nous avons l'autographe d'une instruction dans laquelle il décrit d'une manière touchante le triste sort d'un nombre considérable d'enfants, en Chine ; il les montre exposés, dès leur naissance, dans les rues, sur les places publiques, donnés en pâture aux animaux immondes, entassés dans des fosses profondes ou jetés dans des rivières ; puis il s'écrie : « O ciel ! quelle barbarie ! quelle cruauté ! quelle inhumanité ! Mais le plus grand de tous les malheurs, c'est que ces pauvres innocents périssent sans baptême. Or, ce sont ces enfants ainsi abandonnés, près de périr, que nos zélés missionnaires font recueillir la nuit ou qu'ils rachètent pour leur procurer la grâce du saint baptême. Le plus grand nombre meurt aussitôt, à cause des souffrances cruelles que leur ont fait subir leurs parents. Ceux qui survivent sont recueillis dans des hospices où ils sont élevés et instruits. Ce sont des milliers qu'on arrache ainsi à la mort et surtout à la damnation éternelle. Quoi ! pour quelques sous, procurer le salut éternel à des enfants créés à l'image de Dieu, leur obtenir le bonheur de le voir, de le louer et de le posséder pendant toute une éternité ! Ciel ! quel profit ! quel gain ! En est-il de semblable dans le monde ? Et cependant, sans cette petite et faible ressource, nos bons et zélés missionnaires ne pourraient pas procurer tous ces avantages à ces pauvres petits enfants ; ils seraient obligés de les laisser périr dans le temps et dans l'éternité ! »

Cette instruction est adressée aux pères et aux mères qu'il voulait intéresser à cette sainte œuvre. Il choisissait les passages les plus saillants des *Annales de l'OEuvre de la Sainte-Enfance*, et en donnait lecture à la réunion qui avait lieu dans l'église paroissiale, chaque dimanche, à la chute du jour. Il pressait les parents de soutenir eux-mêmes activement le zèle des jeunes associés. Ses exhortations aux membres de l'Association les attendrissaient sur le sort de leurs petits frères de la Chine et leur inspiraient un vif désir de les secourir. Il leur montrait combien ils étaient heureux d'avoir de bonnes mères et d'être nés dans une contrée catholique, et en bénissait avec eux le Seigneur.

Les enfants avaient en lui un ange qui les couvrait tous de son aile. Sa tendresse pour eux le disputait à celle de leurs mères. Il les attirait pour les conduire à celui qui a dit : *Laissez venir à moi les petits enfants* (1). De suaves paroles sortaient de ses lèvres souriantes pour

(1) Matth. 19, 14.

les porter à ce divin Maître et à sa très-sainte Mère. L'amour des parents se conserve dans une âme où règne l'amour divin. M. Monnereau en est une preuve.

Loin de s'affaiblir, son amour filial pour sa mère croissait avec sa vertu, et il lui en donnait des témoignages multipliés. Cette tendre mère étant tombée malade au presbytère, il la disposa lui-même à paraître au tribunal du souverain Juge. Afin d'exciter sa confiance, il fit placer devant elle une relique de la vraie Croix pour la secourir au milieu des derniers combats. Il lui dit d'un ton animé par la foi : « Ma mère, soyez sans inquiétude, le démon n'a aucun pouvoir ici : vous avez une parcelle de la vraie Croix. » Quand cette mère chérie eut rendu le dernier soupir, il la pleura amèrement, mais sa douleur fut adoucie par l'espérance de la retrouver au ciel.

Un cœur aussi sensible ne pouvait point n'être pas vivement touché des privations et des souffrances des malheureux. M. Monnereau était ému jusqu'au fond des entrailles, lorsqu'il voyait quelqu'un dans la peine. Nous avons vu des preuves signalées de sa tendre charité, pendant qu'il exerçait les fonctions de vicaire. Mais elle éclata surtout aux Brouzils. Tous les pauvres qui se présentaient chez lui étaient accueillis comme les membres de Jésus-Christ ; il s'empressait de les secourir. Avait-il lieu de craindre qu'ils ne fissent un mauvais usage de l'argent qu'ils auraient reçu, il leur procurait de préférence les vêtements et les autres choses dont ils paraissaient avoir besoin. Par une de ces attentions bien dignes de sa prévoyante bienfaisance, il avait toujours un bocal plein de tabac pour ceux qui en usaient.

Il aimait mieux manquer du nécessaire que d'en voir

les indigents privés. Un jour que la neige couvrait la terre, il ôta ses bas pour les donner à un pauvre. Un étranger qui avait grand besoin de linge, étant venu à la cure, il dit à la domestique d'aller chercher une chemise pour ce malheureux. « M. le Curé, lui répondit-elle, où voulez-vous que j'en prenne? Vous avez donné toutes celles que vous possédiez; la seule que vous ayez maintenant vous a été envoyée par les religieuses pour votre usage; vous ne pouvez vous en défaire. »

Une autre fois voyant aux portes du presbytère un indigent couvert de haillons, il monte dans sa chambre et lui jette une chemise et un gilet par la fenêtre, afin que la domestique ne s'en aperçoive point. On était obligé de cacher ses effets pour qu'il ne les distribuât pas.

Sa charité était parfois un exercice de patience pour sa servante. Un pauvre de la paroisse, auquel M. Monnereau faisait souvent l'aumône, étant venu recourir de nouveau à sa bonté, il lui offrit la moitié d'un pâté excellent, en présence de la domestique, qui lui dit par antiphrase: « Vous ne donnez que cela, M. le Curé? J'aimerais autant que vous donnassiez tout. » Il sourit et donna l'autre moitié avec la moitié d'un pain de douze livres. « Ne vaudrait-il pas mieux tout donner, dit la servante. — Vous avez raison, » et il remit le reste au pauvre.

Les religieuses lui avaient envoyé un grand gâteau pour les fêtes de Noël; bientôt on vit un vieillard l'emporter tout radieux. Le bon curé avait voulu lui procurer la satisfaction de manger ce gâteau avec sa famille.

Un soir se présente à la porte du presbytère une petite fille de onze à douze ans, faible et souffrante, conduisant son père, qui était aveugle. Le charitable prêtre s'empresse de les faire entrer et d'apaiser la faim dont l'un et l'autre sont dévorés. Puis il envoie quérir la pieuse maîtresse d'école, Mme Macé, et, sûr d'être obéi, il lui dit : « Vous allez vous charger de cette pauvre enfant et vous lui donnerez vos soins ; moi, je garde le père. » Il le garda en effet une dizaine de jours ; au bout de ce temps, l'enfant ayant recouvré la santé partit avec son père, pourvue comme lui de bons vêtements.

Un malheureux ouvrier ayant eu une attaque d'apoplexie, dans une carrière auprès du bourg, il le fit porter au presbytère, où on lui prodigua tous les soins que nécessitait sa position. Il y mourut au bout de deux jours, assisté du charitable pasteur.

Obligé de renvoyer une domestique trop âgée et trop faible pour continuer son service, il lui promit une rente viagère, qu'il paya exactement.

Comment pouvoir énumérer les bonnes œuvres que lui inspirait sa charité inépuisable? Il les embrassait toutes autant que possible : c'est ainsi qu'il payait des loyers de maison, mettait des enfants en nourrice, secourait les orphelins, les pauvres veuves, envoyait aux indigents les choses les plus nécessaires à la vie. Que d'aumônes dont Dieu seul a été témoin ! Il aurait voulu subvenir aux besoins de tous.

Un jour il réunit les dames du bourg des Brouzils, et, après leur avoir fait un discours pathétique sur la charité envers le prochain, il leur donna en souriant des noms de religion et leur dit : « Je veux établir un ordre dans votre petite société ; vous serez comme une communauté : Mme Buet sera la supérieure, et quand elle apprendra qu'il y a des malades dans la paroisse, elle enverra ses sœurs les soigner, et leur porter tout ce qui leur sera nécessaire. Il faut commencer tout de suite, Mesdames, et remplir une armoire de linge pour les malheureux. » On s'empressa de satisfaire ses désirs exprimés d'une manière si aimable : ainsi fut constituée une association de charité.

Il n'est pas nécessaire de dire qu'en soulageant les souffrances corporelles des indigents, il n'oubliait pas leurs âmes ; c'était surtout leur salut qu'il avait en vue, et d'ordinaire il accompagnait ses offrandes d'une aumône spirituelle.

Son zèle pour la gloire du divin Maître et la sanctification du prochain lui fit entreprendre une œuvre qui mérite bien d'être signalée.

Quand il s'était rendu aux Brouzils, le séminaire de Chavagnes, où il avait fait ses études, était fermé ; il en ressentait d'autant plus de peine que, dans le Bocage, au centre duquel Chavagnes est placé, et en particulier aux Brouzils, il y avait beaucoup d'espérance pour les vocations ecclésiastiques. Aussi résolut-il de grouper autour de lui les enfants de sa paroisse qu'il croirait appelés au sacerdoce, et, quelques jours seulement après son arrivée, il recevait dans sa cure plusieurs élèves, dont le nombre s'accrut successivement jusqu'à vingt-cinq. Chargé seul, comme il l'était, d'une grande paroisse, où, grâce à son zèle, les sacrements étaient fréquentés, quel dévouement, quelle activité ne lui fallait-il pas pour former et instruire ces jeunes gens qui se trouvaient dans différentes classes !

Afin de suffire à des occupations si multipliées, il ne prenait guère que trois ou quatre heures de sommeil. Le matin, ainsi que nous l'avons dit, il allait de très-bonne heure à l'église. Lorsqu'il avait entendu les confessions de toutes les personnes qui s'étaient présentées, il faisait la classe jusqu'à midi ; le soir il la recommençait vers deux heures et la continuait jusqu'à quatre heures. Comme on s'étonnait de le voir joindre les fatigues de l'enseignement aux travaux de la charge pastorale : « La classe que je fais à mes bons petits élèves, disait-il, me délasse des fatigues du saint ministère. »

Il leur apprenait à connaître le prix du temps, et ne voulait pas qu'ils perdissent un seul des instants destinés au travail. Un jour qu'il les avait laissés à l'étude, il retourna au moment où ils s'y attendaient le moins, et, trouvant quelques-uns d'eux occupés à jouer, il prit l'argent qu'ils avaient mis au jeu, le donna aux pauvres et infligea à ceux qui jouaient une autre punition dont ils surent profiter.

S'il mettait ses soins à leur enseigner les sciences humaines, il s'appliquait plus encore à former leur cœur à la vertu et à développer en eux l'esprit de piété, n'ignorant pas que d'ordinaire les élèves ecclésiastiques les plus fidèles à remplir leurs devoirs religieux se distinguent, quand ils sont prêtres, par leur régularité et par leur zèle. Il leur avait assigné, comme dans un séminaire où tout est bien réglé, un temps particulier pour la lecture spirituelle et pour la prière, et il avait fait placer dans leur oratoire une statue de Marie, afin de les accoutumer à offrir à Dieu leurs actions par cette auguste Vierge, et d'attirer sur eux sa protection maternelle. Quand les occupations du saint ministère le permettaient, il présidait lui-même à leurs exercices de dévotion et tirait de son cœur, embrasé de l'amour divin, des paroles, qui, comme autant d'étincelles, allumaient dans ces jeunes âmes le feu sacré dont il était consumé. Aux beaux jours du printemps et de l'été, il les conduisait souvent à la campagne ; là, assis avec eux sur le gazon, il leur faisait une instruction familière qu'ils écoutaient avec autant de plaisir que d'attention ; puis il les laissait se livrer à des divertissements innocents auxquels il prenait part quelquefois si gaîment, qu'on l'eût dit revenu aux jours de son enfance.

Il est inutile de dire qu'en réunissant des élèves au presbytère, il n'avait que des vues élevées et dignes de sa foi : la gloire de Dieu, l'avantage du diocèse, le salut de ces enfants, voilà ce qu'il se proposait. Aucune rétribution n'était demandée à leurs parents ; il se contentait de ce qu'on voulait lui présenter : c'était le plus souvent du blé ou des fruits. Plusieurs de ces jeunes gens se nourrissaient eux-mêmes, et ceux qui avaient besoin d'être secourus trouvaient en lui un cœur compatissant, un bienfaiteur généreux.

Cette réunion d'enfants attira l'attention de l'Université ; un de ses inspecteurs vint les visiter et déclara à M. Monnereau qu'il ne pouvait continuer à leur donner des leçons sans y être autorisé légalement. Mgr l'évêque lui demanda alors s'il avait l'intention de fonder un petit séminaire ; il répondit qu'il en avait eu en effet la pensée, mais que la maison ecclésiastique de Chavagnes venant d'être rétablie, il renonçait volontiers à son dessein, ne croyant pas qu'il fût avantageux d'avoir deux maisons d'éducation si rapprochées. En conséquence, il envoya ses élèves au petit séminaire de Chavagnes, à l'exception de quatre ou cinq qu'il lui fut permis de garder. Il était bien aise de continuer ainsi à satisfaire son attrait pour l'éducation de la jeunesse cléricale. Il paraît même que pour mettre cette œuvre sous la protection spéciale de saint Louis de Gonzague, et en assurer, autant qu'il était en lui, la perpétuité dans sa paroisse, il s'était engagé par vœu à dire tous les ans la messe, le jour de la fête de ce glorieux patron de la jeunesse, tant qu'il aurait au moins un élève ecclésiastique, et on ne sache pas que dans les quarante-deux années qu'il a passées aux Brouzils, il y en ait eu une seule où il n'ait pas eu à remplir ce pieux engagement; mais, dans les derniers temps de sa vie, la faiblesse de sa santé ne lui permettait pas de faire lui-même la classe, et c'était, disait-il, l'un de ses plus grands sacrifices : il se faisait suppléer par ses vicaires.

Ses jeunes étudiants, entrés dans les séminaires du diocèse, continuaient d'être l'objet de ses affections et de ses bontés. Quel que fût leur nombre, il fallait, pendant les vacances, que tous, même ceux dont les parents habitaient le bourg, vinssent, chaque dimanche, dîner au presbytère. Jamais père n'eut plus de jouissance à se voir entouré de ses enfants et ne leur témoigna plus de tendresse. De leur côté, les jeunes convives, heureux d'être auprès d'un si tendre père, se livraient sans crainte à la douce gaîté de leur âge, sans jamais manquer au profond respect qu'ils lui devaient.

Les enfants qui commencèrent, sous ses yeux, l'étude du latin, lui donnèrent généralement de grandes consolations. Parvenus au sacerdoce, ils se firent remarquer par leur piété et par leur zèle. Deux d'entre eux ont tout quitté pour aller évangéliser les âmes dans les pays lointains. Voici ce qu'il répondit à l'un d'eux, M. Lucien

Proteau, qui lui avait écrit du séminaire des Missions étrangères : « Je bénis Dieu de vous avoir appelé à la conversion des pauvres peuples encore ensevelis dans les ténèbres de l'erreur et de l'infidélité : *Quam speciosi pedes Evangelizantium pacem, Evangelizantium bona* (1). Vous aurez des travaux et des peines à supporter dans l'accomplissement de vos obligations ; mais ayez confiance : celui qui donne les charges et les fardeaux, donne également les secours et les grâces pour les supporter. Soyez fidèle à ses saintes inspirations. Mettez tout sous la protection de celle que l'Église nomme à juste titre la Reine des Confesseurs. »

Parmi toutes les œuvres que lui avaient inspirées son amour pour l'Église et son zèle pour le salut des âmes, on peut regarder comme son œuvre de prédilection celle dont nous venons de dire un mot ; mais il en est une autre qui était aussi l'objet de son affection et de sa sollicitude. Nous devons même en parler plus longuement.

(1) Qu'ils sont beaux les pieds de ceux qui vont annoncer la paix, qui vont porter la bonne nouvelle.

CHAPITRE VI.

Il fonde la Congrégation des Religieuses des Sacrés-Cœurs de Jésus et de Marie.

En arrivant aux Brouzils, M. Monnereau y avait trouvé une excellente institutrice, Mme Macé, native de Château-Gontier, femme intelligente et d'une piété solide et éclairée. Quelles que fussent ses qualités et son dévouement pour l'instruction de la jeunesse, le digne curé, persuadé que des personnes spécialement consacrées à Dieu feraient encore plus de bien, pria le P. Baudouin de lui envoyer quelques religieuses de la congrégation qu'il avait fondée ; mais ses désirs ne purent être satisfaits. Il en eut une peine bien vive et resta quelque temps incertain sur le parti qu'il devait prendre ; enfin, un jour il parut absorbé dans de profondes réflexions, et tout-à-coup il s'écria, poussé sans doute par une inspiration divine : « On ne peut pas m'en donner, eh bien ! j'en formerai. » Sa résolution était arrêtée ; mais, pour parvenir à son but, il usa des moyens conseillés par la prudence chrétienne. Il voulut en quelque sorte préparer longtemps d'avance les pierres de l'édifice qu'il avait dessein de construire pour la gloire de Dieu et avec le secours de sa grâce. Ses vues se portèrent sur les petites filles qui fréquentaient l'école de Mme Macé. Il se persuada que le désir d'embrasser la vie religieuse naîtrait dans le cœur de quelques-unes, si elles étaient dirigées dans les voies de la piété. Il résolut de les y introduire et en prit le moyen. Il rapprocha ses visites à l'école ; il y allait chaque semaine, et adressait aux jeunes élèves les paroles les plus propres à développer en elles les dispositions qu'elles avaient à la vertu.

Un jour, après leur avoir parlé de la gloire et du bonheur des élus, il ajouta : « Qui de vous veut être sainte ? — Moi ! moi ! répondirent-elles toutes à la fois. — Eh bien ! mes enfants, puisque vous voulez être saintes, pour vous aider à le devenir, je vous ferai un petit réglement qu'on attachera à la muraille. » En effet, il leur traça un réglement, où il leur recommandait spécialement de réfléchir quelques minutes, tous les matins, et de visiter, chaque soir, le Très-Saint-Sacrement. Cette pratique et toutes celles qu'il leur proposa furent adoptées avec empressement, et l'on y fut fidèle. A l'heure de la visite, la cloche était tintée pour l'annoncer ; ce qui donnait lieu à d'autres personnes pieuses du bourg de se rendre à l'église, afin d'y adorer le Dieu de l'Eucharistie. Peu après, le zélé pasteur permit à douze des plus sages de communier trois fois par mois. Il obtint de Mgr l'évêque de La Rochelle la faculté de donner le salut tous les jeudis, pourvu que quatre des enfants se fussent, ce jour-là, approchées de la Table Sainte. Bientôt il les engagea à réciter en chœur le petit office de la bienheureuse Vierge Marie, à dire chaque jour le chapelet, à faire le matin, à l'église, la prière et la méditation. On se conforma exactement à ce qu'il avait réglé. Les petites filles étaient conduites dans le lieu saint par leur institutrice, qui leur donnait en tout l'exemple de la piété.

M. Monnereau les voyait avec bonheur observer de point en point leur réglement, et faire des progrès dans la vertu. Pour sonder les dispositions de leur âme, il leur dit dans une de ses visites : « Mes enfants, me diriez-vous quel est le plus grand trésor qu'on puisse posséder : bien peu de personnes le connaissent. » Après avoir gardé le silence un instant, cherchant en elles-mêmes la réponse à la question qui leur était adressée, elles lui avouèrent qu'elles ne le savaient pas. « Cherchez encore, répliqua-t-il, et, quand je reviendrai, vous me ferez connaître ce que vous aurez trouvé. » La curiosité était vivement excitée ; elles mirent tout en œuvre pour découvrir le secret, interrogèrent de grandes personnes et feuilletèrent des livres sans pouvoir trouver la réponse que M. Monnereau attendait. Mme Macé, dont la prudence égalait la piété, était instruite du dessein de M. Monnereau et même résolue à le seconder personnellement ; mais elle ne voulait rien leur dire pour les mettre sur la voie. L'homme de Dieu les tint en suspens pendant quelques mois, aiguillonnant de plus en plus leur désir de connaître le trésor. Enfin, il découvrit sa pensée à quelques-unes : « Ce précieux trésor, leur dit-il, c'est le vœu de chasteté et la vie religieuse. » Cette parole les éclaira comme un trait de lumière et les enflamma du désir d'acquérir cette perle inestimable, de se consacrer tout entières au Dieu qui a promis le centuple à quiconque renonce à tout pour l'amour de lui.

Pendant que le saint prêtre ouvrait à ces jeunes personnes l'heureux sentier où il voulait les conduire, il adressait, dans le même but, des lettres de piété à quelques autres qui étaient absentes de la paroisse; voici ce qu'il écrivait à l'une d'elles, Mlle Adèle Payraudeau, alors en pension dans la maison des religieuses de Chavagnes, à Saint-Étienne-du-Bois : « Je prie notre très-bon et très-cher Seigneur d'achever et de perfectionner en vous l'ouvrage et l'édifice dont j'ai jeté les premiers fondements. Croissez toujours, ma petite enfant, en sagesse, en piété, en ferveur, en sainteté, en obéissance, en humilité, en charité, en amour de Dieu et en toutes sortes de vertus chrétiennes. Que les très-sacrés cœurs de Jésus et de Marie vous aident et vous conservent; qu'ils vous bénissent sans cesse et vous rendent toujours zélée de plus en plus.

» Je vous donne ma bénédiction. Aimez beaucoup notre bon Seigneur et la Sainte Vierge, notre Mère, comme je vous l'ai recommandé tant de fois. »

Le but que M. Monnereau se proposait de donner à l'association était digne de sa piété et de sa charité. Nous pouvons en présenter un aperçu, d'après la règle qu'il traça plus tard.

Dans un discours préliminaire, qui a pour épigraphe ces paroles de l'Apôtre de la belle dilection : *Aimons Dieu, puisqu'il nous a aimés le premier* (1), il rappelle tout ce que Dieu a fait pour gagner le cœur de l'homme dans la loi de la nature, dans la loi écrite et dans la loi nouvelle; il montre que les congrégations religieuses ont été instituées pour rendre à Dieu le culte

(1) S. Jean, 4-19.

de l'amour le plus parfait, en honorant les différents mystères et les vertus du divin Rédempteur, suivant l'esprit et l'approbation de l'Église. « Aujourd'hui, ajoute-t-il, d'après la recommandation et le vœu bien manifeste de cette sainte Mère, qui nous parle dans le nom du divin Maître, son grand désir est que nous honorions d'un culte tout particulier son cœur adorable, tout brûlant d'amour pour nous ; pourrions-nous ne pas nous rendre à une aussi tendre et aussi aimable invitation ? Le cœur de Jésus, par son union avec le Verbe, est le cœur de Dieu : il mérite donc vos adorations ; le cœur de Jésus est le cœur du plus fidèle de tous les amis, du plus généreux de tous les bienfaiteurs : il mérite donc tout votre amour et toute votre reconnaissance ; le cœur de Jésus est le plus parfait de tous les modèles : vous devez donc vous efforcer de retracer en vous les vertus et les perfections dont il vous a donné les plus beaux exemples ; le cœur de Jésus, votre Père, votre ami, votre bienfaiteur, votre Sauveur, votre époux, est continuellement outragé dans le divin sacrement de son amour : vous devez donc faire tout ce qui dépend de vous pour réparer, par des amendes honorables, les outrages, les sacriléges, les irrévérences, les mépris et les froideurs dont il est l'objet dans le sacrement de l'autel. »

Après ce discours, M. Monnereau expose, dans le réglement, le but de la congrégation qu'il a établie ; le voici tel qu'il l'a formulé :

« Le premier but que se proposent les religieuses des Sacrés-Cœurs de Jésus et de Marie, est de s'unir au divin cœur de Jésus par un culte d'adoration, d'amour et d'imitation ; elles se proposent aussi de faire amende honorable à ce cœur sacré pour les outrages qu'il a reçus et qu'il reçoit dans le sacrement de son amour.

» Leur second but est d'honorer et d'imiter d'une manière toute spéciale le très-saint et immaculé cœur de Marie, leur tendre Mère.

» Leur troisième but, enfin, est l'instruction des petites filles de la campagne et principalement des pauvres, et cela gratis pour ces dernières. »

Afin de leur faire atteindre la fin à laquelle elles devaient tendre, il s'appliquait à leur communiquer de plus en plus sa dévotion envers les sacrés cœurs de Jésus et de Marie. Non content de donner des conseils de vive voix, il leur en adressait par écrit. Après les fatigues du jour, il se reposait en quelque sorte la nuit, en laissant tomber de sa plume l'expression des pieux sentiments qui débordaient de son cœur. Ces âmes dociles rivalisaient de zèle pour leur avancement spirituel ; elles désiraient ardemment se lier par des vœux. Les circonstances ne permettant pas encore de les satisfaire, leur pieux directeur écrivit, le 30 janvier 1818, à l'une d'elles, Mlle Marie-Anne-Charlotte Payraudeau : « Le sacré cœur de Jésus voit nos désirs et nos vœux ; ne doutez pas qu'ils ne lui soient très-agréables. Je dis plus : il les tient pour accomplis tant que vous y persévérerez. Courage, ma fille ; votre sacrifice sera d'autant plus cher au Seigneur en son jour, que ce jour aura été plus longtemps attendu. Ce coup vous frappera, ma fille ; votre cœur en sera touché, vos yeux en verseront des larmes. Eh bien, pleurez, laissez couler quelques larmes ; je le veux bien ; le bien-aimé de votre cœur, Jésus, les verra et les conservera dans des coupes d'or et d'argent, enrichies de pierres précieuses, placées au pied de son trône, d'où il les montrera à son divin Père et à sa tendre et aimable Mère, qui ne manqueront pas d'en être touchés. Soyez-en assurée, les filles du Sacré-Cœur réussiront; je vous dis ce que je pense et ce dont je suis pleinement persuadé. Le monde, par l'instigation du démon, pourra les harceler et les persécuter ; mais qu'y aura-t-il d'étonnant dans ces procédés ? N'a-t-il pas harcelé et persécuté les Apôtres, les martyrs, les vierges et les saints de tous les ordres ? N'a-t-il pas porté l'impudence, la malice et la cruauté jusque sur son Rédempteur ? Qui l'ignore n'a qu'à lire l'Évangile et l'histoire, il sera bientôt convaincu de la vérité. Et cependant, ma fille, le démon et le monde, avec toutes leurs armes, avec tous leurs chevalets, leurs roues, leurs potences, leurs échafauds, leurs prisons, leurs cirques, leurs amphithéâtres, leurs bûchers, leurs feux, leurs grils ardents, leurs lanières, leurs verges, leurs coutelas, leurs calomnies, ont-ils empêché Notre-Seigneur d'être reconnu pour le Fils de Dieu ? Ont-ils empêché ses miracles et les effets de sa puissance ? Ont-ils empêché le progrès de l'Évangile et l'établissement de l'Église de notre bon et divin Maître ? Ont-ils empêché nos Apôtres de porter la foi dans tout l'univers ? Ont-ils empêché tous les saints et les justes de tous les lieux et de tous les temps de se donner au Seigneur et de pratiquer la vertu ? Non, ma fille, non; la sagesse du monde et la politique de Satan n'ont jamais rien pu contre la sagesse et la puissance de Dieu. Le monde et Satan sont abattus au pied de la croix de Jésus. Après tous leurs efforts, c'est ce qui leur arrivera par rapport aux filles des Sacrés-Cœurs. Il est dans l'ordre de la divine Providence que l'établissement des filles des Sacrés-Cœurs soit en butte à la contradiction des hommes, pendant quelque temps, comme l'a été celui de tous les corps religieux; mais cela n'empêchera pas que l'institut des filles des Sacrés-Cœurs donnera, comme tous les autres, plusieurs vraies héroïnes au royaume des cieux. Armez-vous donc du bouclier de la foi, du ceinturon de l'espérance et du casque de l'amour des sacrés cœurs de Jésus et de Marie, attendant, avec une humble soumission, la joie pascale.... Elle viendra, oui, elle viendra, j'en suis plus que persuadé. Je vous bénis. »

L'épreuve avait été longue et couronnée d'un plein succès; M. Monnereau crut que le moment était venu de jeter les fondements de l'édifice qu'il se proposait d'élever. Il en soumit le plan au P. Baudouin, alors vicaire-général, qui l'encouragea à mettre son projet à exécution. La parole de ce vénéré Père fut pour lui comme le mot du ciel. Muni de l'autorisation nécessaire, il permit à quelques-unes de ses filles de faire, pour un temps déterminé, les vœux simples d'obéissance, de chasteté et de pauvreté. C'étaient Mme Macé, qui prit le nom de sœur Marie de l'Ascension; Marie Anne-Charlotte Payraudeau, qui fut nommée Marie de Jésus; Mlle Marie-Esther-Stéphanie Blé, qui fut appelée Marie de l'Incarnation (1), et une quatrième qui n'a point persévéré. Chacune d'elles prononça ses vœux, en son particulier, le Jeudi-Saint, 19 mars 1818. La cérémonie se fit sans

(1) Aujourd'hui (1863) supérieure de la maison des Brouzils.

éclat, mais la grâce agit d'une manière sensible dans ces âmes bien disposées : elles ressentirent une joie, un bonheur indicible à se consacrer au divin cœur de Jésus, la source des grâces, sous les auspices du cœur de Marie, qui en est le canal ! Tels furent les premiers éléments de la congrégation des religieuses des Sacrés-Cœurs. Ainsi, le serviteur de Dieu confiait à une terre bénie le grain de sénevé qui, sous la féconde rosée du ciel, devait se développer, s'élever comme un arbre (1) et produire des fruits abondants.

Au bout de quelques mois, une autre jeune personne, Mlle Anne-Claire-Cécile Buet, aspirait à leur félicité; mais obligée de rester dans sa famille, qui demeurait aux Brouzils, elle émit seulement le vœu de chasteté, et fut néanmoins considérée comme un membre de la congrégation naissante. En conséquence, le zélé supérieur lui permit, avec l'approbation de l'Ordinaire, de suivre, autant qu'elle le pourrait, le réglement et les exercices de la communauté. Depuis, elle s'est entièrement unie à ses sœurs, et maintenant (1863) elle en est la supérieure générale, sous le nom de Marie de l'Assomption.

Le pieux fondateur espérant que Dieu bénirait sa petite communauté, née dans l'ombre et encore inconnue, désirait l'inaugurer publiquement. Il pria le P. Baudouin de lui accorder à cet effet l'autorisation de porter solennellement en procession deux tableaux du sacré cœur de Jésus, l'un destiné pour une chapelle de l'église paroissiale, l'autre pour l'oratoire de ses filles. Sa demande fut favorablement accueillie de ce digne vicaire-général, qui

(1) S. Matth., 13, 32.

l'engagea même à donner beaucoup de pompe à la cérémonie. Elle eut lieu le jour de l'Ascension, 30 avril 1818, à l'issue des vêpres paroissiales, au milieu d'un grand concours de peuple. Les tableaux des Sacrés-Cœurs, placés sur un brancard richement orné, furent portés en triomphe, par des hommes recommandables.

La nouveauté du spectacle concourant avec la solennité du jour, le maintien religieux de la foule, les prières et les chants de l'Église, tout frappait dans cette fête ; nous pouvons bien dire que les Anges la contemplaient d'un œil de complaisance et venaient s'y associer. L'homme de Dieu ressentait la sainte allégresse qu'éprouva David, lorsque l'arche fut transportée dans la maison d'Obédédom. Inspiré par la circonstance et par le mouvement de l'Esprit-Saint, il fit un sermon onctueux et pathétique, qui toucha vivement l'auditoire. L'émotion redoubla quand, après l'instruction, on le vit aller baiser avec autant de piété que de respect l'image du sacré cœur de Jésus. Tous les assistants suivirent son exemple.

Au milieu de cette foule recueillie, les religieuses se distinguaient par leur attitude humble et modeste et par les douces larmes qui s'échappaient de leurs yeux. Inondées de célestes consolations, elles bénissaient à l'envi l'adorable Sauveur qui daignait exaucer un des vœux les plus ardents de leur âme, et leur donner son cœur, comme un gage de son amour pour elles, et des nouvelles grâces dont il allait enrichir leur communauté par les mains de sa tendre Mère.

Au commencement de cette pieuse cérémonie, elles avaient mis pour la première fois sur leur poitrine, d'une manière ostensible, l'image de ce divin cœur surmontée d'une croix (1). Depuis, elles l'ont toujours portée avec une ferme confiance, encouragées par les paroles de leur vénéré Père : « Mes filles, leur disait-il, si l'ange exterminateur épargna autrefois tous les Israélites sur les portes desquels il voyait le sang de l'Agneau Pascal, que ne devrez-vous pas attendre de l'image même du cœur sacré de Jésus! Que la croix, dont ce cœur est surmonté, soit pour vous une croix d'honneur et un encouragement à imiter la patience de votre divin Maître dans les humiliations et dans les souffrances; qu'elle vous rappelle sans cesse que votre cœur doit être continuellement attaché à la croix, si vous voulez qu'il devienne semblable à celui de Jésus-Christ, et que ce divin Sauveur vous fasse partager un jour son bonheur dans le ciel. »

L'enfer et le monde avaient vu d'un œil jaloux une cérémonie qui avait été un triomphe éclatant pour le cœur de Jésus, et faisait éclore un nouvel essaim de vierges destinées à lui rendre un perpétuel hommage. Quelques personnes des Brouzils et des environs tournèrent en dérision M. Monnereau et ses filles spirituelles; beaucoup d'autres, sans lui être hostiles, regardaient sa sainte entreprise comme une témérité et la désapprouvaient hautement; on ne saurait dire tout ce qu'il eut à souffrir dans ces circonstances : « Il faut, dit un jour le P. Baudouin, que ce bon curé des Brouzils, ait bien du courage pour supporter tant de persécutions; vraiment, si j'en avais eu autant pour établir la communauté de Chavagnes, je crois que j'y aurais renoncé. » Ces paroles manifestaient l'humilité de ce vénérable Père qui avait vu ses propres

(1) Le cœur était en étoffe rouge; il a été remplacé par un cœur d'argent, en 1820.

œuvres subir les plus fortes épreuves ; mais elles montrent aussi la grandeur des obstacles que M. Monnereau rencontrait et son courage à les surmonter ; rien ne trouble, rien n'arrête un cœur qui met sa confiance en Dieu et n'agit que pour sa gloire.

Les persécutions l'étonnaient d'autant moins qu'il s'y était attendu ; puis il avait pour soutien dans ses épreuves le saint fondateur des religieuses de Chavagnes qui portait le plus vif intérêt à la nouvelle communauté. Le P. Baudouin lui donna par écrit de précieux encouragements et l'engagea à faire avec ses filles des prières, pendant quarante jours, afin d'attirer les bénédictions du Ciel. Les paroles de ce grand serviteur de Dieu remplirent le P. Monnereau de consolations et fortifièrent ses saintes espérances. Il s'empressa de communiquer à ses filles les nouvelles marques de bienveillance que leur donnait le P. Baudouin, et voulut que, sans retard, elles commençassent une quarantaine de prières. Une lettre qu'il leur adressa à cette occasion, se termine par ces mots :

« Vive l'amour du Sacré-Cœur de Jésus ! Vive son humilité ! Vive sa croix ! Vive Marie ! Tout aux sacrés cœurs de Jésus et de Marie ; je joins, mes chères filles, mes bénédictions à celles du vénérable prêtre de La Rochelle (1) et souhaite les plus grandes effusions des sacrés cœurs dans vos cœurs.

» MONNEREAU,

» Votre serviteur et votre protecteur jusqu'à la mort, et, après la mort, s'il a le bonheur de pouvoir vous être utile. »

(1) Le P. Baudouin était alors Supérieur du séminaire de La Rochelle.

Non content d'encourager son enfant béni, le P. Baudouin prenait sa défense devant ceux qui blâmaient son entreprise : « Après tout, leur disait-il, pourquoi faire tant de bruit ? si c'est l'œuvre de Dieu, elle réussira, sinon elle tombera ; il n'y a pas à s'en inquiéter. »

Il y avait trois ans que la communauté des religieuses des Sacrés-Cœurs était instituée, et elle n'avait reçu aucun nouveau sujet. « Mes filles, leur écrivit leur saint fondateur, vous vous lassez peut-être de ce que les choses ne vont pas plus vite ; mais faites attention à ce que dit l'apôtre saint Paul, que nous ne sommes que les coopérateurs de Dieu dans son œuvre, c'est à nous à planter, à arroser ; mais c'est à lui à donner l'accroissement, et il le donne quand il lui plaît. Si vous eussiez existé du temps des prophètes, vous vous seriez donc découragées en ne voyant pas plus tôt s'accomplir la promesse d'un Sauveur. Si vous eussiez existé dans les jours de la vie du bon Maître, vous vous seriez donc découragées, en voyant que l'Évangile faisait si peu de progrès, malgré les prodiges et les miracles. Si vous eussiez existé au commencement de plusieurs congrégations, qui ont fait la consolation de l'Église et dont quelques-unes la font encore, vous vous seriez donc découragées. Si vous étiez à la place de notre évêque nommé, Mgr Soyer, et de ses collègues (1), vous croiriez donc tout perdu. O filles de peu de foi ! pourquoi vous laissez-vous ainsi abattre ; et d'ailleurs, comme je vous l'ai répété souvent, quand il

(1) Mgr Soyer et plusieurs autres ecclésiastiques nommés évêques, ne pouvaient ni recevoir l'onction épiscopale ni prendre possession de leurs sièges, par suite des difficultés que rencontrait le nouveau Concordat avec le Saint-Siège.

ne devrait y avoir que nous de liés au Sacré-Cœur, eh! ne devrions-nous pas nous estimer trop heureux? Non, mes filles, non, je vous le répète, je ne me repens point de ce que j'ai fait : je veux bien que ma langue s'attache à mon palais et que ma main droite se sèche, si jamais je viens à me repentir d'avoir trop aimé le Sacré-Cœur, de m'être employé à lui procurer de vraies servantes et épouses, de vrais serviteurs. »

Cependant les filles spirituelles du père Monnereau, qui étaient surchargées de travail, ne cessaient de conjurer le Seigneur d'inspirer à quelques jeunes personnes le désir d'entrer dans leur petite communauté. Enfin, aux fêtes de Noël 1821, il se présenta une postulante qui prit l'habit, le 14 juin 1822. Elles en furent comblées de joie et conçurent l'espérance que leur nombre s'augmenterait peu à peu.

Leur oratoire n'était qu'un grenier où l'on avait dressé un humble autel ; elles dirent à leur vénéré Père qu'elles seraient heureuses de pouvoir construire une maison : « Commençons, leur répondit-il, par bâtir des temples vivants. » Elles ne se réunissaient que pendant le jour ; le local où elles faisaient la classe étant très-petit, il fallait qu'elles allassent passer la nuit chez leurs parents. Cet état de choses ne pouvait être que provisoire ; aussi soupiraient-elles après le moment où elles auraient une commune habitation. Cet avantage leur fut accordé en 1822. Dès lors, elles suivirent les observances en usage dans les communautés bien réglées. C'était pour elles comme une nouvelle vie, et la satisfaction qu'elles en ressentaient leur faisait compter pour rien les privations sans nombre qu'elles devaient s'imposer.

Bien qu'elles eussent beaucoup de sacrifices à faire, leur zélé directeur les exerçait encore à la pratique de la mortification et du détachement; il trouvait en elles des âmes généreuses. « Je puis bien dire, a écrit une des premières religieuses, que, malgré sa douceur et sa grande charité, il ne m'épargnait pas; c'est qu'il voulait ma sanctification. Je lui en serai reconnaissante, parce que cette conduite, qui a été si sensible à mon pauvre cœur, sera, je crois, plus que tout le reste, ce qui me conduira au ciel. *Deo gratias.* »

Penser ainsi, c'était comprendre et goûter ces paroles du vénéré Père : « Préférons toujours les personnes qui nous réprimandent à celles qui nous ménagent : ce sont nos vrais amis; les flagorneurs nous font du mal et favorisent notre vanité. »

Le P. Monnereau voulait que ses filles fussent comme autant de victimes immolées sans réserve à la gloire du divin Maître, et les excitait à suivre les pas de leur divine Reine, allant s'offrir dans le temple, comme une brebis sans tache. Voici ce qu'il leur écrivait peu après les avoir fondées :

Vivent les Sacrés-Cœurs !

« Les Brouzils, 20 novembre 1818.

» V. SS. CC.,

» Demain, jour de la Présentation de Marie, vous irez avec votre Mère, dans le temple du Seigneur, vous offrir en holocauste avec cette sainte et auguste Victime. Comme elle, offrez-lui votre cœur, votre âme, votre esprit, tous vos sens, toutes vos facultés, tout votre être, toutes vos personnes. Votre offrande doit être un sacrifice holocauste, c'est-à-dire que toute la victime doit être brûlée et consumée, non plus comme elle l'était autrefois, dans le temple de Jérusalem, par un feu matériel, mais par un feu tout divin, tout spirituel. Sous l'Ancien Testament, Dieu demandait à son peuple les prémices de tous les biens et le rachat de tous les enfants premiers-nés; cérémonies qu'on observait le jour de la Présentation au temple. Vous êtes épouses du Sacré-Cœur, filles de Marie; vous êtes les prémices du nouveau temple de Dieu, vous êtes les premières-nées dans l'Église de Dieu; ce serait donc une prévarication de votre part faite au Seigneur, une injustice, si vous ne lui rendiez pas, par l'offrande de vous-mêmes, ce que vous lui devez à tant de titres. O âmes d'élite! reconnaissez votre bonheur; pensez sérieusement quel est Celui à qui vous appartenez et à qui vous vous donnez. On tient et on regarde comme un bonheur et un honneur d'être sous la tutelle et la protection des grands de la terre. Combien de pères et de mères ont sacrifié aveuglément à la garde et au service des princes temporels leurs enfants chéris! Oh! avec quelle ardeur, avec quel zèle, avec quel courage, quelle émulation, quel fervent amour, quelle sainte envie ne devez-vous donc pas vous offrir à votre Époux divin, à votre Père, à votre Roi! Imitez donc Marie, votre Mère et votre modèle. Rappelez-vous ce que dit le saint roi David au psaume 44, qui est l'épithalame de la sainte humanité de Notre-Seigneur avec sa divinité, et qu'on peut aussi entendre dans un sens de Marie au XVIe verset: « Plusieurs vierges, » c'est-à-dire plusieurs imitatrices de sa vie et de ses

» vertus, seront présentées au Roi avec elle. Elles se » livreront à des transports de joie qui ne peuvent » s'exprimer, lorsque, dans ce cortége, elles seront » introduites dans le temple et le palais de leur divin » Roi. » Mais pour avoir ce bonheur, mes chères filles, il faut en tout et partout imiter votre Mère, depuis sa première action jusqu'à sa dernière, c'est-à-dire depuis sa Présentation jusqu'à son Assomption; comme elle, ne rien dérober à Dieu du sacrifice que vous lui avez fait et que vous lui ferez encore demain de vous-mêmes et de tout ce que vous possédez. Immolez votre corps; brûlez au Seigneur, comme un parfum et un encens qui lui sera d'une agréable odeur, la graisse de votre cœur, de votre âme et de votre esprit, je veux dire la propriété de vous-mêmes, tout ce que vous avez de plus cher; vous en ferez le sacrifice à la divine Majesté, comme Marie; et pour vous donner plus de courage, le sacré cœur de Jésus veut vous avoir demain à sa Table et faire lui-même à son Père l'offrande de vos cœurs, dont il prendra possession. A lui soit honneur, gloire, force, majesté, bénédictions, dans tous les siècles des siècles et à jamais !...

» MONNEREAU,

» **Religieux du Sacré-Cœur, mais indigne.** »

Le serviteur de Dieu désirait d'autant plus faire acquérir à ses filles une vertu profonde et solide, qu'elles étaient consacrées à l'instruction de la jeunesse. « Voyez, leur disait-il, un vase d'or d'où déborde une liqueur odorante; le parfum qui s'en exhale remplit l'appartement où il se trouve; de même, si vous possédez la sainteté, la bonne odeur de vos vertus se répandra autour de vous et attirera les âmes à Dieu. »

Bientôt la société naissante fut assaillie de nouvelles tempêtes. La persécution à laquelle les religieuses avaient été en butte avant d'être ensemble, redoubla quand on les vit réunies et formant une communauté. On s'attaqua plus encore à leur fondateur; on alla jusqu'à faire des démarches auprès de Mgr Paillou pour le faire interdire, ou du moins obtenir son changement. Une circonstance particulière vint encore aigrir les esprits. Afin de se conformer au décret concernant les fabriques, il fit mettre à l'adjudication les bancs de l'église, le jour de la Pentecôte 1823. Cette mesure suscita des scènes fâcheuses, dans lesquelles on eut lieu d'admirer sa fermeté et l'empire que sa sainteté lui donnait sur les cœurs. Sa conduite mérita les éloges de l'Ordinaire.

Il est à croire que les peines dont il fut abreuvé exercèrent une fâcheuse influence sur sa santé; une violente inflammation des intestins le conduisit aux portes de la mort; il en revint, mais il ne guérit jamais parfaitement.

Trop faible pour pouvoir s'occuper des fonctions pastorales et obligé de changer d'air, il se retira chez M. le curé de la Gaubretière, qui faisait alors donner les exercices d'une mission. Le zèle des missionnaires et les heureux fruits de leur parole le remplirent d'une joie sainte. Il profita lui-même, pour avancer dans la piété, des grâces que le Seigneur répandait à profusion dans cette excellente paroisse; et le changement d'air fut très-favorable à sa santé. Le jour de la fête de l'Incarnation 1824, il écrivit, du lieu de sa retraite, à la Mère de l'Ascension : « Nous voici enfin arrivés au grand jour que les patriarches, les prophètes et tous les anciens justes avaient tant désiré ; nous voici arrivés à ce grand jour qui est le commencement de notre bonheur.

» Vous vous rappelez sans doute ce que je vous disais, il y a quelque temps, que si je pouvais voir Notre-Dame de mars, je commencerais à concevoir quelque espérance de ma guérison. Eh bien ! nous sommes parvenus à cette solennité, et je suis encore sur la terre, au milieu des enfants de Cédar ! Je dois penser à leur faire de nouveau la guerre, non pas en me jetant sur eux comme un insensé, mais en prenant doucement et adroitement les mesures et les moyens pour les vaincre ; attendant le moment d'aller, s'il plaît au Verbe divin, me présenter moi-même sous leurs murs et marcher contre eux, tête levée. Vous comprenez par là, je pense, que je me trouve un peu mieux ; mais je suis capable de bien peu de chose encore. Le Seigneur le veut ainsi ; soyons contents. Le ciseau de la justice de Dieu continue toujours de façonner en vous le temple de l'Esprit-Saint et de l'orner de sculptures. Oh ! réjouissez-vous ; plus il fera de guirlandes, de volutes, de rosaces, de frises et d'autres ornements d'architecture, plus sera belle la partie de son édifice divin où il vous placera. Dites donc toujours à l'Architecte céleste, avec le Verbe incarné : « Me voici, » faites de moi ce qu'il vous plaira. » Car vous savez bien ce que ce Dieu Sauveur dit à son Père à son entrée dans le monde, au moment de son incarnation : « Mon » Père, les sacrifices que les hommes vous offraient ne » vous ont point été agréables ; vous n'avez pas voulu » de leurs holocaustes et de leurs victimes ; mais me

» voici : vous m'avez donné un corps susceptible de » souffrir les maux, par conséquent de mériter auprès » de vous ; eh bien ! frappez-moi tant qu'il vous plaira. » Dites aussi vous-mêmes avec lui : « Frappez, mon Père, frappez, coupez, taillez, tranchez, polissez ; je consens à tout, sinon d'attrait et d'inclination, du moins de cœur et de volonté. »

Les difficultés qui s'étaient pendant longtemps opposées à la conclusion du Concordat avaient été enfin levées. Le diocèse de Luçon, réuni après la Révolution à celui de La Rochelle, en était de nouveau séparé et confié à Mgr Soyer. Ce digne prélat alla visiter pour la première fois la paroisse des Brouzils, le 5 mai 1824. Le pieux curé s'empressa de lui témoigner la profonde vénération et l'attachement filial que la foi lui inspirait, et il en reçut d'honorables marques de bienveillance. Le nouvel évêque de Luçon manifesta en particulier l'intérêt qu'il portait à la congrégation naissante des religieuses des Sacrés-Cœurs de Jésus et de Marie ; il daigna bénir un nouveau costume qu'elles avaient préparé, le même qu'elles ont aujourd'hui, c'est-à-dire une robe et une pélerine en grosse étoffe de couleur noire, un voile, blanc pour les novices et noir pour les professes. Le pieux et sage fondateur leur avait laissé la liberté de choisir la forme de leurs vêtements, en leur recommandant la simplicité et la modestie religieuses ; il voulut formellement que le cou fût entièrement couvert d'une guimpe blanche. Déjà, comme nous l'avons dit, elles portaient ostensiblement sur la poitrine une image du divin cœur de Jésus, signe sacré de leur union avec cet adorable Sauveur et bouclier pour leur vertu. Dans cette circonstance, elles purent, selon leur désir, suspendre à leurs côtés un long chapelet, comme une marque de leur amour filial envers Marie et un gage de sa protection maternelle.

Mgr Soyer approuva leur manière de vivre; il retrancha seulement des jeûnes et des mortifications, persuadé que des religieuses vouées à l'enseignement ont besoin de toutes leurs forces, et qu'elles trouvent dans l'accomplissement d'une œuvre aussi pénible qu'elle est importante une pénitence bien méritoire. Pour satisfaire leur piété, il permit de changer un de leurs appartements en chapelle, d'y ériger les stations du chemin de la croix, d'y dire la messe et d'y conserver le Très-Saint-Sacrement. Il autorisa aussi le P. Monnereau à faire publiquement et avec pompe les cérémonies de vêture, qui s'étaient faites jusque-là secrètement et sans éclat.

Quelques mois après le passage du vénérable prélat aux Brouzils, le 29 septembre 1824, la Mère de l'Ascension, qui depuis longtemps souffrait, avec une patience invincible, de cruelles douleurs causées par un cancer, termina sa carrière de la manière la plus édifiante. Sous la direction d'un zélé imitateur de saint François de Sales, elle s'était ardemment appliquée à reproduire les vertus de sainte Jeanne de Chantal. « Ses progrès dans les voies de la sainteté avaient été, a dit M. Monnereau, des pas de géant. » Elle fut remplacée, dans la charge de supérieure, par la sœur Marie de Jésus, bien digne de lui succéder, quoiqu'elle n'eût que vingt-trois ans. L'estime et l'affection que toutes ses sœurs avaient conçues pour leur nouvelle supérieure, s'accrurent par la manière dont elle s'acquitta des obligations qui lui avaient été imposées. Douée d'un jugement solide, elle sut éviter les écueils contre lesquels eussent pu l'entraîner sa jeunesse et son inexpérience. Il faut dire aussi que, pleine de défiance d'elle-même, elle avait continuellement recours à l'homme de Dieu, non-seulement pour sa propre direction, mais encore pour la conduite de ses sœurs.

Sous sa sage administration, la nouvelle société, qui avait été ébranlée par des secousses répétées, se raffermit et fonda quelques maisons. Le bien qu'elle était appelée à faire devait s'étendre peu à peu.

Le P. Monnereau, qui avait institué sa congrégation principalement pour la campagne, acceptait avec facilité des établissements où ses filles ne pouvaient avoir qu'un revenu fort modique. « Il suffit, disait-il, que les sœurs puissent vivre. Si la fondation n'est pas solide, elles y feront le bien, au moins pendant le temps qu'elles y seront. » Tel était son désintéressement, qu'il se bornait pour elles au suffisant, même lorsqu'il lui était possible d'avoir davantage. Un curé lui ayant dit qu'on pouvait lui donner une somme qu'il indiqua : « Non, répondit-il, la moitié suffira. » Il engageait ses filles à éviter toute dépense superflue. « Les biens de la communauté, leur disait-il, sont les biens de Dieu ; il faut les ménager. » Mais, en même temps, il les prémunissait contre le désir d'amasser. « Je ne crains qu'une chose, ajoutait-il, c'est que vous deveniez trop riches ; car vous n'avez rien à craindre tant que vous serez pauvres et que vous aurez l'amour de la pauvreté : vous conserverez l'esprit de Notre-Seigneur. »

Qu'elles fussent riches ou pauvres, il accueillait indistinctement avec bonté toutes celles qui se présentaient, s'il les croyait appelées à sa congrégation.

Il appréciait tellement le trésor de la vie religieuse et en parlait avec tant d'estime, qu'il suffisait, pour ainsi dire, de l'entendre en relever le mérite, pour concevoir le désir de quitter le monde. D'ailleurs, il semble que Dieu attachât une grâce particulière à sa parole pour inspirer l'amour de l'état le plus parfait. Une de ses jeunes paroissiennes fut tellement frappée de l'une de ses instructions sur les dangers du monde et sur les avantages de la vie religieuse, qu'elle prit la résolution d'embrasser la pratique des conseils évangéliques et qu'elle l'exécuta. D'ordinaire, quand il se prononçait sur la vocation d'une personne encore indécise, il dissipait tous ses doutes.

Une enfant, qui n'avait encore que huit ans, lui ayant dit qu'elle voulait être religieuse, il lui répondit : « Nous verrons plus tard. » Parvenue à un âge où elle pouvait penser plus sérieusement à sa vocation, elle n'avait plus le désir d'entrer en religion. Le serviteur de Dieu lui rappela la demande qu'elle lui avait faite autrefois, mais elle avoua qu'elle avait changé d'idée. « Vous ne voulez plus être religieuse ? répliqua-t-il. Si, si, vous le voulez, et le divin cœur de Jésus le veut aussi. » Il lui prescrivit alors quelques pratiques de piété qu'elle accomplit avec exactitude. Dès ce moment, un si vif désir de se consacrer entièrement à Dieu s'empara de son âme, qu'elle en était partout poursuivie : elle n'eut de repos que lorsqu'on l'eût admise dans la congrégation des religieuses des Sacrés-Cœurs de Jésus et de Marie. Aujourd'hui, elle y occupe une place très-importante.

Un jour que le P. Monnereau visitait une école de la congrégation, ses yeux s'arrêtèrent sur une enfant âgée de huit ans. « Quelle est cette petite ? dit-il à la sœur qui faisait la classe. » Elle répond que c'est une orpheline. « Pauvre enfant ! s'écrie-t-il ; sans père et sans mère, que deviendra-t-elle dans le monde, au milieu de tant de dangers ? Il faut qu'elle soit religieuse. » Cela dit, il lui fait réciter une prière, lui donne un pieux souvenir et la bénit, comme saint Germain bénit l'humble bergère de Nanterre, pendant son enfance. La bénédiction du saint prêtre attira sans doute une grâce puissante sur la petite fille, qui jusque-là n'avait pas eu la pensée d'entrer en religion. En grandissant, elle a conservé le souvenir des paroles qu'il lui avait adressées ; et, afin de fuir les périls auxquels elle serait exposée dans le siècle, elle a cherché un asile dans le sein de la Religion.

Quelquefois la parole du serviteur de Dieu vainquit des résistances prolongées.

Une jeune personne à laquelle il avait dit, pendant qu'elle était en bas âge : « Vous serez religieuse, » entra au noviciat des sœurs des Sacrés-Cœurs de Jésus et de Marie ; mais aussitôt elle conçut un profond dégoût pour la vie religieuse, et eut la pensée de rentrer dans sa famille. Le P. Monnereau, habile à distinguer dans les âmes les mouvements des divers esprits, reconnut que le démon tendait un piége à la jeune postulante, et l'engagea à résister à la tentation. Soutenue par ses conseils, elle resta au noviciat, malgré son ennui incessant, mais sans pouvoir se décider à prendre l'habit. Au bout de dix-huit mois, pressée encore plus vivement par l'ennemi du salut, et voyant qu'elle ne pouvait pas s'accoutumer au genre de vie qu'elle avait voulu embrasser, elle fit prier sa mère, qui habitait une paroisse voisine, de venir promptement la voir, bien résolue de partir avec elle. Le P. Monnereau, à qui elle communiqua son dessein, lui dit avec douceur : « Ma fille, allez au pied de la Sainte Vierge, priez-la de vous faire connaître la volonté de Dieu ; elle vous éclairera et vous suivrez l'inspiration de la grâce. » La postulante obéit. Prosternée devant une image de la Reine des Vierges, les larmes aux yeux, le cœur fortement agité et comme hors d'elle-même, elle conjura Celle qu'on n'invoque jamais en vain de lui prêter son assistance.

Tout-à-coup un doux rayon de lumière descend dans son âme et dissipe tous les nuages de l'esprit de ténèbres; en même temps, une céleste douceur lui fait sentir les charmes ineffables de la vie religieuse. Toute radieuse de joie, elle va trouver son vénéré Père, qui bénit le Seigneur du changement opéré en elle par la grâce, à la voix de Marie. Sa mère venue, elle ne lui parle que de la satisfaction qu'elle éprouve d'être dans une communauté. Aussitôt elle entre en retraite, et, huit jours après, elle quittait, avec une sainte allégresse, l'habit du siècle pour prendre l'humble vêtement de la religion. Son noviciat s'écoula au sein des consolations, et l'émission de ses vœux y mit le comble. Depuis, elle n'a pas un seul instant regretté ses saints engagements, même au milieu des épreuves inséparables de la vie de perfection. Au contraire, elle sent de plus en plus combien le joug du Seigneur est doux : et, en le louant, elle bénit le vénéré Père qui a été l'instrument de ses miséricordes.

Une jeune personne des Brouzils ayant fait connaître au P. Monnereau une profonde tristesse qu'elle ressentait depuis quelque temps, l'homme de Dieu reconnut qu'elle ne pouvait pas être heureuse, si elle ne quittait le monde, et lui dit avec assurance : « Dieu vous appelle à la vie religieuse, et vous serez un jour religieuse des Sacrés-Cœurs. » Elle répondit qu'elle n'avait aucun attrait pour le couvent et qu'elle n'y entrerait jamais. « Mais une autre fois, a-t-elle écrit, il me fit une peinture si belle de la vie religieuse, qu'il gagna mon cœur. » Sa mère, de peur de la voir entrer dans la communauté des Brouzils, l'envoya dans une ville éloignée où se trouvait une de ses parentes. Là, elle change de résolution, écrit au P. Monnereau de ne pas compter sur elle, et prie sa mère de la rappeler, puisqu'elle n'a aucunement l'intention d'embrasser l'état religieux. Sa demande est exaucée ; mais on lui défend de choisir le curé des Brouzils pour son guide spirituel, dans la crainte qu'il ne lui inspire de nouveau le désir de renoncer le siècle. Elle est obligée d'aller à confesse dans une paroisse voisine. Différentes personnes, même des religieuses et des ecclésiastiques, lui disent qu'elle doit rester dans le monde. Cependant, elle est atteinte d'une maladie qui fait de rapides progrès. Au bout de trois semaines, son père et son frère, tous deux médecins, déclarent, au milieu de la nuit, qu'il n'y a plus d'espoir de la conserver, qu'elle est à l'extrémité et qu'il est temps de l'administrer. Le danger est si pressant, que sa mère, ne pouvant envoyer quérir, à Chavagnes, le directeur de sa fille, fait prier le curé des Brouzils de venir la confesser et lui donner l'extrême-onction. L'homme de Dieu arrive, entend la malade et refuse de l'administrer, parce que, dit-il, elle ne mourra pas de cette maladie. A peine est-il sorti, que la jeune personne s'assoupit; peu après, un abcès qu'elle avait à la tête vient à percer, et le père s'écrie : « Elle est sauvée ! » Revenue des portes de la mort, elle conçut de nouveau le désir d'être religieuse ; mais sa santé était si délicate, que son père disait, les larmes aux yeux : « Ma pauvre fille ne verra pas vingt-cinq ans. » Les religieuses des Brouzils témoignèrent la peine que leur inspirait la vue de la fin prochaine de cette jeune demoiselle. « Mes filles, leur dit le P. Monnereau, ayez plus de confiance. » Dans sa langueur, elle disait : « Je n'ai besoin ni de médecin ni de remède : la bénédiction de notre Père me guérira. » M. Monnereau la bénit, et elle devint mieux. Alors elle sollicita de ses parents l'autorisation de se joindre aux sœurs des Brouzils. On lui dit que si elle voulait absolument être religieuse, elle devait porter ses vues sur une communauté plus ancienne; mais il fallait que la parole du P. Monnereau s'accomplît. Cette jeune personne put enfin entrer dans la congrégation des Sacrés-Cœurs de Jésus et de Marie. Heureuse d'avoir renoncé à tout pour Dieu, elle bénit le vénéré Père qui a dirigé ses pas.

Nous avons déjà fait connaître le but de la congrégation; postulantes, novices et professes, toutes devaient l'avoir continuellement en vue et faire ce qui dépendrait d'elles pour l'atteindre.

« Le recueillement, dit une femme célèbre, est le grand moyen et tout le bonheur de la fidélité ; il en renouvelle sans cesse l'impression. La fidélité veille sur le recueillement pour le préserver et le maintenir, et c'est par lui qu'elle prend possession de son trésor. Le recueillement est la concentration de toutes les pensées, de toutes les forces sur un point; il rend à la fois présentes toutes les vérités et sensibles toutes leurs conséquences. Recueille-toi, dit le Maître au chrétien disciple, le mal te paraîtra moins impossible et le bien plus facile (1). » Le P. Monnereau exhortait fréquemment ses filles à mettre en pratique ce moyen si puissant de sanctification. Il leur commentait d'une manière attachante ces paroles du Seigneur au patriarche Abraham : *Marchez en ma présence, et vous serez parfait* (2). Il voulait qu'elles fussent continuellement pénétrées de la présence de ce divin Maître pour se tenir, devant sa Majesté suprême, dans un maintien respectueux, et veiller avec le plus grand soin sur leurs moindres pensées.

Même au milieu des conversations, il élevait leurs cœurs vers l'Être souverain, dans lequel, dit l'Apôtre, *nous avons la vie et le mouvement* (3). Un jour qu'il s'entretenait familièrement avec l'une d'elles, dans le jardin de la communauté des Brouzils, tout-à-coup il s'arrête, et fixant ses regards sur des fleurs magnifiques, il lui fait admirer la puissance de Celui qui a créé, en se jouant, des choses si ravissantes, et qui fait resplendir son image dans les plus petites comme dans les plus grandes corolles.

En rappelant à ses filles que Dieu remplit tout de son immensité, en les accoutumant à le voir dans les créa-

(1) Mme Swetchine.
(2) Genèse, 17, 1.
(3) Actes des Ap., 17.

tures et à ne chercher que lui, le P. Monnereau leur communiquait la vie de foi que l'Écriture loue dans le juste. Il leur apprenait à être grandes, généreuses, à ne rien refuser au Très-Haut, à lui être fidèles même dans les petites choses, afin d'en former autant de rayons pour sa gloire et autant de fleurs et de perles pour leur couronne immortelle.

Il insistait sur l'obligation où elles étaient d'observer leur règle jusque dans ses moindres points, leur faisant bien comprendre que non-seulement les plus petites pratiques gardées pour l'amour de Dieu sont d'un grand mérite à ses yeux, mais encore qu'une congrégation où elles sont négligées ne saurait se maintenir.

Ce qu'il disait pour la règle, il le répétait pour les commandements et les conseils des supérieures. Un jour, voulant faire voir à une de ses filles qu'elle devait avoir la simplicité de l'obéissance, comme l'Enfant-Jésus humblement soumis à Marie et à Joseph, il lui montra une statue du divin Enfant, laquelle avait les yeux mobiles ; et, après les avoir fermés, puis ouverts : « Voilà, dit-il, votre modèle. »

Sans cesse il engageait ses religieuses à dresser dans leur cœur les degrés mystérieux qui conduisent au sommet de la perfection, à établir les plus hautes vertus sur les ruines de l'amour-propre. « Combattez toutes vos passions, leur disait-il, mais surtout celle qui domine les autres. J'ai vu un jardinier occupé à détruire du chiendent qui croissait dans un jardin ; il n'a cessé de creuser, de chercher, d'arracher, jusqu'à ce qu'il eût entièrement fait disparaître cette mauvaise herbe. Agissez de même à l'égard de votre passion dominante ; vous devez la chercher, l'examiner, l'attaquer avec courage, la poursuivre avec force et persévérance ; n'ayez pas de repos que vous ne l'ayez entièrement détruite ; priez Dieu de vous aider à vaincre ce misérable Goliath, et avec lui tous les Philistins qui vous font la guerre. »

Que de fois ne leur rappela-t-il pas ces paroles de Notre-Seigneur : « *Ayez la prudence du serpent et la simplicité de la colombe* (1). Le serpent, ajoutait-il, fait toujours en sorte de mettre sa tête à couvert de tous les dangers ; tenez-vous de même en garde contre tout ce qui pourrait nuire à votre âme. Pour cela, aimez la solitude, et n'en sortez que lorsque la gloire du bon Dieu ou la charité envers le prochain le demande de vous, et encore soyez toujours accompagnées d'un ange visible, je veux dire de l'une de vos sœurs ou au moins d'une petite fille. Mais en vous recommandant la prudence du serpent, je vous dirai aussi : soyez simples comme la colombe, autrement vous gâteriez tout, vous vous rendriez ridicules et vous pourriez causer quelque peine au prochain, ce dont vous devez bien vous garder. Le moyen d'avoir cette belle simplicité, c'est de n'avoir en vue que Dieu. »

Souvent il leur rappelait la nécessité où elles étaient de suivre leur divin Époux dans la voie du Calvaire : « *Lorsqu'on vous persécutera,* leur disait-il après Notre-Seigneur, *qu'on dira faussement beaucoup de mal de vous, réjouissez-vous et faites éclater votre joie, parce qu'une grande récompense vous est réservée dans le ciel* (2). Dans le temple de Jérusalem, ajoutait-il, les

(1) Matth. 10, 16.
(2) Matth. 5, 12.

chapiteaux avaient une beauté toute particulière ; si vous voulez être ainsi des ornements dans la maison de votre Père, il faut que vous soyez taillées par le ciseau des afflictions ! Laissez le divin ouvrier vous sculpter et vous polir. Vous êtes religieuses du Sacré-Cœur et vous ne voudriez rien souffrir ! et vous laisseriez seul, dans cette voie de douleurs, votre céleste Époux, sans daigner participer à ses souffrances ! Il faudrait que votre cœur fût plus dur que les pierres qui se fendirent à la mort de Notre-Seigneur Jésus-Christ. »

Les religieuses des Brouzils lui ayant offert leurs vœux au commencement d'une nouvelle année, il leur répondit : « Si je parlais aux personnes du monde, je leur souhaiterais, en échange, les prospérités de la terre, les biens, les honneurs, les plaisirs passagers de cette vie ; mais pour vous, mes filles, qui devez avoir renoncé à toutes ces choses, je vous souhaite toutes sortes de croix, les maladies, les persécutions de tous genres, la pauvreté et le martyre, si Dieu le veut. » Ce langage paraîtra bien étrange au monde ; mais il fait voir jusqu'à quel point l'homme de Dieu avait approfondi le mystère adorable de la Croix, et à quel haut degré de perfection il voulait élever les membres de la congrégation qu'il avait fondée. Citons encore, pour le montrer, ce qu'il écrivait à l'une de ses filles. Après avoir rappelé les paroles du divin Maître : « *Si quelqu'un veut venir après moi, qu'il se renonce soi-même,* etc., » il ajoute : « Voilà, en abrégé, toute la perfection et la vie d'une bonne religieuse ; quitter ses biens temporels, abandonner sa patrie, abandonner ses amis, c'est quelque chose de bien précieux aux yeux de Jésus-Christ ; mais se quitter soi-même, se haïr soi-même pour Jésus-Christ, et, dans ces dispositions, s'étudier à suivre Jésus-Christ, portant continuellement la croix comme lui, avec patience, avec soumission et résignation à la sainte volonté de Dieu, voilà ce qui l'emporte sur toute perfection; voilà l'état qui ravit le ciel et la terre, Dieu, les Anges et les hommes; voilà ce qui mérite le premier degré de gloire dans l'éternité; voilà enfin ce qui doit faire le grand objet de notre ambition ici-bas. Portons donc tous les jours notre croix en suivant Jésus-Christ dans les voies de l'humilité, de la patience, de la douceur, de la piété, de la charité, de l'abnégation de nous-même et du support de toutes les peines de quelque nature qu'elles soient, et nous serons un jour les bien-venus auprès du Père céleste, qui verra en nous l'image et la ressemblance de son Fils chéri, en qui il met toutes ses complaisances. Oh ! alors, quel sujet de joie et de transports d'allégresse ! Tel est le bonheur que je vous souhaite au commencement de la nouvelle année. »

La Mère Marie de Jésus, atteinte d'une maladie qui la retenait sur le lit, souffrait tellement, qu'on ne pouvait la toucher pour la soigner; le vénérable Père lui écrivit : « Réjouissez-vous : après les persécutions et le martyre, votre état est ce qu'il y a de plus parfait. Oh ! qu'il est grand d'être attaché à la croix avec Jésus ! Il faut que l'amitié pour quelqu'un soit bien vive pour qu'on en vienne jusqu'à le faire boire à son propre verre, à son propre calice. C'est la faveur que vous fait actuellement Jésus. Soyez-lui reconnaissante. »

Une autre de ses filles lui ayant fait part de ses peines, il lui adressa des paroles de consolation dans une lettre, qui se termine par ces mots : « Après tout, embrassez la main du Seigneur, qui vous frappe comme un bon père, afin de vous rendre meilleure ; soyez-en bien persuadée. »

Quelle que fût l'estime du P. Monnereau pour la souffrance, il ne conseillait pas indifféremment à toutes ses filles d'aller au-devant des croix. « Ma fille, dit-il à l'une d'elles, jeune encore, ne soyez pas un mauvais charpentier, ne vous taillez pas de croix vous-même, elles seraient plus fortes que vous ; mais prenez bien celles que notre divin Sauveur vous envoie. »

Si quelques-unes des religieuses des Sacrés-Cœurs trouvaient les croix pesantes et avaient peine à les supporter, le serviteur de Dieu les consolait et les encourageait par l'exemple de Notre-Seigneur au jardin des Oliviers, priant jusqu'à trois fois son Père d'éloigner de lui le calice ; mais ajoutant : « *O mon Père ! que votre volonté se fasse et non pas la mienne.* » Unissez, leur disait-il, votre prière à celle de ce bon Maître, et il vous fortifiera. »

Au reste, la force de l'âme dans les épreuves est proportionnée à son amour pour le Seigneur. Le P. Monnereau, en apprenant à ses filles à aimer souverainement ce bon Maître, les rendait fortes *comme la mort,* que rien n'arrête.

L'amour envers le prochain doit s'unir à l'amour de Dieu. Il leur disait fréquemment de s'aimer les unes les autres, d'avoir entre elles cette belle union, comparée par le prophète royal à la rosée qui tombe sur le sommet d'Hermon, de se supporter mutuellement, de se rendre réciproquement service, et d'avoir une attention particulière pour les sœurs atteintes de quelques maladies. En confiant aux soins de deux religieuses une de leurs sœurs dont la santé était altérée, il leur dit : « Les malades sont les membres de Jésus-Christ souffrant ; vous devez les recevoir comme Jésus-Christ lui-même, ou, si vous voulez, comme la Sainte Vierge. Si Notre-Seigneur ou sa sainte Mère venait frapper à votre porte, réclamer vos soins, vous l'accueilleriez avec empressement. Soignez donc votre sœur comme si c'était Jésus ou Marie. »

Le charitable Père donnait à ses filles l'exemple de la bonté et de la condescendance qu'elles devaient avoir pour celles de leurs sœurs qui étaient malades. Un jour, apprenant que l'une d'elles, malgré l'ordre du médecin, ne pouvait pas se résoudre à prendre un remède, sous prétexte qu'il était amer, le bon supérieur se mit à sourire, fit remplir deux verres de ce breuvage salutaire ; et prenant l'un de ces verres, il donna l'autre à la religieuse : « Allons, ma fille, lui dit-il, buvons ensemble ; » et il avala tout d'un trait le verre qu'il avait à la main. La religieuse l'imita.

Afin de les exercer à pratiquer la charité, même envers les malades qui étaient dans le monde, le P. Monnereau envoyait quelques-unes de ses filles dans les maisons où il y avait quelques personnes infirmes, surtout si elles étaient pauvres. Voici un billet dont il accompagnait une petite somme d'argent qu'il adressait à une sœur pour une œuvre de charité : « La nourriture matérielle est peu de chose ; vous pourriez emporter une *Imitation* et faire une petite lecture, et si l'Esprit de vérité voulait que vous y ajoutassiez quelques petits mots, que suis-je moi pour m'y opposer ? Que les sacrés cœurs de Jésus et de Marie vous aient toujours sous leur aimable protection ! »

Le vénéré Père exhortait les religieuses à aimer, comme des mères, les enfants remises entre leurs mains, et à ne pas craindre de faire des sacrifices pour le salut de ces jeunes âmes. Afin de stimuler leur zèle, il faisait briller à leurs yeux la magnifique récompense promise par ces paroles de l'Écriture : *Ceux qui auront été instruits auront l'éclat du firmament, et ceux qui auront enseigné à plusieurs la voie de la justice brilleront comme des étoiles dans toute l'éternité* (1). « Il y a dans le firmament, ajoutait-il, des étoiles qui brillent moins que les autres; prenez garde de n'être que de petites étoiles. — Mon père, lui dit une religieuse, pourvu que je puisse avoir une des dernières places, je serai contente. — Ma fille, répondit-il, avoir une pareille disposition, c'est s'exposer à manquer le but qu'il nous importe infiniment d'atteindre : on frappe souvent plus bas qu'on ne vise. »

Il désirait vivement que ses filles environnassent de leur sollicitude, non-seulement les enfants dont l'éducation leur était confiée, mais encore, autant que possible, toutes les jeunes personnes des paroisses où elles étaient, et d'une manière particulière celles qui avaient été leurs élèves. « Le Seigneur, leur disait-il, vous a retirées d'un monde où votre salut courait le plus grand danger; maintenant, vous ne pouvez voir d'un œil indifférent, au milieu de cette Babylone, vos sœurs en Jésus-Christ exposées au même péril. Hâtez-vous donc de les secou-

(1) Daniel, XII, 3.

rir ; employez avec adresse et prudence les moyens les plus propres à les attirer, et faites-leur toujours un accueil aimable et empressé. Réunissez-les, tous les dimanches, à la communauté ; faites-leur une lecture de piété que vous pourrez accompagner de quelques réflexions ; faites-leur chanter des cantiques, leur apprenant que la voix leur a été donnée de Dieu afin de le glorifier, et qu'elles n'en doivent jamais tirer vanité. Procurez-leur d'agréables distractions, des promenades et des jeux innocents. Tout cela peut devenir pénible pour vous ; mais vous serez amplement dédommagées de vos soins et de vos peines par le bien qui en résultera, ne dussiez-vous empêcher qu'un seul péché véniel. »

Le P. Monnereau voulait que les religieuses des Sacrés-Cœurs de Jésus et de Marie fussent, pour ainsi dire, de saints missionnaires, se faisant tout à tous, à l'exemple de l'Apôtre, afin de gagner les âmes à Jésus-Christ. « Faites le bien, leur disait-il, mais gardez-vous d'un zèle inconsidéré. N'oubliez pas vos saintes règles ; toujours humbles et modestes, ayez des égards pour tout le monde, mais surtout pour les prêtres ; honorez-les comme les représentants de Notre-Seigneur. »

Une personne ayant laissé échapper des murmures contre un prêtre, en présence de quelques religieuses des Sacrés-Cœurs, il lui fit une forte réprimande, et prit de là occasion de rappeler à ses filles avec quelle rigueur le Seigneur avait puni, dans l'ancienne loi, les outrages faits à ses ministres.

Enfin, il les pressait de s'attacher de plus en plus à l'humilité, le fondement et la garde de toute vertu. Il avait l'orgueil en horreur, et dès qu'il le voyait apparaître dans une sœur, il mettait tout en œuvre pour le détruire jusqu'à la racine.

Si étendues que fussent les obligations des religieuses des Sacrés-Cœurs, le sage directeur demandait qu'elles les remplissent sans préoccupation, avec la sainte liberté des enfants de Dieu, toujours convaincues de leur faiblesse, mais pleines de confiance dans le secours de la grâce. « S'il arrive, leur disait-il, que quelque faute échappe à votre fragilité, ne vous en découragez point, restez paisibles et faites un acte de contrition, en attendant que vous puissiez vous réconcilier au tribunal de la pénitence ; d'ordinaire, vous vous y présenterez une fois chaque semaine. »

Une religieuse lui ayant exprimé par écrit la crainte dont elle était saisie à la vue de sa négligence, il s'empressa de la rassurer : il lui cite, dans sa réponse, la parabole de l'enfant prodigue, lui montre la bonté avec laquelle son père l'avait accueilli à son retour et l'avait fait asseoir à sa table. « Et vous penseriez, ajoute-t-il, que je ferais autrement que ce bon Père ? Non, certainement. »

Les fautes mêmes étaient un motif qu'il proposait à celles qui les avaient commises, pour les inciter à *courir* avec plus d'ardeur dans la voie des *Commandements de Dieu,* afin de racheter le temps perdu et de parvenir au but où elles devaient tendre.

Pour soutenir les âmes appelées à une haute perfection, il les conviait au banquet céleste où Dieu sert le pain des Anges et le *vin qui fait germer les vierges.* « Communiez, leur disait-il, le plus souvent que vous le pourrez ; tous les jours, si vos directeurs le permettent ;

c'est surtout à la Table Sainte que vous trouverez la vivacité de la foi, l'accroissement de l'amour divin et la force pour surmonter vos tentations. »

« Priez sans cesse, leur disait-il aussi, puisque notre divin Maître a dit : *Demandez et vous recevrez*. Implorez avec ferveur le secours de la grâce par la médiation de Marie. »

Tels sont les principaux enseignements que le pieux et zélé fondateur donnait à ses filles spirituelles, soit par écrit, soit de vive voix, et qu'elles ont fidèlement recueillis. Elles avaient pour sa parole le respect qu'on a pour celle d'un Ange, et conservaient ses moindres avis comme un précieux trésor.

L'impression que ses instructions produisaient sur leur esprit et sur leur cœur était si vive, qu'en l'écoutant elles se croyaient, disaient-elles, transportées avec lui dans le ciel. Il n'était pas même nécessaire qu'il leur parlât pour les édifier et les instruire : sa vue seule les portait à la piété et leur inspirait l'amour des sacrifices; c'est ce qu'elles attestent unanimement. Une d'elles a écrit qu'ayant un peu de peine à s'habituer à la vie religieuse, elle dissipa cette tentation en se disant : « Comment ne m'habituerais-je pas auprès d'un père qui me représente si bien la bonté, la charité, la douceur, en un mot, toutes les vertus de Notre-Seigneur ? » — « Je ne puis le voir, disait une autre, sans être portée à Dieu; sa présence est un sujet perpétuel d'oraison. »

Après cela, il ne faut pas s'étonner de la ferveur avec laquelle ses filles spirituelles se portaient à tout ce qu'il leur prescrivait. Ses ordres, l'expression d'un simple désir, les moindres signes de sa volonté, étaient pour elles autant d'oracles. Ainsi, un jour de Fête-Dieu, le temps étant sombre et orageux, la mère Marie de Jésus fit demander à son digne supérieur s'il fallait préparer des reposoirs; il répondit affirmativement. A l'instant elle se mit à obéir. « Ma mère, lui dit une de ses filles, tout ce que nous mettrons sera perdu, si la pluie vient à tomber. — C'est vrai, répondit-elle; mais quand il devrait pleuvoir des pierres, j'obéirai. »

Autant que possible, le P. Monnereau associait les religieuses à ses œuvres de piété et à ses prières.

Cet homme de foi, effrayé de l'ardeur avec laquelle l'impiété et le libertinage semaient en France leurs désolantes doctrines et excitaient les passions, exhortait ses filles à joindre leurs prières aux siennes pour arrêter, autant que possible, le torrent du mal et détourner de notre patrie les coups de la divine justice. Il les engagea à réciter particulièrement cette prière de l'Église : *Domine, non secundum peccata nostra*, etc.

« *O Seigneur! ne nous traitez pas selon que méritent nos crimes et nos iniquités. Ne vous rappelez pas nos anciennes iniquités. Que votre miséricorde nous prévienne plutôt; nous sommes des pauvres malheureux ensevelis dans la plus grande indigence.*

» *O Dieu, notre Sauveur, pour la gloire de votre Nom, soyez notre protecteur; délivrez-nous, soyez-nous propice en vertu de votre Nom, qui est infiniment saint et puissant.* »

« Mes filles, ajoutait-il, ces paroles sont tirées des Prophètes Jérémie, Habacuc, David et Daniel; il serait bien à souhaiter que nous les prononçassions avec les mêmes sentiments de foi que les prononçaient ces saints personnages. Jamais ils ne se trouvèrent dans des circonstances plus tristes que celles où se trouve la France aujourd'hui, quoique la plupart des Français ne s'en aperçoivent pas. »

Comme cette lettre était accompagnée d'une parcelle de la vraie Croix, il les exhortait spécialement à mettre leur confiance dans la vertu de l'instrument de notre rédemption. « Rappelez-vous, leur disait-il, qu'elle a été teinte du sang infiniment adorable de notre bon Maître. C'est sur elle qu'il a terrassé le démon et le monde. C'est de la Croix que viennent toutes les vertus des sacrements ; toutes les grâces que nous recevons viennent des mérites de la Croix. »

Mme du Martel, dont le nom est béni dans toute la contrée, avait coutume, au jour de la fête de saint Charles, patron de la Rabatelière, où elle avait un château, d'inviter à sa table le curé de la paroisse et les ecclésiastiques des environs. Le P. Monnereau allait à la Rabatelière conduit par son estime pour cette vertueuse dame, dont la charité s'étendait sur la paroisse des Brouzils, mais bien plus encore par sa tendre dévotion envers le saint archevêque de Milan. Un jour, au moment de partir, il jette rapidement sur le papier ces quelques lignes qu'il adresse aux religieuses des Brouzils : « Saint Charles a été une lampe ardente qui a éclairé, non-seulement les simples fidèles, mais encore les ecclésiastiques et les religieux. Il a été un modèle accompli de pénitence. Je m'en vais à la Rabatelière. » Ces simples paroles montrent quels étaient en toute circonstance son esprit de piété et son désir de sanctifier les religieuses des Sacrés-Cœurs de Jésus et de Marie.

Au milieu des consolations qu'elles lui donnaient par leur conduite édifiante, il vit avec une profonde douleur une de ses filles rentrer dans le monde contre son avis, et s'engager dans les liens du mariage. Persuadé qu'elle était infidèle à sa vocation, il écrivit aux religieuses des Brouzils : « Comme le crime d'un particulier attire souvent la malédiction sur toute une famille, sur toute une paroisse, un royaume, un peuple, une communauté, il faut aller au-devant. Courez vite, disait autrefois Moïse aux prêtres légitimes de la famille d'Aaron, lorsque le Seigneur châtiait et punissait tout le peuple à cause de la sédition et de l'orgueil des seuls Coré, Dathan et Abiron ; courez vite prendre vos encensoirs, car voici que le Seigneur est en colère contre le peuple. Courez aussi vous, mes filles, au-devant du Seigneur avec vos encensoirs, c'est-à-dire vos cœurs remplis du feu de l'amour divin et de l'encens de la ferveur, dont la flamme puisse s'élever jusqu'au ciel, jusqu'au trône de la miséricorde. »

Puis il leur prescrit de faire chaque jour, pendant un mois, amende honorable au sacré cœur de Jésus, et d'y joindre une aumône pour les pauvres et quelques jeûnes. Il est à croire qu'il se sera imposé lui-même des privations et des austérités. C'est ainsi que Job offrait des holocaustes pour ses enfants, dans la crainte qu'ils n'eussent offensé Dieu (1).

(1) Job, 1, 5.

CHAPITRE VII.

M. Monnereau est secondé par des vicaires. — Sa conduite envers eux et envers ses confrères. — Soin qu'il prend de sa perfection.

Il y avait dix ans que M. Monnereau desservait la paroisse des Brouzils avec un zèle qui ne s'était pas ralenti un seul instant; son ardeur était toujours la même, mais les travaux et les austérités de la pénitence avaient affaibli sa santé si robuste; elle reçut un nouveau coup dans une épidémie terrible qui décima son troupeau. Afin d'assister les moribonds, il fut obligé d'être sur pied jour et nuit pendant six semaines. Atteint lui-même du fléau, il échappa à la mort; mais il lui resta une grande faiblesse qui, malgré son courage, le mettait dans l'impossibilité de desservir plus longtemps seul la grande paroisse des Brouzils. Ne voulant pas qu'elle souffrît en rien de l'altération de sa santé, il fit connaître sa position à son évêque, en lui exprimant le désir d'avoir un vicaire. Quoique les besoins du diocèse fussent encore bien grands, Mgr Soyer s'empressa de répondre favorablement à sa demande, afin de ne pas laisser succomber sous le poids des occupations un prêtre si recommandable, prêt à sacrifier sa vie plutôt que d'exposer une âme à paraître devant Dieu sans avoir reçu les secours de la religion. Il lui envoya donc un aide; c'était au mois de février 1824. Au bout de quelques années, en 1833, ses infirmités, jointes au soin de sa congrégation, ne lui permettant plus de faire, même avec le secours qui lui avait été accordé, ce qu'il faisait seul autrefois, grâce à son activité, à sa force et à son dévouement, on lui donna un second vicaire.

Se former sous sa conduite aux exercices du saint ministère, avoir sous les yeux l'exemple de la sainteté, c'était un avantage bien apprécié par les jeunes ecclésiastiques appelés à seconder les efforts de son zèle. Ceux qui obtenaient cette faveur en bénissaient le ciel. M. Monnereau était pour eux un guide éclairé, un modèle de toutes les vertus chrétiennes et sacerdotales, un père plein de bonté, un ami sincère et désintéressé. Il ressentait une vive satisfaction quand il voyait ses vicaires gagner la confiance et l'estime de ses paroissiens. Jamais il ne leur refusait rien de ce qui leur était agréable, pour peu qu'il pût le leur accorder ; souvent même il allait au-devant de leurs désirs; aussi vivait-il avec eux dans la plus grande union. Tous ceux qui ont exercé sous sa direction les fonctions vicariales, se rappellent avec consolation les jours qu'ils ont coulés auprès de lui; ils disent que ce sont les plus beaux jours de leur vie, qu'ils ont passé avec la rapidité d'un songe, mais qu'ils en conservent toujours un doux souvenir.

« Je n'oublierai jamais, dit l'un d'eux, l'accueil plein de bonté que me fit le respectable curé des Brouzils lorsque je me présentai chez lui en qualité de vicaire; cette bonté, cette affection toute cordiale ne s'est pas démentie un seul instant pendant les trois ans que j'ai eu le bonheur de l'aider dans ses fonctions. » L'auteur de ces dernières lignes était neveu de Mgr Pérocheau, évêque de Maxula, vicaire apostolique du Su-Tchuen, en Chine (1). Son vénérable oncle lui adressa, le 14 septembre 1833, une lettre où il rend un témoignage très-honorable au curé des Brouzils. « Si vous êtes encore avec M. Monnereau, dit-il, vous lui offrirez mes amitiés respectueuses ; s'il a toujours conservé son amour pour l'oraison, la pénitence, le salut des âmes, le soin des pauvres, vous avez en lui un beau modèle à imiter. Ce n'est pas une petite grâce que d'avoir commencé à exercer le saint ministère sous la direction de ce saint prêtre; j'en bénis le Seigneur. »

Un de ses vicaires ayant été atteint d'une maladie mortelle, il l'assista jusqu'au dernier moment avec la plus touchante sollicitude. Quand le malade eut rendu le dernier soupir, le bon curé poussa un cri de douleur, comme un père qui pleure un fils unique. Le jeune vicaire, sur son lit de mort, lui avait recommandé, en faveur d'une de ses parentes, une œuvre de charité qui demandait annuellement une somme assez notable ; M. Monnereau lui avait promis que ses désirs seraient satisfaits : il tint parole.

Sa bonté pour ses vicaires s'étendait à leurs parents. Venaient-ils au presbytère, il les recevait avec une affabilité qui était la fidèle expression de ses sentiments ; il les traitait comme s'ils eussent été ses proches.

Telle était son affection pour ses vicaires, qu'en apprenant la nomination de l'un d'eux à une cure, il pensa

(1) Mgr Pérocheau est décédé en Chine au mois de mai 1861.

s'en trouver mal. Les vicaires eux-mêmes lui étaient fort attachés; aussi regardaient-ils comme une faveur de prolonger leur séjour aux Brouzils. Nous citerons spécialement M. Pierre Baudry qui, bien qu'à même d'occuper un autre poste, est resté avec lui près de vingt ans.

Un autre vicaire, nommé à une excellente cure, ayant obtenu l'autorisation de ne pas se séparer de M. Monnereau, en témoigna sa gratitude à Mgr l'évêque de Luçon, en ces termes :

« Monseigneur,

» Qu'il me soit permis d'exprimer à Votre Grandeur les sentiments de la plus vive reconnaissance pour un si grand bienfait. En m'arrachant d'entre les bras de M. le curé des Brouzils, je faisais le plus pénible des sacrifices. Admis dans son intimité, je suis à même d'apprécier ses héroïques vertus.

» Il est, Monseigneur, l'un de vos plus saints prêtres, et nul ne vous est plus dévoué.

» J'ai donc bien des actions de grâces à rendre à Votre Grandeur, qui veut, dans sa bonté, me laisser auprès de ce vénérable vieillard. »

« Mon cher enfant, lui répondit le digne prélat, j'ai pu me rendre à votre prière et je l'ai fait avec plaisir... Vous êtes à une excellente école : estimez-vous heureux de pouvoir suivre, dans la pratique de la vertu, celui auquel vous avez été associé dans le travail de la vigne du Seigneur. »

M. Monnereau avait su se concilier l'estime et l'affection de ses confrères. Il y avait en lui tant de bonté et de délicatesse, et il possédait à un si haut degré cette aimable modestie qui charme les personnes avec lesquelles on a des relations, que tous saisissaient avec bonheur l'occasion de passer quelques instants auprès de lui. Au plaisir de le voir et de l'entretenir, se joignait la salutaire impression que produisait sur eux l'exemple de sa sainteté. Si quelqu'un de ses confrères le consultait, il répondait avec simplicité et de manière à le satisfaire pleinement. Un ecclésiastique distingué disait, après avoir réclamé son avis dans une affaire importante : « Je savais que le bon curé des Brouzils est un saint, mais je ne croyais pas qu'il eût tant de lumières. »

Les ecclésiastiques qui l'avaient choisi pour leur guide spirituel se félicitaient d'être sous sa direction. A une sage fermeté, il joignait une aimable douceur; il parlait peu, mais ses paroles avaient une grâce toute particulière pour inspirer et accroître l'esprit sacerdotal.

Plusieurs prêtres, bien qu'il ne fût pas leur directeur ordinaire, allèrent, en différents temps, aux Brouzils, faire, sous sa conduite, les exercices de la retraite.

Un jeune ecclésiastique, qui avait eu cet avantage, disait ensuite que les exemples et les exhortations de l'homme de Dieu avaient produit sur lui une impression vive et salutaire. Il apprit spécialement à partager sa dévotion au cœur adorable de Jésus, ainsi que son estime des humiliations et des souffrances, si nous en jugeons par quelques-unes de ses notes sur sa retraite. Nous y lisons :

« Plus les sacrifices sont grands, plus il faut s'en réjouir.

» Mon âme est comme une flèche ardente lancée vers

le sein de Dieu ; poussée avec impétuosité par l'amour, elle parviendra à son but ; nuages, vents, tempêtes, rien ne pourra l'arrêter. Elle suivra, sans s'en écarter, la voie que lui trace la volonté de Dieu. C'est un bonheur de ressembler à Jésus-Christ, en portant en son corps les souffrances de ce divin Maître ; mais c'est un plus grand bonheur d'en porter l'image dans son âme, d'avoir l'esprit conforme à son esprit, surtout dans les mépris et dans les douleurs. Les maux ne sont pas des maux quand ils ont passé par son cœur adorable. Heureux celui qui accomplit ce qui manque à la Passion du Sauveur !... Heureux celui qui établit sa demeure dans le cœur de Jésus, qui travaille, qui prie, qui passe sa vie entière dans ce cabinet sacré !

» O Jésus ! je me jette dans votre divin cœur ; je veux y demeurer éternellement. »

Les lettres de M. Monnereau adressées à des ecclésiastiques révèlent sa piété, son estime des croix et sa confiance en Dieu. Un digne curé, qui avait dans sa paroisse un établissement de religieuses des Sacrés-Cœurs de Jésus et de Marie et voulait le consolider, rencontrait des difficultés dont il fit part à leur vénéré fondateur. Il en reçut cette réponse : « J'admire votre zèle, je loue votre courage au milieu de toutes les peines, de toutes les difficultés que vous éprouvez. Nous prierons Dieu de venir à votre secours ; si nos vœux sont exaucés, vous réussirez parfaitement dans votre entreprise. Continuez d'élever sur le sol du Calvaire l'édifice dont vous avez déjà jeté les fondements ; il est solide, l'édifice élevé sur le Golgotha. Comme vous le savez, ni la perfidie du juif, ni la rage du tyran, ni l'artifice de l'hérétique, ni la fausse sagesse du philosophe, ni la corruption du libertin, ne pourront jamais l'ébranler et encore moins le renverser. Courage donc, mon bon ami ; Jésus-Christ voit toutes nos peines, il est le témoin fidèle de tous nos combats ; soyons bien persuadés qu'il n'y est pas indifférent. *Illinc inter tot prœlia periclitantem sustinet ; dat militanti vincere, palmam triumphanti parat* (1). En faut-il davantage pour nous animer, pour nous électriser et pour nous faire avancer ? Non, sans doute.

» Agréez, avec ces petites réflexions, l'assurance de mon sincère attachement. »

Nous ne pouvons passer sous silence les rapports tout particuliers qu'il eut avec M. Payraudeau, curé de la Copechanière, paroisse limitrophe, prêtre instruit et zélé, qui avait souffert les rigueurs de l'exil par attachement à la foi. Ce saint vieillard avait choisi le pieux curé des Brouzils pour le directeur de sa conscience, et il témoignait, en toute occasion, la haute estime dont il était pénétré à son égard. Une maladie longue et douloureuse, qui devait le conduire au tombeau, le mit dans l'impossibilité de desservir sa paroisse ; M. Monnereau adoucit la peine que cet homme de Dieu éprouvait, par l'empressement avec lequel il vint à son secours. Il lui fallait toute sa charité pour se charger d'un surcroît de travail au milieu de ses nombreuses occupations, et continuer longtemps cette tâche avec le même zèle et la même satisfaction.

Chaque semaine, souvent deux fois, il se rendait à la

(1) Il soutient celui qui court risque de périr, au milieu de tant de dangers, il fait remporter la victoire à celui qui combat, et il prépare la palme pour récompenser le vainqueur.

Copechanière, y offrait le saint sacrifice, donnait la sainte communion au digne pasteur, annonçait la parole divine aux fidèles, et entendait leurs confessions. Il leur fit remplir leur devoir pascal, enseigna le catéchisme aux enfants qui ne s'étaient pas encore approchés de la Table Sainte, et les disposa avec beaucoup de soin à leur première communion. Cependant, il ne cessait de donner au respectable malade des preuves de son affectueux dévouement. La pieuse suavité de ses paroles était un baume pour les souffrances de M. Payraudeau, et elle contribua à rendre sa mort précieuse devant Dieu. Le confesseur de la foi expira dans les bras de son bien-aimé confrère, le 7 février 1827, à l'âge de soixante-dix-huit ans.

M. Monnereau recueillit de précieux avantages de ses communications avec ce fervent ecclésiastique, et il en conserva fidèlement le souvenir. Il aimait à le citer comme le modèle d'un pasteur, et s'appliquait à retracer en lui-même ses vertus, particulièrement son zèle. Mais il n'était point de ces âmes qui, en se prodiguant pour le salut des autres, s'oublient elles-mêmes ; il avait profondément gravé dans son cœur cette parole du divin Maître : *Que sert à l'homme de gagner tout l'univers et de perdre son âme* (1). Aussi avait-il le plus grand soin de sa propre sanctification.

La fidélité à ses exercices de piété et la ferveur avec laquelle il les accomplissait, méritent d'être proposées pour exemple, particulièrement aux prêtres fort occupés du saint ministère.

(1) Matt., 16, 25.

Son amour de Dieu lui faisait trouver d'inexprimables délices à s'entretenir avec cet adorable Maître. A moins d'une obligation pressante, il ne sortait pas de sa chambre le matin avant une longue oraison. Sa tenue, pendant ce saint exercice, était toujours digne et respectueuse. A l'exemple du saint évêque de Genève, lors même qu'il se trouvait seul, il veillait sur son maintien, se souvenant que partout nous sommes devant la Majesté suprême de de Celui qui remplit le ciel et la terre, et que les *Anges adorent en tremblant* (1).

Sa chambre ressemblait à un oratoire où tout porte au recueillement ; le crucifix était sur un autel toujours orné de broderies, de chandeliers et de fleurs. Un grand tableau placé au-dessus représentait d'une manière saisissante le moment où l'Ange apparaît à saint Joseph, pendant son sommeil, et lui dit de prendre l'Enfant et la Mère pour aller en Égypte. C'était devant cet autel que le P. Monnereau, dans l'attitude de la plus profonde vénération, conversait, comme un chérubin, avec Celui qui se révèle au cœur pur et s'entretient avec l'âme attentive à sa voix et sourde au bruit du monde. Un de ses vicaires, qui avait de temps en temps occasion d'aller lui parler, pendant qu'il était ainsi en prière, l'a toujours trouvé à genoux. Que de larmes de dévotion ont arrosé le prie-Dieu où ce saint prêtre rendait au Très-Haut ses hommages d'adoration, d'amour et de reconnaissance, implorait sa bonté et en recevait des grâces de choix.

Après le saint exercice de l'oraison, il n'oubliait point le Dieu de bonté dans le sein duquel il avait épanché

(1) Liturgie.

son cœur. A l'exemple des patriarches, sans cesse il marchait en sa sainte présence.

Une bonne personne qui l'a servi pendant plusieurs années, assure que souvent, ayant besoin de lui parler, elle l'a trouvé dans le jardin, les yeux levés au ciel, comme en extase; elle avait beau dire : « Monsieur le curé, Monsieur le curé, » il n'entendait rien, ne répondait pas. « Il était, dit-elle, parti pour un autre monde. Et quand il finissait par m'écouter, il ressemblait à un homme qui sort d'un profond sommeil. »

On demandait à un domestique qui avait coutume de l'accompagner dans ses voyages, ce que M. Monnereau lui disait en route : « Monsieur le curé ne me dit rien, répondit-il ; il prie toujours. »

Le soir, quand l'heure du repos était venue, il prolongeait ses veilles pour s'entretenir avec le Dieu qui régnait seul en son cœur. A la cloison qui séparait sa chambre du dortoir de ses élèves, il se trouvait une petite ouverture par où l'on pouvait le voir. L'un d'eux, aujourd'hui dans le monde, rapporte qu'ayant aperçu, en se réveillant au milieu de la nuit, de la lumière dans la chambre du saint prêtre, il regarda et le vit immobile, à genoux, les bras en croix, tout abîmé dans la prière. Le jeune étudiant tint longtemps les yeux fixés sur le serviteur de Dieu, sans remarquer en lui le moindre mouvement ; enfin, étant fatigué, il regagna son lit, et peut-être que le P. Monnereau pria longtemps encore dans cette humble attitude. « Vraiment, disait l'homme honorable qui a raconté ce fait, je ne puis comprendre comment il pouvait rester si longtemps, les bras étendus.»

On peut dire d'une cure ce que l'auteur de l'*Imitation*

de Jésus-Christ dit d'une cellule, qu'elle devient douce et agréable quand on y tient assidûment. M. Monnereau se plaisait dans son presbytère ; il s'abstenait de tout voyage inutile : il fallait même que ceux qu'il faisait par obligation, par charité ou par convenance, ne fussent pas trop rapprochés. Il disait : « S'absenter un jour par semaine pour aller à confesse, c'est bien ; une autre fois, dans une circonstance extraordinaire, soit ; mais trois fois, c'est trop. »

Encore que les âmes pieuses soient unies à Dieu, même au milieu du tumulte et de l'agitation, il est vrai de dire que l'éloignement du monde et le silence favorisent singulièrement le recueillement. C'est pourquoi les hommes intérieurs se plaisent dans les lieux solitaires. Il en était ainsi de M. Monnereau, comme nous l'avons déjà fait remarquer en parlant de ses pélerinages à la grotte du vénérable P. Monfort, près de Vouvant. Aux Brouzils, il cherchait de préférence les lieux les moins fréquentés. Souvent on le voyait, le bâton à la main, se diriger vers un endroit qu'on appelle le Pâti-Prieur, près d'un bois épais ; il en parcourait les sentiers écartés, en méditant ou en récitant son bréviaire. Aussi l'on dit qu'il a sanctifié ce lieu par ses prières ; c'était là sa promenade de prédilection. « Rien, disait-il, ne me fait tant de bien que d'aller au Pâti-Prieur, de là au Puis-Fou et au Marché-Clavaux : on ne voit rien et l'on n'entend que le chant des oiseaux. »

Les pieux exercices de la retraite avaient pour lui des charmes inexprimables ; c'est là, qu'à l'exemple de saint Bernard, disant adieu à toutes les choses du monde, à toutes les affaires dont il était ordinairement obligé de s'occuper, il se plongeait dans un plus profond recueillement, méditait les devoirs qu'il avait à remplir et prenait les moyens d'y être fidèle.

Souvent, pour faire les saints exercices, il s'est rendu au monastère de la Trappe de Bellefontaine (Maine-et-Loire). La vue de ces humbles religieux qui, sur la terre, mènent une vie toute céleste, séparés du monde, étrangers à ce qui s'y passe, la beauté de la solitude qu'ils habitent, leur silence profond et continuel au milieu de leurs travaux, le chant grave et majestueux de leurs offices, particulièrement dans le demi-jour du soir et dans les ombres de la nuit, leurs fronts sillonnés par les austérités de la pénitence et en même temps rayonnants de satisfaction et de joie, tout, dans cette nouvelle Thébaïde, saisissait profondément l'âme du pieux curé des Brouzils, rendait son recueillement plus profond et le séparait de toutes les pensées de la terre. Après les fatigues de la vie active dans l'exercice du saint ministère, il puisait à la source de grâces, toujours coulant dans ces lieux paisibles, avec l'avidité du voyageur dévoré de soif, qui se désaltère à une eau jaillissante, au milieu d'un brûlant désert. Son esprit de mortification, son humilité, sa modestie et sa piété édifiaient singulièrement les Trappistes qui avaient des rapports avec lui. Tout entier aux exercices de la retraite et seul avec Dieu, selon le conseil du saint abbé de Clairvaux, il ne cherchait point à satisfaire sa curiosité du spectacle attachant offert à ses regards, mais à tirer pròfit des saintes réflexions qu'il inspirait. Il enviait le bonheur de ces âmes privilégiées qui passaient leur vie mortelle dans le calme de ce lieu solitaire, heureux vestibule du ciel. Les quelques jours qu'il y séjournait fuyaient avec la rapidité de l'éclair. La fin des exercices, tout en l'inondant de consolations, excitait en lui de vifs regrets; il aurait voulu rester dans ce paradis terrestre, pour jouir des délices de la contemplation. Mais il savait, comme le disait un grand pape à un évêque aspirant au repos de la solitude, que si la vie de Marie est plus douce, celle de Marthe est plus fructueuse; puis, que chacun doit suivre sa vocation; *que l'un,* dit saint Paul, *ait un état et l'autre un autre état.* Il faut dire aussi que son désir de travailler au salut des âmes devenait plus ardent, à la vue des saintes rigueurs qu'exerçaient sur eux-mêmes les Trappistes, afin d'assurer leur éternelle félicité, et d'expier les péchés qui se commettent dans le monde.

M. Monnereau a goûté aussi les délices de la retraite, à Saint-Laurent-sur-Sèvre, auprès du tombeau du vénérable Montfort. Il était heureux de respirer le parfum de piété qui s'en exhale encore, et de retremper son âme dans des lieux tout remplis du souvenir de ce saint prêtre.

Quand Mgr Soyer eut établi, dans sa ville épiscopale, des retraites annuelles pour les ecclésiastiques du diocèse de Luçon, M. Monnereau y assistait volontiers; il aimait à prier avec ses confrères Celui qui a dit : *Là où vous êtes deux ou trois réunis en mon nom, je suis au milieu de vous* (1).

Le Seigneur se plaisait à répandre ses grâces dans un cœur si bien préparé, si docile à ses inspirations et résolu de se conformer en tout à sa volonté suprême, quelque sacrifice qu'elle lui demandât. Aussi sortait-il

(1) Matt., 18, 20.

de la retraite, comme les Apôtres du cénacle, rempli des plus vives lumières et animé d'une nouvelle ardeur pour sa propre sanctification, ainsi que pour celle du prochain. De là cette humilité profonde, cette foi si vive, cette charité si ardente, cette abnégation de tous les jours, ce dévouement sans bornes, ce zèle apostolique, en un mot, toutes ces vertus qui faisaient dire à une personne qui avait longtemps vécu avec le pieux fondateur de la congrégation des enfants de Marie-Immaculée, mort en odeur de sainteté : « C'est un second Père Baudouin. »

La ferveur de M. Monnereau se soutenait spécialement par sa dévotion envers la divine Eucharistie ; toujours il se préparait avec le plus grand soin à célébrer les saints mystères, et il faisait régulièrement son action de grâces au moins pendant un quart d'heure. Chaque soir, il visitait avec assiduité le Dieu caché sous les voiles eucharistiques. Qu'ils étaient doux à son cœur les moments qu'il passait devant le Très-Saint-Sacrement ! Avec quel religieux respect il se tenait en sa présence ! Avec quelle ardeur il implorait le secours de son bras ! Dans ses communications avec le Dieu de l'Eucharistie, il puisait d'inénarrables consolations au milieu de ses peines, et une force toute nouvelle pour remplir dignement les fonctions du saint ministère.

« Être dévoué à la Mère de ce divin Sauveur, c'est, dit saint Jean Damascène, avoir une arme avec laquelle on repousse tous les traits enflammés de l'ennemi de notre salut. » M. Monnereau ne pouvait pas négliger un si puissant moyen de sanctification. Dès son enfance, il avait eu une douce confiance dans cette auguste Vierge ; il l'aimait et l'honorait comme la plus tendre des mères.

Sa dévotion envers elle s'était accrue par la méditation de ses grandeurs et de ses bontés. Heureux de voir sa paroisse confiée à la protection de la Reine des Saints, sans cesse il la suppliait de veiller sur le troupeau et sur le pasteur. Chaque jour, il frappait à la porte de son cœur maternel afin d'en obtenir les trésors de grâces dont elle est dépositaire. Il suivait fidèlement ce conseil de saint Bernard : « Si les vents de la tentation se déchaînent, si vous marchez à travers les écueils et les tribulations, jetez les yeux sur la céleste Étoile, invoquez Marie. Dans les périls, dans les angoisses, dans les perplexités, pensez à Marie, invoquez Marie; qu'elle ne s'éloigne jamais de votre bouche, jamais de votre cœur; et pour obtenir la grâce de son intercession, n'abandonnez pas l'exemple de sa vie. En suivant Marie, vous ne déviez plus; si elle vous tient par la main, vous ne pouvez tomber; si elle vous protége, vous ne craignez rien; sous sa conduite, point de fatigue; sous ses auspices, vous parvenez au port. » M. Monnereau disait fidèlement, chaque jour, le chapelet, quelles que fussent ses occupations. Cette prière avait pour lui des charmes infinis. Loin de se lasser de redire le doux nom de Marie, il y trouvait continuellement de nouveaux attraits. Il semble qu'en répétant après l'Ange : *Je vous salue, Marie, pleine de grâces,* il exprimât et savourât toutes les douceurs du miel céleste que renferment ces saintes paroles. Soit en public, soit en particulier, toujours il récitait posément, d'une voix distincte et animée par la piété, chaque prière du Rosaire. Pénétré d'une tendre dévotion à Marie, conçue sans péché, il se plaisait à l'honorer, à l'invoquer sous ce beau titre. Les fêtes de cette divine Mère avaient pour lui un charme ravissant et resserraient les doux nœuds qui l'attachaient à son service. Comme saint François de Sales, il aimait ses confréries et se faisait gloire de leur appartenir. Le 2 juillet 1830, il voulut solennellement être admis dans la congrégation de la Sainte Vierge, établie au petit séminaire de Chavagnes, et il édifia sensiblement l'assistance par la piété avec laquelle il fit sa consécration. Outre le bonheur d'offrir à Marie un témoignage public de son dévouement, il appréciait l'avantage de participer aux prières des congréganistes et aux nombreuses indulgences dont l'association est enrichie. Les âmes pleines de foi aiment à grossir le trésor de leurs mérites. Que de faveurs attiraient dans son âme sa tendresse filiale envers la Reine du ciel, ses humbles supplications et son attention continuelle à lui plaire en toutes choses !

Une exacte vigilance sur ses sens et sur son cœur gardait en lui les grâces que le Seigneur lui versait continuellement par les mains de sa divine Mère. Souvent il rentrait en lui-même, sondait sa conscience par des examens sévères, et réparait par des confessions fréquentes, toujours faites avec de saintes dispositions, les légères fautes par lesquelles il payait le tribut à la faiblesse humaine. Chaque jour, la lecture spirituelle venait communiquer à son esprit de nouvelles lumières et exciter dans son cœur des sentiments d'amour et de confiance envers Dieu. Il ne choisissait que des ouvrages solides et vraiment propres à nourrir et à développer la piété.

L'Écriture Sainte faisait ses plus chères délices ; il la lisait assidûment et en approfondissait le sens mystérieux. Un digne vicaire-général, qui a prêché une retraite aux Brouzils, admirait sa connaissance des Saintes-Lettres. « Ce saint homme, disait-il, sait tout ce qu'on lui demande sur l'Écriture. » Une de ses plus douces occupations, c'était d'étudier la carte de la Terre-Sainte, afin de s'attacher aux pas du Verbe incarné; il la possédait si bien jusque dans ses moindres détails, qu'il en parlait comme une personne parle des lieux où elle a vécu. Aussi avait-il continuellement à la pensée les mystères de la vie de Notre-Seigneur, et ses lèvres exprimaient fréquemment les tendres sentiments qu'ils lui inspiraient. Chaque trait, chaque parole de son divin Maître le pressait comme un aiguillon céleste et hâtait ses pas dans le chemin de la perfection.

Les maîtres de la vie spirituelle s'accordent à dire, et l'expérience le démontre, que la mortification soutient et accroît la vertu, qu'elle maîtrise les passions de la chair, nous détache du monde et nous élève vers le ciel; que, sans elle, il est impossible de vivre dans le recueillement et l'union avec Dieu. M. Monnereau, continuait d'avoir recours à cet aliment de la vie intérieure. A l'exemple de l'Apôtre, il châtiait rudement son corps, il le traitait comme un ennemi auquel il ne faut accorder ni trève ni repos. Peut-être même les rigueurs dont il usa à son égard furent-elles poussées trop loin; elles affaiblirent considérablement son tempérament, naturellement fort et robuste.

Dans les premières années qu'il était aux Brouzils, il ne déjeunait jamais; sa santé s'étant affaiblie, il céda plus tard, quoique avec peine, à la sollicitation de personnes respectables qui l'engagèrent à prendre quelque chose le matin.

Le trait suivant montre tout à la fois sa charité et son esprit de mortification. Le premier domestique qu'il eut au presbytère était un homme âgé de près de quatre-vingts ans, qui bientôt fut atteint d'une maladie grave; le charitable maître l'entoura de tous ses soins. Un soir, craignant qu'il ne fût pas assez bien couché, il lui porta son propre matelas, et pendant longtemps il ne prit son repos que sur une simple paillasse. Il n'était point permis à la domestique d'accommoder ce lit de pénitence; elle pouvait même rarement pénétrer dans la chambre, qu'il agençait lui-même. Quelques-uns de ses confrères y étant entrés en son absence, trouvèrent sa couche presque aussi dure qu'une planche. A son retour, ils lui adressèrent quelques paroles qui blessèrent son humilité; il témoigna la peine qu'il en ressentait. Toutefois, il continua encore longtemps à traiter aussi rudement son corps.

Il s'appliquait surtout à la mortification intérieure, sans laquelle les plus grandes austérités ne sauraient faire avancer une âme dans les voies de la perfection, puisque, pour suivre le divin Maître, il faut se renoncer soi-même. Pratiquer ce renoncement dans toute son étendue, c'était l'objet continuel de ses efforts. Chaque jour, il offrait à Dieu quelque nouveau sacrifice sur l'autel de son cœur, voulant mourir entièrement à lui-même pour vivre de la vie de Jésus-Christ.

Afin d'imiter le Dieu de bonté, devenu pauvre par amour pour nous, il s'était attaché à la pauvreté. Épris de ses charmes, comme saint François d'Assise, il voulait toujours l'avoir pour compagne.

Ainsi que nous l'avons dit, il était entré dans la société

des Enfants de Marie vers l'année 1811, et il avait fait le vœu de pauvreté. La congrégation fut dissoute en 1817 et rétablie quelques années après; mais il n'y contracta point alors de nouveaux engagements. Il paraît néanmoins qu'il tenait beaucoup à garder son vœu de pauvreté. Mgr Soyer lui disait dans une lettre datée du 20 septembre 1835 :

« Mon cher curé,

» Le vœu de pauvreté est incompatible avec votre position : je vous en dispense. »

M. Monnereau se regarda désormais comme dégagé de son vœu, mais il en conserva toujours l'esprit. Jamais curé ne montra moins d'attache aux biens de la terre. C'est une justice que lui rendaient même les impies. « Parlez-nous, disaient-ils, de Monsieur le curé des Brouzils ; c'est un homme détaché de tout. »

On était étonné de le voir si pauvre dans une cure dont les revenus étaient très-suffisants pour l'entretien d'un prêtre.

Des personnes pleines d'estime pour lui l'engagèrent à songer un peu à l'avenir et à faire quelques épargnes. « Vous voyez, lui dirent-elles, qu'il vous manque déjà bien des choses nécessaires. — Jamais, répondit-il, je n'aurai le bonheur de mendier mon pain : c'est un honneur que je ne mérite pas. » D'ailleurs, il se reposait, disait-il, sur ces paroles de l'Évangile : *Ne vous inquiétez pas du lendemain* (1).

(1) Matt., 6, 34.

Sa marraine lui ayant laissé, en mourant, une rente, il la vendit et en donna le prix au séminaire.

« La mort, disait-il, peut venir quand elle voudra : je suis bien sûr qu'elle ne trouvera pas chez moi de l'argent. »

Il ne concevait pas comment on peut coller son cœur aux biens de la terre, et il plaignait les personnes riches qui, jour et nuit, ne sont occupées que des moyens d'augmenter leur fortune. « Quelle misère, disait-il, de s'attacher aux richesses, comme si nous étions faits pour rester toujours dans ce monde ! »

Son amour de l'aimable vertu qui, dans un corps incliné au mal, nous rend semblables aux esprits célestes, était porté au plus haut degré. Quelle modestie dans ses regards ! quelle réserve dans ses paroles ! quelle vigilance sur tous ses sens ! On eût dit un Ange sur la terre.

Saintement avare de son temps, il l'employait avec le plus grand soin. Rentrait-il de l'église, par exemple, peu d'instants avant l'heure du repas ; lui faisait-on observer que ce n'était pas la peine de monter à sa chambre, puisqu'il lui faudrait en redescendre au bout de quelques minutes, ces minutes lui suffisaient pour lire quelques versets des saints livres, et il se hâtait d'en profiter. C'est dans cette prudente économie de son temps qu'il a trouvé le secret de tout faire, non-seulement pour mettre la piété en honneur dans sa paroisse, mais encore pour procurer à tant d'autres paroisses, par l'éducation chrétienne des jeunes personnes, des moyens puissants d'édification et de salut. C'est par là qu'à l'époque même où il était le plus occupé, il a su trouver le loisir de former aux premiers éléments de la langue latine tant de jeunes enfants, dont les uns, parvenus depuis au sacerdoce, sont devenus en quelque sorte la couronne de sa vieillesse, pendant que les autres, restés dans le monde, l'édifient par une vie chrétienne, fruit de ses leçons et de ses exemples. Ils aiment à se rappeler les délicieux moments qu'il ont passés auprès de lui, ses sages conseils, ses traits de vertu et sa bonté toute paternelle.

D'un caractère plein de feu et de vivacité, il savait le maîtriser au point qu'on l'eût dit naturellement doux et paisible. Il était si bon, que ceux qui le connaissaient bien l'appelaient le *cher bon Père.*

Un enfant de chœur avait, par mégarde, brisé le plateau et les burettes qui contenaient l'eau et le vin destinés au saint sacrifice ; tout confus il n'osait paraître devant M. Monnereau ; le serviteur de Dieu le manda et lui parla avec une extrême douceur, sans lui dire un mot de l'accident. Le cœur de l'enfant fut dilaté et profondément touché d'une bonté si paternelle.

Quelle violence ne dut-il pas se faire pour acquérir cette douceur angélique ! Quelquefois, au milieu des contrariétés qu'il éprouvait intérieurement, son front se colorait vivement du feu de l'indignation, ses yeux s'animaient; mais on voyait aussitôt, par l'effort de sa vertu, l'agitation disparaître et le calme de son âme se peindre dans son extérieur.

Sa piété et sa ferveur étaient sauvegardées par une profonde humilité. Il n'avait que de bas sentiments de lui-même et ne comprenait pas comment on pouvait lui donner quelques témoignages d'estime. Un ecclésiastique, voyant un petit élève du saint prêtre quereller un autre enfant, lui dit, pour lui imposer silence : « Imitez votre maître; imitez-le en tout ce que vous le voyez faire. — Pas en ce qu'il fait de mal, ajouta M. Monnereau. » Un de ses anciens vicaires, aujourd'hui camérier du Souverain Pontife, M. Gallot, écrivait de Rome, le 4 septembre 1857: « Ce grand serviteur de Dieu savait tellement cacher sous le voile de l'humilité et de la vie commune les dons de l'Esprit Saint, que ses amis, même les plus intimes, pouvaient difficilement en pénétrer le secret. Cette réserve constante, cette parfaite discrétion sur tout ce qui pouvait tant soit peu tourner à sa louange, est une des vertus que j'ai le plus admirées en lui. »

Le P. Félix Coumailleau lui rendait le même témoignage. « L'humilité, a-t-il écrit, était sa vertu favorite, et cette vertu a toujours brillé en lui. Jamais il ne cherchait à paraître; son cœur était dans la joie lorsqu'il pouvait occuper la dernière place. Mort au monde et à lui-même, il savait cacher les dons qu'il avait reçus du ciel et ne s'en servait que pour la gloire de Dieu. »

Sa vertu était comme une perle précieuse couverte d'un voile peu transparent. Pour bien l'apprécier, il fallait vivre avec lui, le pénétrer, être témoin de ses actions de chaque jour, et du soin qu'il avait, à l'exemple de son divin Maître, de bien faire toutes choses.

C'est ainsi qu'en s'appliquant à faire avancer les autres dans la voie des commandements de Dieu, il y courait lui-même avec ardeur.

CHAPITRE VIII.

Nouvelles marques de sa sollicitude pastorale. — Sa fermeté dans de graves circonstances.

Le curé des Brouzils vit avec bonheur Mgr Soyer établir, en 1829, l'adoration perpétuelle du Très-Saint Sacrement dans toutes les paroisses de son diocèse. Il pressa ses paroissiens de se rendre aux désirs du premier pasteur, et de venir à l'envi rendre hommage au Dieu d'amour qui daigne résider parmi nous, sous un voile mystérieux. Les fidèles, dociles à sa voix, se hâtèrent de prendre chacun un billet sur lequel était marquée l'heure qui devait être consacrée à l'adoration du divin Roi caché dans l'Eucharistie. Il leur exposa, dans une instruction, la manière dont ils devaient passer, en présence du Saint Sacrement, le temps qui leur était assigné. « Mes chers frères, leur dit-il, transportons-nous en esprit dans le ciel. Qu'y verrons-nous ? Jésus-Christ assis sur le trône de sa gloire, environné de mille millions d'Anges et de bienheureux qui, humblement courbés devant lui, lui offrent l'encens le plus pur, disent et redisent sans cesse : *Bénédiction, honneur, gloire et puissance dans tous les siècles des siècles au Dieu qui est assis sur le trône, et à l'Agneau qui s'est immolé pour le salut du monde* (1). N'est-ce pas là ce que l'on fait dans l'adoration perpétuelle ? Les fidèles n'y adorent-ils pas le même Jésus-Christ que les bienheureux voient et contemplent dans le ciel ?

» Une autre fin qu'on se propose dans l'adoration perpétuelle, c'est de remercier continuellement le divin Sauveur du don ineffable qu'il a fait par l'institution du Très-Saint Sacrement, et de le dédommager de l'ingratitude et de l'impiété d'un grand nombre d'âmes.

» D'une autre part, que d'avantages ne trouve-t-on pas dans une heure d'adoration qu'on passe au pied du Saint Sacrement ? C'est là surtout que Dieu exauce nos prières ; c'est là qu'il parle au cœur ; c'est là qu'il lui inspire l'horreur du péché, qu'il lui donne la force de l'éviter et de pratiquer la vertu.

» Empressez-vous donc de vous procurer de si belles et de si saintes faveurs par votre fidélité à faire l'heure d'adoration qui vous est indiquée ; vouons-nous à ce Dieu d'amour renfermé pour nous dans son tabernacle, et soyons bien convaincus qu'il ne se laisse pas vaincre en générosité. Si nous le glorifions dans son état d'humiliation, il nous glorifiera dans le séjour de sa gloire. »

Nul ne fut plus fidèle que M. Monnereau à passer une heure en prières devant le Saint Sacrement. On a remarqué que, pendant ce temps-là, il se tenait seul dans la tribune de l'église paroissiale, sans doute pour y suivre sans témoins les élans de sa tendre piété.

L'église paroissiale de Notre-Dame des Brouzils pos-

(1) Apoc. 5.

sédait deux cloches ; l'une d'elles s'étant cassée, les habitants manifestèrent à leur zélé curé le désir d'avoir deux nouvelles cloches. Il accueillit leur ouverture avec empressement, et pour subvenir aux frais d'un pareil achat, il voulut lui-même faire la quête dans toute la paroisse. Partout on lui donna des témoignages d'estime et d'attachement. Chaque soir, il revenait comblé de consolations, mais excédé de fatigues ; aussi fut-il atteint d'une maladie qui le réduisit en peu de temps à l'extrémité. Ses paroissiens en furent consternés ; n'espérant rien des moyens humains, ils adressèrent au ciel les prières les plus ferventes afin d'obtenir la conservation d'une vie si chère et si précieuse. La divine bonté exauça leurs vœux : le vénérable malade revint des portes de la mort, et put assister à la cérémonie de la bénédiction des cloches, au mois de mars 1830. La douce satisfaction que lui procura cette pieuse cérémonie fut bientôt suivie d'une peine bien amère.

La Révolution, qui renversa au mois de juillet le trône de Charles X, fut pour l'impiété une occasion de se livrer contre la religion aux excès les plus déplorables. Dans un grand nombre de localités, les prêtres étaient honnis, insultés, même frappés avec violence ; bien plus, des forcenés prodiguaient les outrages les plus sanglants au signe adorable de notre rédemption ; ils abattaient les croix, les traînaient dans la boue et les mettaient en pièces. En quelques lieux, on se servait, pour les renverser, du prétexte qu'elles étaient ornées de fleurs de lis ; partout où il s'en trouvait, on poursuivait à outrance cet ornement comme un signe séditieux. Par ce motif, on obligea le curé des Brouzils à faire disparaître une croix qui était sur la frise dans le sanctuaire de l'église paroissiale. Il en conçut une vive douleur.

L'arrivée de la duchesse de Berry dans la Vendée augmenta les troubles. Le gouvernement déclara ce pays en état de siége, et plaça, dans presque toutes les bourgades, des garnisons qui, en beaucoup d'endroits, portèrent une grave atteinte aux mœurs. Le pieux curé des Brouzils en ressentit un profond chagrin. Puis l'horizon politique se chargea d'épais nuages qui semblaient renfermer dans leur sein une tempête près d'éclater.

La mère du duc de Bordeaux avait commandé une prise d'armes et ordonné un mouvement qui échoua par des circonstances qu'il ne nous appartient pas de raconter ici. Nous dirons seulement que, dans ces pénibles conjonctures, M. Monnereau montra autant de prudence que de charité. Quelques hommes d'un haut rang se tenaient cachés dans sa paroisse et se voyaient réduits à de grandes privations ; il eut soin de leur procurer les adoucissements qui étaient en son pouvoir. En même temps, il se montrait plein d'égards pour les officiers cantonnés aux Brouzils. Obligé, comme les autres habitants de la paroisse, de loger des militaires, il faisait le meilleur accueil à ceux qu'on lui adressait ; aussi enviait-on l'avantage d'être envoyé au presbytère. Une fois entrés chez lui, les soldats pouvaient se regarder comme de la maison ; ils y trouvaient des mets préparés pour eux. Chaque soir, ils étaient admis aux réunions, où le vénérable curé, entouré d'un petit nombre de paroissiens dévoués, leur faisait passer la plus agréable récréation. Ils prenaient part aux jeux innocents qui remplissaient une partie de la veillée. En hiver, ils avaient comme les autres leur place au foyer. Souvent d'autres soldats venaient se joindre à eux, attirés par la bonté du vénérable pasteur. Avant de se retirer, tous se mettaient à genoux pour suivre la prière qu'il récitait à haute voix.

Quelques-uns, gagnés à Dieu par son affectueuse charité, s'approchèrent des sacrements de Pénitence et d'Eucharistie. L'un d'eux avait une petite fille qui n'avait pas encore fait sa première communion. Les bontés dont cette enfant fut comblée par M. Monnereau touchèrent vivement son père, et l'homme de Dieu eut la consolation de voir ce brave militaire se ranger d'une manière édifiante à la Table Sainte, avec sa femme et sa petite fille.

Les témoignages d'affection que M. Monnereau donnait aux gens de guerre ne purent pas toujours le garantir de certaines vexations. Deux fois, il subit la rigueur de ces visites domiciliaires, où tout était examiné, même les papiers les plus secrets. Dans ces moments, si propres à faire sortir de lui-même un homme naturellement très-vif, il conserva sa sérénité habituelle. D'ailleurs, à la cure, il n'y avait rien qui pût le compromettre.

Nous devons raconter ici ce qu'il eut à souffrir de la part d'un capitaine du 29e de ligne. A peine arrivé aux Brouzils avec sa compagnie, il se présente au presbytère; M. Monnereau, prenant sa visite pour un acte de politesse, le reçoit gracieusement et le conduit dans la salle de réception, où il fait venir son vicaire. Aussitôt, le capitaine, d'un air sévère et d'un ton animé, lui dit : « Monsieur le curé, j'ai appris que vous n'ajoutez pas les noms du roi au *Domine salvum;* j'entends que vous les y mettiez; nous avons pour cela des ordres très-rigoureux, et ces ordres s'exécuteront. — Nous aussi, reprend avec un calme parfait le saint prêtre, nous avons nos chefs ; quand ils auront commandé, nous agirons ; mais jusque-là, nous ne pouvons rien faire. C'est à Mgr l'évêque à nous exprimer sa volonté : il nous trouvera toujours prêts à obéir. — Votre évêque! répliqua le capitaine, je m'en moque; il est maintenant en prison sur la paille. » Le vicaire lui répondit qu'il se trompait, que Mgr l'évêque de Luçon était en pleine liberté, à Chavagnes, où il l'avait vu la veille. « Il est vrai, ajouta-t-il, que le commandant de la compagnie cantonnée aux Quatre-Chemins s'est présenté à sa voiture pour lui demander ses papiers; mais il a été rappelé à l'ordre. Sa Grandeur lui a fait comprendre qu'il outrepassait ses pouvoirs, et Monseigneur a poursuivi sa route. » A ces mots, le capitaine entre en fureur, et se levant avec précipitation, il s'écrie : « Eh bien! Messieurs, dimanche prochain, je serai à la messe avec ma compagnie; et, si vous ne faites pas ce que je vous dis, quatre hommes vous arrêteront à votre sortie de l'église et vous conduiront au corps-de-garde. — Vous ferez ce que vous voudrez, répondit le courageux curé; mais je vous déclare que nous n'agirons pas si nos supérieurs ne nous donnent pas d'ordre. » Le capitaine se retire, et rendu à la porte où on le conduit, il se détourne vers les deux prêtres et leur dit vivement : « Messieurs, je vous déclare qu'à partir de ce moment vos vies ne sont plus en sûreté. » Ces paroles menaçantes ne modifièrent en rien la détermination généreuse du curé des Brouzils; il n'en parut aucunement affecté. Cependant, pour n'avoir rien à se reprocher, il convint avec son vicaire qu'ils iraient le lendemain exposer à Mgr l'évêque ce qui s'était passé. Retenu par des obstacles insurmontables, M. Monnereau envoya le vicaire, qui fit connaître à Sa Grandeur la démarche du capitaine et les réponses pleines de fermeté du curé des Brouzils ; elles ajoutèrent à la haute estime que sa vertu avait inspiré au digne prélat.

Il y avait alors à Chavagnes un officier aux manières polies et distinguées, plein d'égards pour les ecclésiastiques, par l'entremise duquel Mgr Soyer put avoir une entrevue avec le capitaine qui était aux Brouzils. Autant celui-ci s'était montré hautain, impérieux, intraitable devant M. Monnereau, autant il fut humble, timide et facile en présence du prélat, qui le terrassa en quelque sorte par l'ascendant de sa dignité et le blâme énergique de la conduite qu'il avait tenue envers un prêtre recommandable sous tous les rapports. De retour aux Brouzils, le capitaine s'empressa de venir faire des excuses au curé, lui protestant qu'il pouvait en toute occasion compter sur lui comme sur un ami dévoué. Il alla jusqu'à lui offrir deux hommes pour l'accompagner lui et son vicaire, lorsqu'ils iraient remplir quelques fonctions de leur ministère dans la campagne. Si ce changement de dispositions était sincère, il ne fut pas de longue durée.

Bientôt ce capitaine renouvela sa première hostilité. Il se mit à épier les démarches des prêtres des Brouzils ; il fit même à la cure une visite domiciliaire, dans laquelle il montra une rigueur excessive. Non content de faire ouvrir tous les tiroirs des tables et des secrétaires, il ordonna de sonder les paillasses à coups de baïonnette.

C'est probablement de cette visite qu'il s'agit dans le fait suivant qu'a raconté par écrit un respectable curé : « J'ai été témoin de son impassibilité, effet de grandes violences, puisqu'il était naturellement très-vif, très-ardent. C'était en 1832, où les colonnes mobiles, organisées dans le pays, faisaient partout chez les honnêtes gens des visites domiciliaires. Le bon curé des Brouzils ne devait pas en être exempt. Quelques militaires, avec leur chef, entrent donc brusquement au presbytère, au moment où nous étions à table ; ils se mettent à l'œuvre : les meubles, les lits, tout est bouleversé. En voyant cette vexation envers un prêtre si bon, si paisible, je frémissais d'horreur et d'indignation. Ce bon curé fut toujours calme, et quand ces militaires eurent terminé leur singulière commission, il leur offrit avec un gracieux sourire un rafraîchissement, qui fut accepté. Comme je lui faisais observer, pendant la promenade qui suivit le dîner, qu'il avait été victime d'une indigne vexation, il me répondit avec une charité dont il avait vu l'exemple au Calvaire : « Jésus-Christ a bien plus souffert pour nous ; puis, ces pauvres jeunes gens font ce qui leur est commandé. »

Les recherches les plus rigoureuses n'ayant amené aucun résultat compromettant pour M. Monnereau et son vicaire, le capitaine, loin de s'adoucir, n'en devint que plus furieux. Il donna, dit-on, l'ordre d'arrêter le vicaire ou de tirer sur lui lorsqu'on le rencontrerait dans la campagne. Dans une de ses excursions, commandée par les devoirs de son état, ce digne ecclésiastique se vit couché en joue de très-près ; il ne dut son salut qu'à l'intervention d'un brave militaire qui se plaça devant lui. Alors le capitaine l'accusa fortement de favoriser la guerre civile. « Monsieur le capitaine, lui répondit-il avec fermeté, en présence des soldats qui l'avaient entouré par ordre de leur chef, vous pouvez suivre toutes les démarches de Monsieur le curé et les miennes, et je ne crains pas de vous mettre au défi de nous prendre en défaut. Nous allons où nous appellent notre devoir et le besoin spirituel des paroissiens ; nous sommes étrangers à tout le reste. » Le capitaine était si mal disposé, qu'il ne crut pas à la sincérité de ces paroles ; il fit les perquisitions les plus minutieuses dans le sac où étaient renfermées les saintes huiles et les ornements nécessaires pour administrer les derniers sacrements aux moribonds.

Les soupçons qu'on avait conçus contre le respectable curé des Brouzils s'étendirent à ses filles spirituelles, et il eut la douleur de voir leur maison cernée par une troupe de soldats ; on y fit rigoureusement une visite domiciliaire. Mais là, comme à la cure, les recherches furent inutiles.

Si les vexations et les avanies des militaires n'altéraient en rien la sérénité et la douceur de M. Monnereau, qui voyait tout des yeux de la foi, il n'en sentait pas moins ce qu'elles avaient de pénible, d'autant qu'elles entravaient l'exercice de son zèle.

Chaque soir, depuis plus de quinze ans, la cloche appelait les fidèles aux exercices de piété qui se faisaient dans l'église, à la chute du jour.

Au milieu des troubles suscités par la Révolution de juillet, le sage curé vit de l'inconvénient à faire rendre ainsi à l'église les religieuses et les jeunes personnes obligées, pour y entrer, de traverser une place couverte de soldats, dont plusieurs étaient parfois assis sur les marches du lieu saint. Il interrompit par prudence cette pieuse coutume.

CHAPITRE IX.

Développement de la congrégation des religieuses des Sacrés-Cœurs de Jésus et de Marie.

Après ces jours de trouble et de crainte, au mois d'octobre 1833, le P. Monnereau fit donner à la communauté des religieuses des Brouzils les saints exercices de la retraite par un zélé missionnaire, M. Ecarlat (1), qui, obligé, par suite des événements politiques, de renoncer à évangéliser la Saintonge, s'était retiré à Chavagnes, auprès du P. Baudouin. Dans la solitude et le silence, les filles des Sacrés-Cœurs comprirent plus que jamais combien elles étaient heureuses d'avoir quitté un monde dont la mer est si fort agitée, pour entrer dans le port de la Religion ; et, sous la conduite de leur vénéré Père, elles se livrèrent, avec une nouvelle ardeur, à la pratique des devoirs propres à leur saint état.

Au moment où éclata la Révolution de 1830, qui devait opérer de si grands changements, l'homme de Dieu fort de l'appui de Mgr l'évêque de Luçon et du préfet de la Vendée, espérait obtenir du gouvernement l'approbation de la congrégation qu'il avait fondée. Toutes les pièces nécessaires, à l'exception d'une qu'on avait ou-

(1) M. Ecarlat est depuis entré dans la Compagnie de Jésus, où il a fait une mort édifiante.

bliée, étaient parvenues au ministre. Les circonstances difficiles où l'on se trouvait alors, particulièrement en Vendée, firent évanouir pour le moment les espérances qu'on avait conçues. La congrégation essuya de nouveaux orages, au milieu desquels elle fut encouragée et soutenue par la haute protection de Mgr Soyer. Le 27 août 1834, jour de la fête de saint Césaire, pour lequel le P. Monnereau avait beaucoup de dévotion, le digne évêque donna une marque publique de l'intérêt qu'il portait aux religieuses des Sacrés-Cœurs de Jésus et de Marie, en recevant dans l'église paroissiale les vœux de sept novices. C'était la première cérémonie de ce genre qu'il faisait aux Brouzils. Il félicita les habitants d'avoir, au milieu d'eux, le berceau d'une congrégation appelée à produire un grand bien, et combla d'éloges le pieux fondateur. Par là, il fermait la bouche aux personnes mal intentionnées qui le disaient opposé à cette nouvelle société, tandis qu'il désirait ardemment la voir se développer. Ses vœux et ses prières appelèrent sur elle de nouvelles bénédictions. Le nombre des sujets, jusque-là si restreint qu'elles n'avaient encore pu tenir que trois établissements, s'accrut en peu de temps d'une manière sensible, et l'on put enfin satisfaire quelques-unes des demandes multipliées qu'on avait reçues. A la fin de l'année suivante, on ouvrit cinq nouvelles maisons.

Le P. Baudouin, alors retiré à Chavagnes, continuait de s'intéresser vivement à cette humble Société et d'exciter le saint prêtre à perfectionner son œuvre et à lui donner de l'extension; mais, depuis longtemps, la santé du respectable vieillard était profondément altérée; tout faisait craindre une fin prochaine.

M. Monnereau voulut procurer à la supérieure générale de sa congrégation la consolation de voir cet homme de Dieu, et de recevoir ses derniers avis avec sa bénédiction. Voici ce qu'on raconte dans la vie du P. Baudouin : « La Révérende Mère Marie de Jésus, supérieure générale de la congrégation des Sacrés-Cœurs, fondée aux Brouzils, étant allée rendre visite au P. Baudouin avec une de ses sœurs, il se montra reconnaissant de cette marque d'intérêt et il leur dit : « Vous êtes » mes filles, vous aussi; vous ferez le bien avec mes » autres filles ; si vous vous conservez dans l'humilité, » vous serez bénies de Dieu. Mes enfants, je prierai bien » pour vous, quand je serai dans le Paradis. »

Après avoir été éprouvé par le feu des souffrances, comme l'or dans le creuset, le P. Baudouin termina, le 12 février 1835, une vie sainte et féconde en bonnes œuvres. Son corps demeura, pendant quatre jours, exposé sur un lit de parade. Le pieux fondateur des religieuses des Sacrés-Cœurs, qui le regardait comme un saint, voulut que toutes les religieuses et les novices de sa congrégation allassent contempler les précieux restes de cet homme de Dieu, respirer le parfum des vertus qu'il exhalait encore, et prier à ses pieds pour le repos de son âme, si quelques fautes légères la retenaient dans le Purgatoire. La Mère Marie de Jésus, privée de cette satisfaction par un dérangement de santé, dit à quelques-unes de ses sœurs, les larmes aux yeux : « O quel sacrifice c'est pour moi de ne pouvoir vous accompagner ! Mais Dieu le veut !... »

M. Monnereau eut, dans le cours de cette année, la douleur de perdre cette excellente religieuse, qui, depuis plus de dix ans, gouvernait la congrégation avec beaucoup de sagesse.

Avant de tracer le tableau de sa fin touchante, nous croyons devoir dire quelques mots sur sa vie, afin de mieux faire connaître cette digne Mère, tant estimée de ses sœurs.

Née aux Brouzils, le 17 décembre 1807, de Jacques-Benjamin Payraudeau (1) et de Marie Rechin, elle passa une partie de son enfance à Chavagnes, chez un de ses oncles, qui était médecin, et fréquenta l'école tenue par des religieuses. Dès lors, sa piété précoce faisait présager ce qu'elle serait plus tard. Le P. Baudouin, son guide spirituel, l'appelait sa petite religieuse. « Mon enfant, lui dit-il un jour, le Seigneur a sur vous de grands desseins, et ils s'accompliront, si vous n'y mettez pas d'obstacles. »

L'heureux caractère de la petite Marie, son air ouvert et enjoué, la faisaient aimer de ses compagnes ; à une candeur angélique, elle joignait une grande ardeur pour les divertissements qui étaient de son âge. Devenue plus grande, tout en conservant sa modestie et sa réserve, elle ne fut pas insensible aux plaisirs du siècle. Un jour qu'elle revenait d'une fête nuptiale, le pieux curé des Brouzils, devant lequel elle passait, fut comme éclairé d'une lumière intérieure. « Voici, se dit-il à lui-même, une jeune personne qui conviendrait bien pour la petite communauté que je veux établir. » Peu après, il lui mit en main la vie de la vénérable Marguerite Alacoque, religieuse de la Visitation, qui a été l'instrument dont le

(1) Il était frère d'un confesseur de la foi, M. Payraudeau, dont nous avons rappelé la mort.

ciel s'est servi pour répandre partout la dévotion au sacré cœur de Jésus. La lecture de cet ouvrage produisit une vive impression sur l'esprit et sur le cœur de Mlle Payraudeau; elle n'eut plus que du mépris pour les plaisirs les plus séduisants du monde, et résolut de se consacrer tout entière à Dieu. Elle fut, comme nous l'avons dit, une des trois premières religieuses de la congrégation établie par le zélé curé des Brouzils. Honorée du glorieux titre d'épouse du Roi des vierges, elle sentit croître son amour pour lui au point de ne pouvoir plus en contenir les transports; il fallait qu'elle épanchât le feu divin dont elle était consumée par des soupirs et des exclamations, même à la chapelle, en présence de ses sœurs. « Si vous continuez d'agir ainsi, lui dit le P. Monnereau, vous serez privée de la communion, pendant quinze jours. » Elle promit de faire tout ce qui dépendrait d'elle pour se conformer aux intentions de son pieux supérieur. Mais la violence qu'elle était obligée de se faire pour obéir était pour elle un tel martyre, qu'elle semblait ne pouvoir plus respirer.

Toute sa consolation était de s'unir au divin Sauveur dans le sacrement de l'Eucharistie. Après avoir reçu le pain du ciel, elle semblait un Ange en adoration; mais le Dieu que les Esprits célestes voient sans nuage se tenant encore caché à ses yeux, elle soupirait après l'heureux moment où il lui serait donné de le contempler dans sa gloire et de le posséder à jamais. Souvent, comme en extase, les yeux attachés sur le tableau de l'Assomption placé dans l'église paroissiale, au-dessus du maître-autel, elle suivait par la pensée la divine Reine jusqu'au ciel, et, enviant le bonheur qu'avait cette auguste Vierge d'être à côté de son divin Fils, elle la conjurait de l'appeler auprès de cet adorable Sauveur.

Le désir de se réunir pour l'éternité à l'unique objet de son amour se fit plus vivement sentir le jour de la Toussaint de l'année 1835. Impatiente de briser les liens qui la retenaient sur la terre, elle ne cessait de répéter avec le Prophète royal : « *Hélas! que mon exil est long* (1)! *Qui me donnera les ailes de la colombe, je m'envolerai et je me reposerai* (2). » Ses vœux ne devaient pas tarder à s'accomplir.

Le surlendemain de cette belle fête, elle fut atteinte d'un mal de gorge gangréneux; le feu et les autres remèdes qu'on employa ne lui apportèrent aucun soulagement : on perdit tout espoir de guérison.

Le P. Monnereau l'avertit de se préparer à recevoir les derniers sacrements : c'était annoncer à une captive l'heure de sa délivrance; elle tressaillit de joie et de bonheur. « Ne pleurez pas, disait-elle à l'une de ses sœurs, je suis bien contente de mourir. » On lui demanda si elle n'était pas contente aussi de souffrir pour son divin Maître : « Oh! oui, » répondit-elle, le sourire sur les lèvres, avec un accent qui pénétra toutes les personnes dont elle était entourée.

Le saint viatique et les dernières onctions des mourants achevèrent de disposer cette belle âme à paraître devant le Dieu de sainteté.

Au milieu des angoisses de l'agonie, elle conserva toute sa connaissance et toute sa sérénité, heureuse de voir approcher le moment où allaient s'accomplir pour elle ces

(1) Ps. Chap. XIX, 5.
(2) Ps. L. IV, 7.

paroles de l'Écriture : *Voici l'Époux, allez au-devant de lui, la lampe à la main* (1). Elle désirait que la vie lui fût ravie par un de ces traits enflammés dont un Séraphin a percé le cœur de sainte Térèse. « O mon Dieu ! disait-elle, que ne puis-je mourir d'amour ! » Le zèle, fruit de l'union avec le Seigneur, croissait dans son cœur à mesure qu'elle approchait de l'éternité. Déjà dans l'aurore de la gloire céleste, elle aurait voulu ouvrir à ses sœurs et à tous les hommes le séjour de l'immortelle félicité, et sollicitait pour eux la grâce de s'en rendre dignes. Dans ses pieux élans, elle s'écria : « O sacré cœur de Jésus ! je vous demande l'esprit intérieur pour ces pauvres filles qui restent (elle voulait parler de ses sœurs).

» Seigneur, ayez pitié de l'Église ; je vous recommande les pauvres petits enfants.

» Souvenez-vous, mon Sauveur, que vous avez versé votre sang pour les pauvres pécheurs ; je vous les recommande, ô mon Dieu !

» Je vous prie pour les personnes qui sont appelées à la vie religieuse.

» Je vous prie pour tous ceux qui se sont recommandés à mes prières. »

Pénétrée d'un respectueux attachement pour le pieux fondateur de la congrégation à la tête de laquelle elle était placée, elle dit à ses sœurs : « Notre bon Père a eu bien des peines, il en aura sans doute encore d'autres ; il faut que vous tâchiez de les adoucir. Quant à moi, j'ai fait ce que j'ai pu pour être sa consolation. »

(1) Matt., 25, 6.

Le serviteur de Dieu était à ses côtés comme un messager céleste, pour exciter de plus en plus sa confiance et son amour, en lui montrant le ciel ouvert pour la recevoir. Sa parole, dans ce moment suprême, avait pour la malade une grâce toute particulière. Le vénéré Père voulant se retirer pour réciter son office, elle le pria de ne pas l'abandonner, de rester encore quelques instants, s'il le pouvait. Il se rendit à ses désirs, et lui présenta un reliquaire où il y avait une parcelle de la vraie croix, afin que le cœur de Jésus fît passer en elle la vertu salutaire du sang qu'il a répandu sur l'instrument de notre rédemption, et qu'elle-même, unissant son dernier soupir au dernier soupir de son divin Époux, expirât en quelque sorte sur la croix. D'abord, par esprit d'humilité, elle refusa de toucher au précieux reliquaire; mais le P. Monnereau lui ayant dit de le prendre, elle le saisit avec empressement et le pressa avec respect et avec amour sur ses lèvres mourantes. Puis, les mains et les yeux levés vers le ciel, elle répéta, comme autrefois la pieuse mère de saint Augustin : « Je ne sais pas ce qui me retient !... » — « Bon Père, dit au vénérable fondateur une des religieuses des Sacrés-Cœurs, elle attend peut-être que vous lui donniez permission de mourir. » En effet, elle manifesta ce désir ; tournant vers lui des regards suppliants : « O mon Père, lui dit-elle d'une voix presque éteinte : permettez-moi de mourir ! — Encore un moment, ma fille, lui répondit le ministre du Dieu d'amour ; prenez courage ! Vous touchez au terme de vos désirs... » Et il lui fit une peinture vive et saisissante des beautés du ciel. « Vous vous faisiez une grande joie, ajouta-t-il, de l'espérance de voir Notre-Seigneur ; réjouissez-vous, vous allez le contempler avec toutes les merveilles du paradis ; dans un instant, les Anges du ciel viendront au-devant de vous. » A ces mots, elle sourit et poussa un cri de joie et d'admiration. Alors, le vénéré Père, se recueillant et faisant à Dieu un douloureux sacrifice, lui donna une dernière bénédiction. Aussitôt, la sainte mourante poussa un léger soupir et remit son âme entre les mains de son Créateur, à dix heures et demie du soir, le samedi 7 novembre 1835, jour consacré à la Sainte Vierge, qu'elle avait tant aimée.

A genoux autour de sa dépouille mortelle, ses sœurs versaient des torrents de larmes et poussaient des sanglots. Le P. Monnereau ne pouvait lui-même retenir ses pleurs ; mais soutenu par la foi, il leur adressa des paroles de consolation, puis il leur dit de baiser la main de leur Mère ; ce qu'elles firent avec la vénération la plus profonde.

La pieuse défunte fut exposée, revêtue de ses habits religieux, sur un lit de parade. Ses traits avaient quelque chose de céleste ; on l'eût dit plongée dans un doux sommeil. Un grand nombre de personnes vinrent la visiter et faire toucher à ses mains vénérées des chapelets, des médailles, des images, etc.

Sa mort, comme sa vie, méritait d'être proposée pour modèle à toutes ses sœurs ; le P. Monnereau écrivit à quelques-unes de ses religieuses : « Monsieur votre curé a dû vous apprendre, mes pauvres filles, la mort et quelques circonstances de la mort de votre bonne et fervente Mère. Si sa piété et sa ferveur vous avaient édifiées pendant sa vie, elles nous ont encore bien plus édifiées pendant sa maladie. Vous savez que depuis sa consécration à Dieu par les vœux de religion, elle avait toujours désiré la mort pour être réunie à Notre-Seigneur ; ce désir n'a fait que s'augmenter chez elle, pendant sa maladie, jusqu'au dernier soupir. Sa mort a fait la plus vive sensation dans toute la paroisse et dans toutes les classes, sans exception d'une seule personne. Notre-Seigneur m'a aidé à embrasser et à adorer l'aimable main qui nous a frappés. Je me réjouis maintenant, parce que je la crois au ciel : c'est le témoignage de tout le monde. Prions néanmoins pour elle, afin que, s'il lui reste quelque petite chose à expier, elle puisse, par les mérites de Notre-Seigneur, être libérée et entrer dans la gloire, où elle pourra nous être d'un puissant secours. »

Nous devons ajouter à cette lettre ce que dit le vénéré Père aux religieuses de la communauté des Brouzils : « En peu de temps, elle a amassé plus de vertus que d'autres en de longues années. C'était une de ces âmes fortes, grandes, généreuses, ferventes, profondément humble et si obéissante, qu'elle aurait passé dans le feu, si je lui avais dit de le faire. Elle me disait continuellement que son cœur était embrasé de l'amour de Notre-Seigneur et de sa sainte Mère. Elle avait des aspirations d'amour si grandes, que son cœur matériel ne pouvait presque plus les supporter, et qu'elle en tombait quelquefois dans des faiblesses dont elle avait peine à revenir. »

Le haut témoignage de Mgr Soyer, évêque de Luçon, confirme celui de M. Monnereau. Il lui écrivit le 14 septembre 1835 : « La pauvre défunte supérieure est une sainte ; elle priera pour vous et fera descendre les bénédictions du ciel sur sa communauté et sur votre paroisse. »

La mort de la Mère Marie de Jésus fut pour l'homme de Dieu un motif de se détacher de plus en plus de la terre, et de courir, avec une nouvelle ardeur, dans la carrière de la perfection ; c'est aussi le conseil qu'il donnait à une dame qui avait compati à sa douleur. Après avoir fait l'éloge de la défunte, il ajoute : « Tout le monde la place au ciel, et je crois qu'on ne se trompe pas. Ainsi, elle n'est pas perdue pour nous : les Saints au ciel nous servent infiniment plus que sur la terre, parce qu'ils sont plus près du trône de la miséricorde, parce qu'ils sont encore plus embrasés du feu de la charité. Ainsi, ils ont fini leur pénible carrière ; parcourons la nôtre, comme ils ont parcouru la leur. Suivons leurs traces, et nous ne nous égarerons pas ; nous leur serons réunis pour n'en être plus séparés. Que notre vie donc soit semblable à la leur : pieuse, charitable, fervente, zélée, détachée de tout, pour que nous ayons le bonheur de jouir avec eux du bien suprême. Oh ! qu'il vienne donc ce moment si désirable ! Il viendra, Madame, oui, il viendra avant qu'il soit longtemps, ce moment heureux. Ne perdons pas le peu qui nous reste. Semons beaucoup, afin de recueillir beaucoup ; c'est ce que fait le laboureur, dit saint Jacques, pour les vils biens de la terre. Nous devons avoir infiniment plus de courage que le laboureur, puisque les biens que nous attendons sont infiniment plus précieux. »

CHAPITRE X.

M. Monnereau continue ses soins à sa congrégation. — Peines qu'il éprouve à son sujet.

La perte de la Mère Marie de Jésus était d'autant plus sensible au zélé fondateur des religieuses des Sacrés-Cœurs de Jésus et de Marie, qu'il avait fondé sur elle les plus grandes espérances; et elle mourait à l'âge de vingt-sept ans! Toutefois, il mit sa confiance en Dieu, ne doutant point que sa main puissante ne continuât de soutenir son œuvre.

La Mère Marie de Jésus était la fleur de la congrégation; aucune autre ne paraissait avoir toutes les qualités dont elle était douée; néanmoins il s'y trouvait des sujets distingués. La respectable défunte fut remplacée dans la charge de supérieure générale par sa sœur, la Mère Marie du Sacré-Cœur (1), religieuse d'une vertu éprouvée, d'une grande simplicité et d'une humilité si profonde, qu'elle se regardait comme la dernière de toutes. Sous son gouvernement plein de douceur, la congrégation fit des progrès sensibles.

Partout où elles étaient, les religieuses des Sacrés-Cœurs se montraient dignes filles du P. Monnereau par

(1) Mlle Adèle Payraudeau, dont nous avons déjà parlé.

leur esprit de simplicité, leur zèle, leur dévouement et leur amour pour la pénitence. Ainsi, dans un de leurs établissements, elles n'eurent pour toute nourriture, pendant plusieurs mois, que quelques pommes de terre et un peu de farine de blé noir. Sans aucun doute, si leur détresse eût été connue, on se fût empressé d'y remédier; mais elles la cachèrent avec soin, s'estimant heureuses de souffrir quelque chose pour l'amour de leur divin Sauveur.

Les religieuses des Sacrés-Cœurs de Jésus et de Marie conservaient, dans les établissements, leur confiance filiale envers leur pieux fondateur. Bien qu'elles fussent sous la direction d'excellents ecclésiastiques, c'était pour elles une grande peine de ne pouvoir ouvrir de vive voix leur cœur à leur Père, et recevoir de sa bouche vénérée les conseils et les instructions dont elles avaient besoin; aussi étaient-elles heureuses quand, les vacances venues, il leur était donné d'aller aux Brouzils, sûres d'être toujours accueillies avec bonté par l'homme de Dieu. Leur digne Père, comprenant qu'il leur serait avantageux de venir se retremper de temps en temps dans le silence et la méditation, au berceau de la petite société, résolut de les y réunir, chaque année, pour qu'elles y fissent ensemble les saints exercices de la retraite. Il fut confirmé dans sa résolution par les heureux résultats de la première retraite générale, qui dura sept jours, et se termina le 8 septembre 1838. Le prédicateur remarqua la piété et le recueillement des religieuses, mais il fut encore plus frappé de la vertu de l'homme de Dieu. « Jamais, a-t-il écrit depuis, je n'oublierai la vive impression qu'ont faite sur moi la vue et les entretiens du respectable curé des Brouzils. Jusque-là, je ne l'avais pour ainsi dire vu qu'en passant; mais, pendant la retraite, j'ai été à même de mieux l'apprécier. J'ai pu en quelque sorte pénétrer dans le fond de son cœur et y voir, comme à découvert, les trésors de grâce et de vertus qui y étaient renfermés : cette foi vive qu'il manifestait dans tous ses exercices de piété, surtout en présence du Saint-Sacrement, au pied duquel il se tenait comme un Séraphin ; cet amour de Dieu, ce zèle soutenu qui ne se laissait arrêter par aucun obstacle ; cette charité si attentive envers le prochain, cet oubli de ses propres intérêts, quand il s'agissait de rendre service au moindre de ses frères; cette bonté affectueuse, cette aimable simplicité qui mettait si bien à l'aise tous ceux qui venaient le visiter; ce soin continuel, mais paisible, de sa perfection. Bien des fois, à son aspect, je me suis dit : Voilà un modèle pour tous les prêtres. »

Ces sentiments ont été partagés par tous les ecclésiastiques, soit religieux, soit séculiers, qui ont prêché des retraites générales aux sœurs des Sacrés-Cœurs de Jésus et de Marie.

Chaque année, le retour de ces jours de salut lui fournissait l'occasion d'adresser, par écrit, à ses filles spirituelles quelques mots d'une pieuse simplicité; on en jugera par la circulaire suivante :

« Voici encore l'heureux moment arrivé où le Seigneur, par notre ministère, vous appelle lui-même à la solitude et à la retraite, comme il y appelait autrefois les Apôtres. Dociles à cette douce et aimable invitation, vous viendrez édifier vos sœurs par votre piété et votre assiduité à tous les exercices de cette sainte pratique; vous y viendrez écouter la parole du Seigneur, qui vous fera toujours connaître de plus en plus ses saintes volontés, soit par la bouche du prédicateur, soit par les douces inspirations de son divin Esprit, dont le propre est d'éclairer les intelligences et d'électriser le cœur, par l'onction sainte de sa grâce.

» Une maladie grave serait la seule raison qui pût vous dispenser de ces pieux exercices. En attendant, nous prions les divins cœurs de Jésus et de Marie de vous combler de leurs célestes bénédictions. »

Le P. Monnereau voyant, avec une foi vive, dans le prêtre appelé à donner les saints exercices le représentant, l'organe de Jésus-Christ, le recevait comme l'envoyé de ce divin Maître. Plus d'une fois on l'a vu tomber aux pieds du prédicateur, en le priant de faire descendre sur lui, aussi bien que sur ses filles, les célestes bénédictions dont le ciel le rendait dispensateur. Pénétré du plus profond respect pour le caractère dont il était revêtu et la mission qu'il avait à remplir, il s'effaçait devant lui au point qu'il semblait anéanti. Il lui laissait toujours la plus grande liberté pour diriger les exercices de la retraite. Désirait-il qu'il fît quelques recommandations, insistât sur quelques points particuliers, il lui exposait simplement sa pensée, afin qu'il jugeât s'il convenait d'y avoir égard. De quelque manière que la retraite fût prêchée ou dirigée, il en paraissait satisfait. Les témoignages de reconnaissance qu'il donnait ensuite au prédicateur étaient la fidèle expression de ses sentiments. Il conservait précieusement le souvenir de celui qui avait ouvert à ses filles ces sources abondantes de la grâce, et lui restait attaché comme à un intime ami.

Que dire de sa bonté, de sa condescendance envers les religieuses qui venaient lui ouvrir leur cœur, pendant la retraite? Quels que fussent leurs caractères et leurs entretiens, il les accueillait toujours comme un père. Allait-on le trouver plusieurs fois dans le même jour, même pour des choses futiles, c'était toujours même douceur, même attention. Accablé d'occupations diverses, il passait quelquefois un temps considérable à écouter des personnes tourmentées par des scrupules ou par des pensées d'amour-propre. Il ne se lassait pas de répéter les mêmes avis pour calmer des esprits agités, résoudre les doutes, aiguillonner la lenteur, fortifier la faiblesse, etc.

Ordinairement, Mgr l'évêque de Luçon était prié de clore les exercices des retraites, et il les couronnait par une cérémonie de vêture et de profession. Le P. Monnereau éprouvait une sainte joie à voir sa famille s'accroître, et des âmes fidèles à la grâce quitter le monde, s'arracher même des bras d'une tendre mère pour s'attacher à Jésus-Christ, qui a dit : *Celui qui aime son père ou sa mère plus que moi, n'est pas digne de moi* (1). De temps en temps, il avait la consolation de faire lui-même la pieuse cérémonie. Dans la congrégation des religieuses des Sacrés-Cœurs de Jésus et de Marie, les postulantes se présentent avec les habits du siècle, reçoivent en mains les habits de la religion et vont s'en revêtir. Le moment où elles reparaissent, avec un nouveau vêtement, a quelque chose de solennel et de saisissant pour ceux qui en sont témoins, surtout lorsque l'on considère ce qui se passe des yeux de la foi. Qui-

(1) Matt., 10, 37.

conque se dépouille des habits du monde, ne saurait trop méditer les paroles que le P. Monnereau adressait à de jeunes personnes, après leur vêture :

« Ce changement d'habit que vous venez de faire n'est que la figure d'un autre changement spirituel et moral que vous devez opérer dans votre âme. Le changement extérieur vous a peu coûté; mais il n'en est pas de même du changement intérieur, il vous coûtera beaucoup et il faudra que vous y travailliez longtemps; mais ayez du courage : avec l'aide de Dieu vous en viendrez à bout. Mais en quoi consiste ce changement si admirable et si désirable ? Il consiste dans le dépouillement de l'esprit du monde, des goûts, des affections et des sentiments du monde, hélas ! trop naturels aux enfants d'Ève et d'Adam, pour faire place dans votre cœur à l'esprit de Jésus-Christ, aux sentiments et aux affections de Jésus-Christ. »

Le serviteur de Dieu disait, dans une autre instruction : « Vous désirez vous agréger aux religieuses des Sacrés-Cœurs de Jésus et de Marie, mais avez-vous bien pensé qu'une religieuse des Sacrés-Cœurs doit être une parfaite imitatrice du divin Sauveur ? Lisez l'Évangile et vous l'apprendrez. *Si quelqu'un,* dit le divin Maître, *veut être mon disciple, qu'il se renonce, qu'il porte sa croix et qu'il me suive* (1). Donc la première chose que doit faire un disciple de Jésus-Christ, c'est de se dépouiller de soi-même, de ses goûts, de ses penchants, de ses inclinations, de ses intérêts, de sa volonté, pour ne faire en tout et partout que la sainte volonté de Dieu; il

(1) Luc, 9, 23.

faut qu'il puisse dire avec saint Paul : « *Ce n'est plus moi qui vis, c'est Jésus-Christ* (1). C'est l'obéissance de Jésus-Christ qui est en moi. » Il doit porter sa croix chaque jour, c'est-à-dire qu'il doit être dans la disposition de souffrir toutes les peines, toutes les traverses, toutes les persécutions, toutes les maladies, les infirmités, les angoisses, les humiliations, toutes les abjections auxquelles il plaira à la divine Providence de l'exposer ; en un mot, être dans les dispositions du divin Maître et le suivre jusqu'au Calvaire. »

Sans cesse occupé de ce qui pouvait faire avancer les religieuses des Sacrés-Cœurs de Jésus et de Marie dans les voies de la piété, il écrivit, en 1838, aux supérieures de chaque établissement : « Je vous préviens que nous venons d'associer tous les membres de notre petite congrégation à la confrérie de l'Heure-Sainte, établie dans le couvent de la vénérable Marie-Marguerite Alacoque, à Paray, diocèse d'Autun, afin d'honorer Jésus-Christ dans le mystère de sa douloureuse agonie, afin de participer aux grâces et aux bénédictions que ce divin Sauveur répand avec effusion et abondance sur tous les confrères de cette pieuse Société. Vous aurez donc soin d'en prévenir toutes les sœurs qui sont sous votre obédience, pour qu'elles s'acquittent des devoirs qu'elles auront à remplir à ce sujet. 1° Tous les jeudis, le soir, depuis neuf heures et demie jusqu'à dix heures et demie, vous ferez oraison sur le mystère de la sainte agonie de Notre-Seigneur, et le lendemain vous aurez une indulgence plénière à gagner en communiant à cette intention.

(1) Galat., 2, 20.

2° Pour bien faire cette oraison, il faut se transporter d'esprit et de cœur dans la grotte de la sainte agonie ; là, vous passerez votre heure d'oraison à considérer Jésus-Christ, notre divin Maître et votre modèle, prosterné devant son Père céleste, plongé dans un océan de douleurs. 3° Vous serez ensuite tout occupées des peines, des humiliations, des souffrances, des supplices que lui préparaient un disciple perfide, un peuple à qui il n'avait jamais fait que du bien, les chefs de sa nation, les princes des prêtres, les pharisiens, les docteurs de la loi, Pilate, Hérode et toute sa cour, les soldats romains et toute la populace de Jérusalem, sa ville sainte ; tandis que, d'une autre part, il voyait encore avec plus de douleur tous les crimes que devaient commettre les hommes, abusant de ses mérites, de sa Passion, de sa mort, de toutes ses grâces, de son sang et de l'amour infini de son divin cœur pour eux.

» Vous compatirez, autant que vous le pourrez, à ses peines intérieures et extérieures, qui furent si grandes et si excessives en son âme et en son cœur, qu'elles produisirent dans tout son corps divin une sueur d'eau et de sang tout à la fois. Et comme Jésus-Christ, dans ce mystère douloureux ainsi que dans tous les mystères et circonstances de sa vie, est notre modèle, pour l'imiter, vous accepterez aussi vous-mêmes, avec résignation à la sainte volonté de Dieu, toutes les peines intérieures et extérieures qu'il plaira à la divine Providence de vous envoyer, persuadées que, par cette acceptation, vous soulagerez autant, qu'il sera en vous, ce bon Sauveur, comme fit Simon, lorsque, dans la voie douloureuse, il fut chargé de la croix de Jésus-Christ. Mais plus parfaites et plus heureuses que le Cyrénéen, vous n'attendrez pas qu'on vous charge ; vous vous offrirez vous-mêmes : votre sacrifice n'en sera que plus agréable à Notre-Seigneur et plus digne de récompense. »

La congrégation commençant à s'étendre, on voulut obliger les sœurs destinées à l'enseignement à subir les examens, comme les maîtresses laïques, et à recevoir un diplôme pour exercer les fonctions d'institutrice. Ce fut un sujet d'amertume pour le vénérable fondateur. Il lui était extrêmement pénible de voir des jeunes personnes, qui avaient renoncé au monde, contraintes de paraître devant le comité départemental, dont les membres pouvaient n'être pas tous portés à favoriser les congrégations religieuses, et exposées à éprouver un échec, plus peut-être par excès de timidité que par défaut d'instruction. D'ailleurs, l'obligation de se présenter ainsi devant des examinateurs laïcs pouvait être, pour beaucoup de jeunes personnes, un motif de ne pas entrer dans la congrégation des religieuses des Sacrés-Cœurs de Jésus et de Marie. Mgr l'évêque de Luçon, qui avait les mêmes pensées, l'engagea à faire de nouvelles démarches, afin d'obtenir en leur faveur l'approbation du gouvernement. M. Monnereau suivit son conseil ; mais il ne lui fut pas possible de lever les nouveaux obstacles qu'il rencontra.

Sur ces entrefaites, le maire de Mormaison, M. Fresnier, membre du Conseil Général, entreprit de faire approuver le petit établissement fondé dans sa paroisse ; il réussit avec le concours de la première autorité du département. La maison fut autorisée par ordonnance royale, le 5 septembre 1837.

Ce qui devait être un sujet de consolation pour le vénérable fondateur, devint pour lui l'origine et la source des peines les plus vives. Dieu, dont il faut adorer en tout la sagesse infinie, permit ces nouvelles tribulations afin d'éprouver la vertu de son fidèle serviteur, la faire briller avec plus d'éclat et lui donner lieu d'acquérir de nouveaux mérites. Au bout de quelque temps, le préfet exigea que le noviciat fût transféré à Mormaison. Cette mesure causa à M. Monnereau une douleur inexprimable, un vrai martyre, selon son expression : il ressentit quelque chose de la tristesse et des combats de Jésus-Christ au jardin des Olives. Comme son divin Maître, il s'écria : « *Que ce calice s'éloigne de moi;* » mais aussi il ajouta avec lui : « *Que votre volonté s'accomplisse, et non la mienne.* » Marie immaculée renouvela pour lui ce que l'Ange envoyé du Ciel avait fait pour le divin Sauveur; car ce fut le jour de la fête de l'Immaculée-Conception qu'il se résigna pleinement, et se sentit une force divine pour supporter ses nouvelles peines. Il alla déclarer à ses filles qu'il avait entièrement fait son sacrifice, mais qu'aucun autre ne lui avait plus coûté. Il les exhorta à se soumettre elles-mêmes en tout à la divine Providence, et à boire ce calice d'amertume pour l'amour du Dieu qui était mort pour elles sur la croix. « Rappelez-vous, leur dit-il, que *toute la terre est au Seigneur;* que, par conséquent, il sera à Mormaison comme aux Brouzils ; il n'abandonnera point la petite congrégation. Des hommes, qui seront auprès de moi des géants, lui viendront en aide. D'ailleurs, quand vous la verriez bouleversée de fond en comble, vous ne devriez pas perdre la paix de l'âme. » Ces paroles relevèrent le courage de celles qui étaient désignées pour

Mormaison. La révérende Mère générale fit mettre une grande croix sur la première des onze charrettes envoyées de Mormaison pour transporter les meubles, et dit d'un ton résolu : « Allons, mes sœurs, suivons la croix. » La translation du noviciat s'opéra le 3 janvier 1839.

Autant les habitants des Brouzils en eurent de regret, autant ceux de Mormaison en éprouvèrent de joie ; ils accueillirent les religieuses comme des Anges descendus du ciel, et ne cessèrent depuis de leur donner des témoignages d'estime et de respect, suivant en cela l'exemple de leur digne curé, M. Dannebouy.

L'humble Mère Marie du Sacré-Cœur, qui avait été saluée par des acclamations et complimentée par le maire de la commune, devant un feu de joie, fut confuse de tant d'honneur, et fit connaître à son vénéré Père la peine qu'elle en ressentait. L'homme de Dieu lui répondit : « Comme la fête de votre réception n'a point été faite à votre instigation, vous n'avez aucun reproche à vous faire à cet égard. A l'exemple du Prophète, dans cette circonstance comme dans bien d'autres, nous devons dire : *Ce n'est point à nous, Seigneur, qu'appartient l'honneur et la gloire, c'est à vous et à votre saint nom* (1). »

Un petit fait montre combien les religieuses placées à Mormaison restèrent attachées à leur vénéré Père, et de quels sentiments il était pénétré à l'égard de toutes ses filles. Après avoir passé une journée avec elles, il se retirait pour aller donner ses soins à sa paroisse ; tout-à-coup on lui rapporte que les religieuses sont désolées

(1) Ps. 113.

d'un bruit qui court : on dit que la congrégation va se scinder, que les unes seront sous sa direction, aux Brouzils, et les autres abandonnées. Aussitôt il rentre dans la salle de réunion, fait venir toute la communauté qui fond en pleurs. Le vénéré Père, profondément ému lui-même, leur adresse des paroles de consolation. « Vous êtes toutes mes filles, leur dit-il ; je ne veux point qu'il y ait parmi vous de partage : restez toujours unies. »

Assailli de nouvelles peines par suite de la translation du noviciat, le P. Monnereau les confia à Mgr Soyer dans une lettre qui se termine par ces mots, bien dignes de sa foi : « Nous embrassons néanmoins avec respect et soumission la main toute puissante qui nous frappe, et nous disons, dans notre malheur, comme Job : *Dominus dedit, Dominus abstulit, sit nomen Domini benedictum* (1). »

Le poids de ses tribulations était allégé par sa soumission à la volonté divine, mais il pesait encore bien lourdement sur son cœur. Les difficultés qu'il rencontrait à chaque pas lui firent craindre d'être un obstacle au bien. Il en fut affecté au point de dire aux religieuses restées auprès de lui : « Je vais prier Monseigneur de vous nommer un autre supérieur, et je me retirerai ; je ne m'occuperai plus que de ma paroisse. » Les larmes aux yeux, elles le supplièrent de ne pas en venir à cette extrémité. Touché de leurs pleurs et de leurs sollicitations, il consentit à ne pas donner sa démission, et continua de prendra soin de la congrégation

(1) Dieu nous les a donnés, Dieu nous les a ôtés, que son saint nom soit béni.

des Sacrés-Cœurs, autant que les circonstances le lui permettaient.

Dans l'état où étaient les choses, il ne pouvait pas, selon son désir, bâtir une maison pour ses religieuses, aux Brouzils ; mais la peine qu'il en ressentait s'adoucissait par la pensée des sacrifices des Saints et surtout de la Passion du Sauveur : « Mettons, disait-il, tout au pied de la croix ; puis, après tout, le bon Dieu ne nous demandera point si nous avons bâti des communautés, mais il nous demandera si nous nous sommes sanctifiés dans les croix, dans les humiliations, dans les abandons et les mépris, en un mot, dans la pratique de toutes les vertus dont il nous a donné l'exemple. Occupons-nous seulement de notre perfection, vivons de la vie spirituelle, méditons les mystères de Notre-Seigneur, contemplons ses divines perfections, et nous arriverons au ciel. »

La translation de la maison-mère avait donné à la société des Sacrés-Cœurs de Jésus et de Marie une secousse tellement forte, qu'elle en fut comme ébranlée. Le P. Monnereau profita de l'ouverture des vacances pour convoquer, à Mormaison, les religieuses des établissements et les faire entrer dans le silence et le recueillement de la retraite. La congrégation, fortifiée par les grâces que le Seigneur y répandit avec profusion, poursuivit heureusement sa marche, sous la direction de son saint fondateur.

Mormaison n'étant qu'à trois lieues des Brouzils, il pouvait, avec assez de facilité, y aller de temps en temps, communiquer aux novices le feu sacré dont il brûlait pour le Seigneur, les introduire dans les voies de la perfection, et leur répéter ces paroles qu'il se plaisait à leur faire entendre : « Imitez saint Bernard : faites votre demeure dans les cœurs sacrés de Jésus et de Marie. »

Puis, sur sa demande respectueusement exprimée, Mgr Soyer nomma pour aumônier un prêtre qui, selon les expressions du vénéré prélat, devait servir « d'ange conducteur à cette humble et pauvre congrégation, » et la faire marcher sur les pas du pieux fondateur.

CHAPITRE XI.

M. Monnereau donne la Règle écrite à sa Congrégation. — Autres moyens qu'il prend pour la sanctifier.

Cependant la congrégation avait grandi; cette source, d'abord à peine perceptible, était devenue un fleuve qui portait ses eaux salutaires même au delà de la Vendée. Le P. Monnereau, dont les conseils avaient suffi jusque-là pour la contenir et la diriger, sentait qu'il était temps de lui donner une règle arrêtée et des constitutions.

Ne voulant rien faire qu'avec poids et mesure, depuis longtemps il réfléchissait, implorait les lumières d'En-Haut, et recourait aussi à des hommes éclairés. Enfin, sur l'ordre formel de Mgr Soyer, il mit la main à la plume, sans empressement, avec le calme d'un homme uni à Dieu, considérant mûrement chaque article. Aussi fut-il plusieurs années avant d'achever sa tâche, quoiqu'elle ne fût pas fort longue. Il la termina le 28 janvier 1844, jour où se célébrait alors, dans le diocèse, la fête du très-saint et immaculé Cœur de Marie. Ce dévoué serviteur de la Reine du ciel remit la règle et les constitutions entre ses mains maternelles, afin qu'elle la bénit et obtint à ses filles la grâce de l'observer exactement, quand elle aurait été approuvée par l'Ordinaire. Mgr Soyer, à qui elle fut soumise, l'examina et la rendit au P. Monnereau, en lui disant : « Allons, mon bon curé, j'ai tout lu avec attention et édification. » Il lui fit part de quelques observations marquées au coin de la sagesse. Ces remarques, que nous avons sous les yeux, signées du digne évêque, ne portent que sur quelques points particuliers et sur quelque partie du style. Le P. Monnereau y eut égard, comme il le devait, et, fort de l'approbation épiscopale, il remit avec confiance la règle entre les mains de ses filles spirituelles ; c'était en 1845.

Cette règle, écrite avec une religieuse et noble simplicité, est pleine de l'esprit de Dieu et tout-à-fait propre à faire atteindre le but que se proposait le zélé fondateur. Elle renferme trois parties : la première traite du but que nous avons déjà exposé, de la réception des sujets, de leur temps de probation et des vœux ; la seconde regarde la supérieure générale et les autres religieuses qui ont des charges ou des offices à remplir : on leur expose leurs obligations et la manière de s'en bien acquitter ; la troisième partie renferme les moyens d'obtenir, de conserver et d'accroître la grâce.

Le pieux auteur y insiste avec beaucoup de force sur le soin qu'elles doivent apporter à l'oraison mentale, et continue en ces termes : « L'oraison qui est recommandée aux religieuses des Sacrés-Cœurs de Jésus et de Marie d'une manière toute spéciale, est celle qui se fait dans ces divins cœurs. C'est là que sont renfermés tous les trésors de la piété, de la sagesse, de l'intelligence, du conseil, de la prudence, de la science, de la force, de la croix et de l'amour divin le plus ardent. Les religieuses des Sacrés-Cœurs ne pourront donc rien faire de mieux que de s'envoler comme de chastes colombes, et d'aller se reposer dans l'ouverture de la pierre, dans la plaie sacrée du divin cœur de Jésus, pour y contempler à loisir toutes ses perfections, ses grâces et ses amabilités. C'est à l'école de ce divin cœur qu'on apprend à penser, à parler et à agir comme ce Dieu Sauveur. » Ensuite, l'homme de Dieu indique, comme moyens d'acquérir le don d'oraison, l'amour du silence, la pureté de cœur, la pureté et la droiture d'intention, l'exercice de la présence de Dieu, l'accomplissement de sa sainte volonté. Il donne à chacun de ces articles et à d'autres précieux avis des développements pleins d'onction et de lumière, qui peuvent être utiles à toute personne consacrée à Dieu, et même aux âmes pieuses qui vivent dans le monde. Pour ne pas trop nous étendre, nous nous bornerons à citer quelques lignes sur les principaux paragraphes :

« PURETÉ DE CŒUR.—Quiconque veut entretenir une union bien intime avec Dieu, doit conserver la pureté de cœur. Les grands de la terre n'ont de communications intimes et amicales qu'avec leurs favoris. Si donc vous voulez entretenir une grande intimité avec Dieu, ô religieuses des Sacrés-Cœurs, conservez en vous la pureté de cœur.

» PURETÉ ET DROITURE D'INTENTION.— L'apôtre saint Paul nous dit : *Soit que vous mangiez, soit que vous buviez, quelque chose que vous fassiez, faites tout pour la plus grande gloire de Dieu.* C'est la bonne intention qui recueille toutes les puissances de l'âme, lorsqu'elles sont dissipées dans les créatures ; c'est elle qui leur donne ces yeux de colombes, dont un seul regard blesse le cœur du Bien-Aimé, et lui fait une plaie amoureuse d'où il sort un millier de grâces et de bénédictions ; c'est elle qui apprend à marcher simplement et confidemment dans toutes ses œuvres ; c'est elle qui est le principe et le fondement de la vie spirituelle. Avec elle, les actions les plus communes et les plus ordinaires sont des merveilles aux yeux de Dieu ; tandis que, sans elle, les actions les plus extraordinaires ne sont rien devant lui. Dieu regarde plutôt le cœur que les mains, plutôt l'intention que les œuvres.

» Accomplissement de la sainte volonté de Dieu. — C'est l'abrégé de toute la perfection chrétienne et religieuse ; c'est la voie assurée où personne ne peut s'égarer ; c'est le chemin royal où, sans étude, sans érudition ni subtilité d'esprit, tout le monde peut devenir saint et savant. La propre volonté de la créature est le principe malheureux de tous les péchés ; ce qui faisait dire à saint Bernard : « Otez la volonté propre, dès lors il n'y aura plus d'enfer, parce qu'il n'y aura plus de péché. » Au contraire, la volonté de Dieu est le principe de toute sainteté et la règle de tout bien. Que la volonté de Dieu règne sur la terre, dès lors la terre deviendra un paradis. »

Après avoir parlé de l'oraison et des moyens de la bien faire, le P. Monnereau recommande la pratique des oraisons jaculatoires ; ce sont, dit-il, « des glaives de feu qui percent le divin cœur de Jésus et en font couler les eaux les plus abondantes de la grâce. » Il ajoute : « Pour aller plus directement et plus facilement au saint cœur de Jésus, on leur conseille de passer de prime abord par le très-saint et immaculé cœur de Marie, qui est comme la porte du palais divin : elles en admireront toute la gloire et la beauté. »

Le chapitre sur la messe renferme de pieuses considérations, après lesquelles l'homme de Dieu dit : « Les religieuses des Sacrés-Cœurs doivent l'entendre avec foi, avec respect, avec attention, avec dévotion, s'unissant d'esprit et de cœur à la Victime sainte, s'immolant à Dieu avec elle, animées des mêmes sentiments, des mêmes dispositions et des mêmes intentions que cette Victime infiniment adorable. Par conséquent, elles adoreront Dieu avec Jésus-Christ, par Jésus-Christ et comme Jésus-Christ; elles le remercieront de même de tous les bienfaits spirituels et temporels ; elles lui demanderont pardon de tous leurs péchés et de tous les péchés du monde; elles solliciteront par Jésus-Christ et par les mérites de la Passion et de la mort de Jésus-Christ, les secours et les grâces de ce divin Sauveur pour elles et pour tous les vivants, sans oublier les pauvres âmes qui sont dans le purgatoire. »

Pour la confession, le P. Monnereau exhorte spécialement ses filles à faire l'aveu de leurs fautes avec humilité et le plus grand désir de se corriger de leurs défauts, « évitant néanmoins, dit-il, les malheureux scrupules, la peste de la véritable piété et le chavirement des maisons religieuses. »

Il relève le bonheur et les avantages de la communion ; après l'avoir comparée à la manne du désert, il poursuit ainsi : « Que peut refuser Jésus-Christ au cœur pur qu'il choisit pour en faire son tabernacle et son trône, pour s'unir à lui de la manière la plus ineffable, pour le diviniser en quelque sorte ? La sainte communion sera toujours suivie d'un quart d'heure d'actions de grâces. C'est dans ce moment, le plus précieux de la vie, que la religieuse des Sacrés-Cœurs doit éclater en transports d'admiration, d'amour et de reconnaissance, priant Jésus-Christ d'accepter le sacrifice d'holocauste qu'elle lui a déjà fait dans sa profession, pour qu'il règne en elle avec un plein empire. Elle offrira à ce divin Époux de son âme l'amour que le Père céleste lui porte de toute éternité dans son unité et dans celle du Saint-Esprit, et tous les hommages que lui ont rendu et que lui rendront, pendant l'éternité la Sainte Vierge, saint Joseph, tous les saints Anges et tous les Saints. Comme il n'est pas de moment plus favorable pour impétrer la grâce, la religieuse des Sacrés-Cœurs la demandera non-seulement pour elle, mais encore pour toute l'Église. »

Nous lisons au chapitre des jeûnes : « Dans le temple de Salomon, qui était la figure de notre âme et de notre corps, vrai temple de la Divinité, il y avait deux autels : l'un d'or, dans l'intérieur du temple, sur lequel on brûlait les parfums, les aromates et le thymiame, et l'autre d'airain pour les holocaustes, à l'extérieur, où on immolait les animaux ; de même, notre cœur est comme l'autel d'or des parfums où nous brûlons, par l'amour, l'encens de nos prières, de nos hommages et de nos adorations, et nous devons regarder notre corps comme l'autel des holocaustes où il nous faut sacrifier nos passions figurées par de vils animaux. »

Enfin les religieuses des Sacrés-Cœurs doivent imiter toutes les vertus de Jésus et de Marie, particulièrement la douceur, l'humilité, la charité.

Le pieux auteur recommande aux supérieures d'établissements de faire lire le réglement au moins tous les trois mois : « Nous souhaitons, ajoute-t-il, et nous demandons aux divins cœurs de Jésus et de Marie que toutes les religieuses ne se contentent pas de lire ou d'entendre lire ces réglements comme on lirait une histoire quelconque, mais qu'elles les gravent profondément dans leurs cœurs et qu'elles les mettent fidèlement en pratique. *Qui regulâ vivit, Deo vivit,* dit un saint Père, c'est-à-dire celui qui vit selon la règle, vit d'une manière conforme à la sainte volonté de Dieu.

» La règle et les constitutions n'obligent nullement d'elles-mêmes sous peine de péché, mais les religieuses doivent craindre néanmoins de les violer. Elles se rappelleront que leur vocation est une grâce particulière de laquelle il faudra rendre compte au jugement de Dieu. Qu'elles portent donc gravée dans leur mémoire cette sentence du Sage : *Qui néglige sa voie périra* (1). Or, la voie des religieuses des Sacrés-Cœurs, c'est leur règle et leurs constitutions, dans lesquelles elles doivent marcher de vertus en vertus, jusqu'à ce qu'elles soient arrivées à la montagne de Sion, à la ville sainte du Dieu vivant, à la Jérusalem céleste, à la troupe innombrable des Anges, à l'assemblée des premiers-nés qui sont écrits dans le ciel, à Dieu qui est le juge de tous, à Jésus le médiateur de la nouvelle alliance, et à son sang dont elles auront reçu l'aspersion. »

Les filles du P. Monnereau reçurent cette règle avec un respect réligieux, heureuses d'y retrouver ce qu'elles mettaient déjà en pratique. Elles redoublèrent de ferveur pour répondre à leur vocation.

Le pieux fondateur voulut qu'on s'appliquât spéciale-

(1) Prov., 19, 16.

ment à faire suivre la règle écrite aux novices dans les points qui les concernent. « La maîtresse du noviciat, dit-il, doit travailler à détacher ces jeunes cœurs d'un reste d'orgueil, de vanité, d'amour-propre, d'attache à leur volonté, à leurs lumières, à leur propre sens, à leur opiniâtreté, à leur cupidité, à leur sensualité, à leur égoïsme et à leurs intérêts personnels. Elle doit leur apprendre à mourir à elles-mêmes et à toutes les créatures, à tous les objets de leur convoitise et de leurs passions, pour ne tenir plus qu'à Dieu, à sa grâce, à sa gloire et à leur plus grande perfection. » C'était lui rappeler ce que Dieu dit au prophète Jérémie : *Voilà que je vous ai établi pour arracher et pour détruire, pour perdre et pour dissiper, pour édifier et pour planter* (1). Souvent, les jeunes personnes qui passent pour très-pieuses dans le monde, arrivent au couvent remplies d'imperfections. Que de soins ne faut-il pas pour arracher de leurs cœurs les épines des passions et y faire éclore les fleurs de toutes les vertus ! Les efforts de la maîtresse des novices échoueraient dans cette grande entreprise, si elle n'était secondée par les novices elles-mêmes. C'est ce que l'homme de Dieu tâchait de faire bien comprendre de vive voix et par écrit aux jeunes personnes qui faisaient leur temps de probation. A toutes s'adressent ce qu'il écrivait à l'une d'elles : « Ornez votre esprit de la science, mais ornez aussi votre cœur de la piété et de toutes les autres vertus évangéliques que le divin Sauveur nous a enseignées et par ses paroles et par ses exemples. Ce sera le bon moyen de vous disposer à la

(1) Jérémie, 1, 10.

prise du saint habit religieux ; vous quitterez avec joie les haillons de la vieille Ève pour prendre le modeste habit des vierges et des épouses de Jésus-Christ, qui fait trembler le prince du monde, je veux dire le démon. »

De temps en temps, le P. Monnereau visitait les établissements de sa congrégation pour s'assurer de la fidélité de ses filles à remplir leurs obligations. On conçoit combien elles étaient heureuses de revoir un si bon Père et de recevoir de sa bouche vénérée des conseils et des encouragements. Chacune de ses visites les laissait comme embaumées d'un parfum de piété, et leur donnait une nouvelle ardeur pour leur perfection.

Le bien qu'il opérait se faisait même sentir aux enfants qu'elles instruisaient. Il ne manquait pas de leur adresser quelques paroles pour les porter à l'amour de Dieu et de la Sainte Vierge, et de les engager à bien remplir tous leurs devoirs. Toutes étaient charmées de sa douceur. Il témoignait une bonté paternelle même à celles qui lui étaient signalées pour leur dissipation et leur légèreté, ayant égard à la faiblesse de leur âge.

Disons aussi que les prêtres chez lesquels il se présentait, l'accueillaient avec empressement et bonheur, ravis qu'ils étaient de son aimable simplicité et des autres qualités qui brillaient en lui. Plusieurs lui confiaient leurs peines comme à un père, et il était pour eux un ange consolateur.

Le curé d'une paroisse où il était allé pour visiter un des établissements de sa congrégation, se trouvait à l'extrémité ; ses souffrances étaient telles, qu'on ne pouvait pas lui apporter de consolation. Sitôt que M. Monnereau eut mis le pied dans sa chambre, le malade le pria de l'entendre en confession. Après le départ de l'homme de Dieu, il dit à la supérieure de l'établissement : « O que je suis heureux d'avoir parlé à votre vénéré Père! Quelle bonté ! quelle charité ! Jamais je n'avais trouvé personne qui m'eût procuré autant de consolation. » Il ne cessait d'exalter son bonheur. Quand il approcha du dernier moment, on lui demanda s'il voulait qu'on envoyât chercher quelque prêtre. « Non, répondit-il, cela n'est pas nécessaire ; j'ai parlé à l'homme de la miséricorde, je meurs tranquille. »

M. Monnereau édifiait dans tous les lieux où il passait; on disait en le voyant : « Quel saint homme ! Il est plus au ciel que sur la terre; il est tout perdu dans le bon Dieu. » Une personne qui ne le connaissait pas, ayant assisté à sa messe, dit après le divin sacrifice : « S'il y a encore des Saints sur la terre, je viens d'en voir un à l'autel. »

Ses occupations ne lui permettant pas de visiter fréquemment les établissements de sa congrégation, il adressait aux religieuses des lettres, soit générales, soit particulières, empreintes de son esprit de piété. Le recueil qu'on en a fait est pour ses filles un trésor où elles puiseront, comme l'abeille dans sa ruche, le miel de la plus solide dévotion. Que de lumières ! que de sages conseils ! Le vénéré Père leur faisait part de tout ce qu'il avait réglé d'important, et les excitait avec ardeur à la pratique de la vertu.

« Ma chère fille, écrivait-il à la supérieure d'un établissement, demandez à notre divin Maître, par l'intercession de notre bonne Mère, le don de sagesse que lui demandait Salomon pour bien gouverner votre petite famille, et soyez bien persuadée qu'il vous l'accordera, si vous le lui demandez avec foi, piété et persévérance : il le promet formellement. D'ailleurs, nous vous aiderons de notre petit pouvoir. J'espère que vos sœurs seront très-obéissantes, et que vous n'aurez que des éloges à me donner à leur égard. Gouvernez-les, non avec chagrin, mais avec joie, avec cordialité, avec humilité, avec affection de cœur, les regardant toujours comme vos filles en Jésus-Christ. Point de tristesse, point d'abattement ; cela n'est bon à rien, pour mieux dire, c'est la perte de la vraie et solide piété, qui est toujours de bonne humeur. C'est pourquoi le saint roi David nous donne le conseil de servir le Seigneur avec joie. Quand bien même, par malheur, nous ferions des fautes, il ne faut point nous laisser aller à l'ennui, au chagrin, à l'abattement, mais seulement nous en repentir, nous en humilier, tout simplement. Cela plaît davantage à notre bon Sauveur. J'espère aller vous voir ; mais, en attendant, soyez tranquille. Dites aux deux sœurs que je leur donne ma bénédiction, parce que je suis content d'elles. Qu'elles persévèrent toujours à vivre dans la fidélité à tous leurs devoirs, qu'elles vous soient toujours obéissantes en toutes choses, et je prierai Dieu pour elles. Priez Jésus-Christ pour moi. »

Une autre supérieure ayant prié le P. Monnereau d'assister à une distribution de prix, dans son école, il lui répondit qu'il se rendrait à ses désirs, puis il ajouta : « Tâchez d'ordonner toutes choses avec sagesse, avec paix et tranquillité ; car si l'on n'y prend bien garde, ces sorties et les jours de cérémonie sont des jours de dissipation et d'évaporation d'esprit. Tenez-vous donc bien sur vos gardes, et faites toutes choses avec calme. Les Anges de Dieu sont prompts et actifs, mais ils ne sont pas évaporés, dissipés, empressés; imitez leur activité, sans perdre de vue leur paix, leur joie et leur tranquillité. » Paroles pleines de sagesse, bien dignes d'être méditées et mises en pratique, dans toutes les cérémonies où l'application aux choses extérieures peut porter à la dissipation, faire oublier la présence de Dieu, et ruiner, en un moment, le fruit d'un long travail pour mener une vie intérieure: que de fois l'on en a vu des exemples déplorables!

La persévérance dans le bien demande une attention, une vigilance de tous les jours, de tous les instants. Afin d'engager ses filles à tout faire pour obtenir ce précieux don, couronnement de tous les autres, il leur écrivait, le 7 janvier 1851 : « A mesure que nos années se renouvellent, nous devons aussi nous renouveler nous-mêmes dans la piété, le zèle et la ferveur, car il est écrit : *Il faut nécessairement ou avancer ou reculer.*

» Courage donc, mes pauvres filles, courage dans la pratique des vertus, dans l'accomplissement de vos saintes règles; ne vous contentez pas de *donner des coups en l'air,* c'est-à-dire de la pratique d'une vertu apparente, qui pourrait en imposer au monde, mais qui ne satisferait pas le cœur de votre divin Époux. Comme ce divin modèle, visez à quelque chose d'infiniment plus haut, à l'accomplissement de la sainte volonté de Dieu. Il nous apprend lui-même qu'il n'est pas venu en ce monde pour faire sa volonté, mais pour faire la volonté de son Père céleste. Tel est le langage et la conduite que nous devons tenir nous-mêmes. Courage donc dans l'accomplissement de toutes les prescriptions de votre réglement, qui n'est rien autre chose pour vous que l'expression même de la sainte volonté de Dieu.

» *P. S.* Bienheureux ceux qui souffrent, le royaume des cieux leur appartient. »

Dans une autre circulaire du mois de janvier, il engage les religieuses à se rappeler les grâces qu'elles ont reçues dans le cours de l'année, et à demander pardon à Dieu de n'en avoir pas assez bien profité. La lettre se termine par ces mots : « Soyons donc dociles à cette voix céleste et divine, nous ferons des progrès sensibles dans la vertu, et c'est alors que nous aurons cette bonne et heureuse année que le monde se tue à nous souhaiter, mais qu'il ne nous donne pas. »

Le P. Monnereau ne cherchait que la gloire de Dieu, sans considérer la perte ou l'avantage qui pourrait en résulter pour sa congrégation. Informé que des religieuses d'un autre ordre allaient, pour des raisons puissantes, s'établir dans un lieu où les sœurs des Sacrés-Cœurs avaient beaucoup d'élèves, il recommanda à ses filles la prudence et la charité. « Tranquillisez-vous, écrivit-il à la supérieure de l'établissement, et demeurez saintement et religieusement soumise à tout ce que la Providence décidera. » Afin d'éviter les inconvénients qui pourraient résulter d'une concurrence avec une autre communauté, dans une petite ville, il rappela ses filles, sans témoigner le moindre mécontentement. Au fond du cœur, il disait, comme le grand Apôtre : *Qu'importe, pourvu que Jésus-Christ soit annoncé, de quelque ma-*

nière que ce puisse être (1). D'ailleurs, il était persuadé que les sacrifices faits pour Dieu sont profitables à une congrégation.

Un homme distingué et généreux qui avait fondé un établissement de sœurs, dans le bourg où il avait son château, résolut, par suite de quelques obstacles difficiles à surmonter, de demander des religieuses d'une autre congrégation ; il s'adressa au digne fondateur des religieuses des Sacrés-Cœurs, et fit les plus vives instances pour obtenir quelques membres de cette société, proposant des conditions tout-à-fait avantageuses. Néanmoins, le P. Monnereau et la révérende Mère supérieure générale, animés des mêmes sentiments, refusèrent, par délicatesse, de se rendre à ses désirs, et les religieuses qui occupaient l'établissement y furent maintenues.

Afin d'attirer de nouvelles faveurs sur ses filles, sur les enfants qu'elles instruisaient et sur lui-même, le serviteur de Dieu désirait ardemment recevoir la bénédiction du Souverain Pontife. Pie IX accueillit avec bonté la supplique qui lui fut présentée pour obtenir cette faveur. Quand le P. Monnereau la reçut signée de la main du représentant de Jésus-Christ, sa joie fut égale à sa foi. Il voulut que toutes les religieuses présentes aux Brouzils se missent à genoux, et baisassent respectueusement la signature du Père commun des fidèles. Puis il s'empressa de faire connaître aux sœurs placées dans les établissements, l'insigne bienfait que leur avait accordé l'auguste successeur de Pierre, et leur recommanda de

(1) Philip., 1, 18.

témoigner leur reconnaissance à Dieu, auteur de tous les dons.

Il gouvernait sa congrégation avec une sagesse toute chrétienne, s'appliquant à lui inculquer de plus en plus l'esprit religieux. Toutefois, on adressa, contre sa manière d'agir, des rapports erronés, mais fondés en apparence, à Mgr l'évêque de Luçon. Un jour que Mgr Soyer, à quelques lieues des Brouzils, était à table avec plusieurs ecclésiastiques, M. Monnereau, qui désirait lui rendre ses hommages, arriva pendant le repas. Guidé par sa vive foi, il tombe à genoux auprès du premier pasteur pour demander sa bénédiction. A peine l'a-t-il reçue, que le vénérable prélat, avec la dignité et le ton grave qui le caractérisaient, lui fait part des accusations portées contre lui. Naturellement, ce devait être un coup bien sensible pour M. Monnereau; toutefois, il resta aussi paisible que si on lui eût adressé des paroles flatteuses. Il ne dit pas un mot pour dissiper le nuage, ni pendant ni après le repas, remettant le soin de sa justification entre les mains de la Providence. Son calme et son silence respectueux furent admirés des ecclésiastiques qui en étaient témoins; on ne put s'empêcher de dire : « C'est un saint ! »

Cependant, les accusations s'aggravant, Mgr Soyer lui fit demander quelques explications par écrit. C'était pour l'homme de Dieu un devoir de répondre; il le fit avec une noble simplicité. Ses réponses satisfirent pleinement le digne prélat, qui continua d'avoir pour lui la plus haute estime. Ses sentiments à l'égard de cet humble prêtre se révèlent dans cette parole qu'il prononça peu de temps avant de paraître devant Dieu. « Je serais heureux de passer quelque temps auprès du saint curé des Brouzils, pour me préparer à mourir. »

Pendant que la congrégation des religieuses des Sacrés-Cœurs se développait, M. Monnereau songeait à fonder une société de prêtres religieux, qui, se consacrant aussi aux Sacrés-Cœurs, en propageraient l'amour, seraient en même temps un appui pour ses filles, et entretiendraient plus facilement en elles l'esprit dont il voulait qu'elles fussent toujours animées. Il communiqua son dessein aux professeurs du petit séminaire de Chavagnes, qui lui étaient sincèrement attachés. Plusieurs d'entre eux faisaient partie de la congrégation des Enfants de Marie, établie par le P. Baudouin ; mais la mort de leur vénéré Père avait comme suspendu la marche de cette congrégation, déjà éprouvée par toutes sortes de traverses. Aussi se montrèrent-ils disposés à entrer dans les vues de M. Monnereau, d'autant plus qu'autrefois, comme nous l'avons dit, ce respectable ecclésiastique avait appartenu à la société des Enfants de Marie. Tous avaient en lui la plus grande confiance, et ils regardaient la nouvelle voie qui s'ouvrait devant eux comme la continuation de celle où ils étaient entrés. M. Monnereau, ayant sous la main les pierres fondamentales de l'édifice qu'il se proposait de construire, fit part de son projet à Mgr Soyer. Le respectable prélat y parut d'abord favorable. « Mon cher curé, lui écrivit-il, le 7 février 1837, j'applaudis à votre dessein ; voyez le P. Baizé, c'est un homme d'un bon jugement : concertez-vous avec lui sans tarder ; mais je vous demande un grand secret, sans cela vous seriez traversé. Préparez donc vos moyens. Je me rendrai à Chavagnes incessamment pour conférer avec vous sur cette importante affaire. C'est pourquoi je voudrais trouver tout disposé. Aussitôt que je serai arrivé, vous ferez bien de venir me trouver. »

Le zélé prélat alla à Chavagnes, et dans un entretien qu'il eut avec le curé des Brouzils, en présence du P. Baizé et de quelques autres Enfants de Marie, il lui demanda s'il avait reçu de Dieu quelques lumières extraordinaires sur son projet. L'humble prêtre, confus d'une demande qui témoignait de la haute estime de son évêque, répondit, les yeux baissés, qu'il n'avait eu aucune révélation à ce sujet. Alors Mgr Soyer pesa toutes choses, et, après un mûr examen, il lui déclara qu'ayant déjà approuvé la société fondée par le P. Baudouin, il était résolu de la maintenir; que si pourtant les Enfants de Marie voulaient, de concert avec le bon curé des Brouzils, modifier leur règle en quelques points, il y donnerait son consentement. Ces dispositions du premier pasteur ne permettaient pas à M. Monnereau de réaliser son projet tel qu'il l'avait conçu; il y renonça avec un grand calme, montrant par là que, dans cette œuvre comme dans toutes celles qu'il entreprenait, il ne recherchait que la volonté de Dieu. D'ailleurs, il espérait que les Enfants de Marie prêteraient à sa congrégation les secours spirituels qui seraient en leur pouvoir. C'était aussi l'intention des Pères de Chavagnes; leur vénéré supérieur, le P. Baizé, était alors pénétré des sentiments qu'il exprimait plus tard à la Mère générale des religieuses des Sacrés-Cœurs de Jésus et de Marie : « Nous serons toujours heureux de faire pour votre précieuse congrégation, la famille spirituelle d'un saint prêtre que nous vénérons, tout ce qui dépendra de nous. »

CHAPITRE XII.

ivers moyens employés par M. Monnereau pour sanctifier sa paroisse. — Sa conduite dans de nouvelles épreuves.

Au milieu des œuvres diverses qui étaient l'objet de es soins, le saint prêtre entourait continuellement sa paoisse d'une sollicitude particulière. L'affaiblissement ême de sa santé semblait donner une nouvelle activité son zèle : il fallait le modérer. M. l'abbé Menuet, viaire-général, lui écrivit, le 6 mars 1837 : « Monseineur vous recommande une grande prudence et une rande réserve dans le travail qui vous accable. Il vaut ieux vous ménager et laisser un peu de bien à faire, ue de vous tuer en faisant plus que vous ne pouvez. »

Son zèle pour le salut des âmes était comme son mour pour Dieu : *ce feu qui brûle toujours et ne s'éteint mais* (1). Mais il y avait des époques où il s'embraait d'une nouvelle ardeur. Ainsi, au commencement 'une nouvelle année, ses efforts devenaient plus vifs, fin d'exciter la ferveur de ses paroissiens et de les faire vancer dans la carrière du salut.

Dans les divers jubilés donnés par les souverains

(1) Lévit., 6, 13.

Pontifes, pendant son long séjour aux Brouzils, il emprunta les accents des Prophètes pour toucher, ébranler, convertir les âmes ensevelies dans la léthargie du péché. « Venez, dit-il dans les instructions qu'il a laissées par écrit, venez puiser dans le trésor des miséricordes infinies, pendant qu'il vous est ouvert. Convertissez-vous au Seigneur, votre Dieu, de tout votre cœur, de tout votre esprit, de toute votre âme. *Convertimini....* Abandonnez les occasions dangereuses ; vous fussent-elles aussi chères que votre œil, que votre main droite, que votre pied droit, je vous dirai avec Jésus-Christ : *Arrachez-les, coupez-les et jetez-les loin de vous.* Réveillez-vous donc, ô pécheurs ! il en est temps ; sortez de votre trop long et trop funeste assoupissement, ouvrez enfin les yeux à la lumière de la foi et ne recevez pas en vain la grâce qui vous est offerte au nom de l'Église. Il faut sans délai vous occuper de votre éternité, il faut assurer votre salut : c'est pour cela que vous êtes sur la terre ; c'est votre affaire, votre grande et unique affaire. Si vous l'accomplissez, tout est gagné pour vous ; si vous la négligez, tout est perdu pour vous, pour une éternité.

» O éternité ! terrible, épouvantable éternité ! pourquoi n'es-tu pas davantage l'objet de nos pensées et de nos vœux ? Qu'elle le soit au moins, pendant ce temps de grâce et de salut, pour vous surtout qui l'oubliez depuis longtemps. Oui, que cette pensée sage et salutaire s'imprime aujourd'hui, de la manière la plus profonde, en votre âme, qu'elle vous suive partout, qu'elle vous détourne de tout ce qui pourrait s'opposer à votre conversion, enfin qu'elle vous fasse employer tous les moyens nécessaires pour assurer votre salut éternel ! »

Le serviteur de Dieu mettait tout en œuvre pour faire fructifier le champ confié à ses soins ; ses efforts n'étaient pas stériles, mais il n'obtenait pas tout le succès qu'il aurait désiré. Malgré un travail incessant de bien des années, des ronces étaient mêlées aux heureuses plantes qui, par ses soins, se couronnaient des fruits de la grâce. Ce qu'éprouve une mère à la vue de son fils unique sur le point de périr, le tendre pasteur le ressentait pour chacune de ses brebis infidèles ; il eût donné tout son sang pour les faire rentrer dans le bercail. Du moins, si quelques-uns de ses paroissiens le contristaient, pendant leur vie, par l'abandon des sacrements, ils ne voulaient point paraître devant Dieu privés des secours que l'Église accorde aux mourants. On ne sache pas que, dans tout le cours de son long ministère aux Brouzils, un seul de ses paroissiens appartenant à la religion catholique ait refusé, au dernier jour, les consolations offertes par leur vénéré pasteur. Plusieurs, après avoir vécu longtemps dans l'oubli de Dieu, sont morts d'une manière très-édifiante.

Nous croyons pouvoir citer en particulier un maire des Brouzils, habile médecin et membre du Conseil Général du département de la Vendée, homme honorable et fort considéré. M. Monnereau, qui l'avait connu au séminaire de Chavagnes, le voyait avec douleur éloigné des sacrements, après avoir été dans sa jeunesse un modèle de piété. Chaque jour il implorait en sa faveur la divine miséricorde : ses prières furent exaucées. La foi de ce chrétien négligent, assoupie pendant plusieurs années, se réveilla vive et ardente, dès qu'il sentit les premières atteintes de la maladie qui le conduisit au tombeau. Il se confessa avec les sentiments de la plus profonde douleur. « Que je suis malheureux, s'écriait-il, d'avoir été si longtemps sans remplir mes devoirs religieux ! Qu'il est bon le Dieu qui daigne faire miséricorde à un pécheur tel que moi ! » Au moment de recevoir le saint viatique, il s'écria : « O mon Dieu, je vais donc avoir le bonheur de m'unir à vous, moi qui ai été si longtemps sans vous recevoir ! Quelle douce consolation pour moi de vous posséder quelques instants dans mon cœur, avant de paraître devant vous ! » Ensuite, heureux de s'être uni au Dieu du ciel, il fit vœu, s'il revenait à la santé, de se mettre en état de communier tous les mois. Convaincu du néant des choses de la terre et de l'importance du salut, il exhortait les personnes qui venaient le visiter à servir le Seigneur mieux qu'il ne l'avait fait. Voyant auprès de lui des hommes du monde qui ne vivaient pas d'une manière assez chrétienne, il leur dit d'un ton pénétré : « Bientôt vous serez dans le même état ; ne vous laissez pas, comme moi, arrêter par le respect humain, et faites dès aujourd'hui ce que vous voudriez avoir fait à l'heure de la mort. » De crainte qu'il ne se fatiguât, on lui dit d'exprimer seulement au fond du cœur les sentiments dont il était animé. « Je me suis tu trop longtemps, répondit-il ; il est temps de parler. » Comme on le plaignait de tant souffrir : « Ah ! répliqua-t-il, que Dieu me fait une grande grâce ! » L'avenir de ses enfants lui donnait de vives inquiétudes à cause des dangers auxquels ils seraient exposés dans le monde. « Je vous conjure, disait-il à ses frères, de veiller sur leur innocence ; la jeunesse est un âge bien critique. Puissent-ils, ces pauvres enfants, parvenir à l'âge de trente ans sans avoir commis de péché mortel ! »

Selon les désirs de M. Monnereau, il s'était adressé à M. Fleurisson, qui l'avait dirigé pendant le cours de ses études; mais il n'en témoigna pas moins la plus grande confiance en son digne curé. Heureux de le voir souvent à ses côtés et d'entendre ses pieuses exhortations, il lui exprima sa reconnaissance, et en même temps lui demanda pardon des peines qu'il avait pu lui causer. Son cœur et ses lèvres bénissaient, exaltaient Marie, à qui il se reconnaissait redevable de sa conversion. « O Marie! disait-il, ma divine protectrice, j'ai eu le malheur de vous oublier, moi qui porte votre nom. » Toutes ses paroles révélaient les saints mouvements de la grâce en son âme, et touchaient jusqu'aux larmes les personnes dont il était entouré. Après avoir pris de généreuses dispositions en faveur des pauvres, il se recommanda à Dieu, et remit paisiblement son âme entre les mains de ce Maître suprême.

Une mort si chrétienne combla de consolations le curé des Brouzils; elle l'engagea à mettre de plus en plus sa confiance dans l'auguste Vierge, le refuge des pécheurs. Bientôt il établit dans sa paroisse la confrérie du Très-Saint Cœur de Marie, qu'il fit agréger à l'archiconfrérie fondée à Paris, dans l'église de Notre-Dame-des-Vicoires, institution admirable qui a ouvert une source de râces au monde entier. Ce fut, pour le curé des Brouzils, 'occasion de montrer de nouveau ses tendres sentiments nvers la Mère de Dieu, d'inspirer de plus en plus sa évotion à ses paroissiens et d'implorer publiquement ses iséricordes. Tous les dimanches et les jours de fête, à a chute du jour, il y avait dans l'église une réunion péciale pour les membres de la confrérie; le fidèle seriteur de Marie, après avoir chanté un cantique et récité le chapelet, faisait une lecture spirituelle ou une instruction inspirée par sa tendresse filiale envers la Mère de la divine grâce. Un digne ecclésiastique, qui assista à l'une de ces réunions, en passant aux Brouzils, en fut profondément édifié. Voici ce qu'il a écrit : « Tout fit impression sur mon âme : les ombres dans lesquelles se projetait la lueur scintillante de la lampe du sanctuaire, le silence du soir interrompu par les pieux cantiques, le recueillement des assistants, mais, par dessus tout, la piété du vénéré pasteur. »

La conversion miraculeuse d'un jeune juif, à Rome, rapportée dans les *Annales* de l'archiconfrérie du Très-Saint et Immaculé Cœur de Marie pour la conversion des pécheurs, lui fit exalter de nouveau la bonté et les miséricordes de la Vierge. « C'est elle, dit-il à cette occasion, qui ramène tous les jours au bercail de pauvres brebis égarées ; c'est elle qui fait rentrer en eux-mêmes de malheureux enfants prodigues, qui leur inspire le dessein de quitter leurs habitudes criminelles, de sortir du bourbier fangeux où ils se sont précipités et de revenir à Dieu, le plus tendre et le meilleur des pères ; c'est elle qui leur inspire des sentiments de douleur et leur fait verser des torrents de larmes, au souvenir de leurs fautes. C'est pour cela que l'Église l'appelle le Refuge des pécheurs, *Refugium peccatorum*. Qui n'a pas été l'objet de sa tendre sollicitude ? Qui n'a pas ressenti les effets de sa bonté ? »

La découverte des précieux restes de sainte Philomène et les miracles sans nombre opérés par son intercession, ayant excité dans tout le monde catholique une grande dévotion envers cette jeune martyre, M. Monnereau voulut en placer la statue dans son église. L'inauguration donna lieu à une très-belle cérémonie. Dans un de ces jours dont l'éclat embellit une fête, l'on se rendit processionnellement de l'église à un reposoir élégant et majestueux, dressé à quelque distance du bourg ; toutes les jeunes personnes, vêtues de blanc, portaient successivement la statue placée sur un riche brancard. Les petites filles, aussi en blanc, tenaient à la main de la verdure et des fleurs, comme ornement et comme symbole. L'assistance était nombreuse et recueillie. Arrivés au but de la procession, les fidèles se rangèrent autour de la statue déposée sur le trône qui avait été préparé pour la recevoir, et écoutèrent, avec beaucoup d'attention, un discours dans lequel un missionnaire célébra la mémoire de la thaumaturge du XIXe siècle.

Cette cérémonie, remplie de charmes pour le pieux curé des Brouzils, lui fit concevoir l'espérance que la jeune martyre, dont il plaçait honorablement l'image dans son église, couvrirait de sa puissante protection sa paroisse, et particulièrement la jeunesse, à laquelle il portait un si tendre intérêt.

C'est pour procurer à cette chère jeunesse de nouveaux secours spirituels, qu'il établit deux congrégations : l'une pour les jeunes gens, sous la protection de saint Louis de Gonzague, et l'autre pour les jeunes filles, sous la protection de la Très-Sainte Vierge.

Il confia à l'un de ses vicaires le soin de la congrégation des jeunes gens, et se chargea de diriger celle des jeunes personnes. Le réglement qu'il traça pour elles est bien propre à les faire avancer dans la vertu et la piété. Il leur propose d'aimer et d'honorer Marie comme leur

Mère, de l'invoquer comme leur patronne, de l'imiter comme leur modèle, et leur expose, avec sagesse, les moyens d'atteindre le but qu'il leur indique. Parmi les pratiques qu'il leur recommande, nous avons remarqué celles-ci : « Tous les jours, à trois fois différentes pour le moins, elles feront à Jésus-Christ, par les mains de Marie, leur tendre Mère, l'offrande de leurs pensées, de leurs désirs, de leurs sentiments, de leurs affections, de leurs paroles, de leurs actions, etc. Elles apprendront la méthode d'oraison, afin de s'y adonner. Elles aimeront la lecture spirituelle et le chant des cantiques. »

On sait combien il faut de qualités pour imprimer une heureuse direction à une congrégation de jeunes personnes, et déjouer les complots incessants de l'enfer contre une œuvre si belle et si importante. La manière dont M. Monnereau dirigeait celle des Brouzils mérite de servir de modèle. A des exemples continuels de vertu, il joignait un zèle, un tact, une réserve, une prudence admirable. Plein de condescendance pour un âge où il y a tant de désirs et de combats, il ne refusait pas aux jeunes congréganistes ce qu'il pouvait leur accorder ; mais il était inflexible lorsqu'il voyait quelque danger pour leur innocence ; il leur interdisait même des démarches qui, sans nuire à leur vertu, n'auraient pas édifié. L'une d'elles vint le prier de lui permettre d'aller par affaire dans une paroisse voisine, un jour qu'il devait s'y tenir une assemblée de plaisir. « Non, ma fille, lui répondit-il, je ne veux pas que vous y paraissiez aujourd'hui, d'autant qu'on ne saurait pas quel motif vous y a conduite. Puisque vous pouvez bien retarder votre voyage, vous le ferez un autre jour. »

Lui faisait-on des rapports contre une jeune associée, il n'y ajoutait point foi avant d'avoir des preuves certaines. Afin de s'éclairer, il prenait sagement des informations et voulait l'entendre elle-même. Si fortes que fussent les apparences, dès qu'il restait des doutes, il s'en rapportait au témoignage de l'accusée. L'une d'elles s'étant justifiée de quelques légèretés qu'on lui imputait : « Vous êtes bien heureuse, lui dit-il, d'avoir eu cette occasion de souffrir ; c'est un trait de ressemblance avec les Saints. »

Si quelqu'une se laissait entraîner dans une faute, même assez notable, au lieu d'agir rigoureusement, il lui parlait avec beaucoup de douceur, l'engageait à réparer son infidélité par une plus grande exactitude à garder tous les points du réglement, à veiller sur elle-même, et lui accordait son pardon. La présidente s'étonnant un jour de sa grande bonté, il lui répondit par cet adage populaire : « On ne prend pas les mouches avec du vinaigre. »

Si, après avoir donné des avis à une congréganiste légère et l'avoir éprouvée pendant quelque temps, il ne voyait pas d'amendement dans sa conduite, malgré la peine qu'il en éprouvait intérieurement, il la retranchait de la congrégation comme on détache du tronc d'un arbre une branche desséchée.

Les jeunes personnes qui faisaient partie de la congrégation assistaient avec bonheur aux réunions. Elles ne se lassaient pas d'entendre sa parole onctueuse et persuasive.

Il ne leur dissimulait pas les dangers semés sous leurs pas au milieu du monde ; mais en leur montrant les piéges tendus à leur innocence, il indiquait aussi les moyens de les éviter. « Quelle que soit votre vocation, leur disait-il, suivez chacune la voie que Dieu vous ouvre. Heureuses celles qui sont appelées à la vie religieuse ; mais si vous devez vivre au milieu du monde, ne vous découragez point : vous ne serez point abandonnées. » Il affermit ainsi la confiance de la première dignitaire, obligée de rester au sein de sa famille.

Le bien opéré par cette pieuse congrégation l'engagea à former une association pour les femmes, sous les auspices de sainte Anne. Le réglement qu'il fit pour les membres de cette association est empreint de sa piété, de sa charité et de sa sagesse. Elles devaient être unies par les liens d'une étroite charité, se visiter, se secourir dans les maladies, prier les unes pour les autres, respecter leurs maris, à l'exemple de sainte Anne, et former, dès le bas âge, leurs enfants à la vertu.

Les instructions particulières qu'il leur adressait leur donnaient de nouvelles lumières sur ces saintes obligations. Il se plaisait à relever devant elles les vertus, la gloire et la puissance de leur céleste protectrice. Ainsi, dans un de ses discours qui ont été conservés, il développe, d'une manière intéressante, des considérations où il la montre grande sous tous les rapports : dans sa naissance, dans sa vie et ses vertus, dans son titre de mère de l'auguste Mère de Dieu, enfin dans ses fonctions.

M. Monnereau avait dessein d'établir aussi une association pour les hommes, sous la protection de saint Joseph ; mais les circonstances lui ayant fait renvoyer l'établissement à une époque plus éloignée, il termina sa vie avant d'avoir exécuté son projet.

Dévoré du zèle du salut des âmes, il redoublait chaque jour d'ardeur pour les préserver des périls auxquels elles étaient exposées. C'est ainsi qu'il fit en sorte d'empêcher les mauvais livres de se répandre dans sa paroisse.

Son zèle pour les fonctions du saint ministère lui faisait ressentir une peine très-vive lorsqu'il se trouvait dans l'impossibilité de les remplir; toutefois, il demeurait humblement soumis aux dispositions toujours adorables de la divine Providence. Après un accident qui lui arriva, à la fin de l'année 1846, il adressa à un ecclésiastique la lettre suivante: « Je vous suis très-reconnaissant de la part que vous avez bien voulu prendre à mon affliction. L'aimable Providence, qui connaît infiniment mieux que nous ce qui convient davantage à notre avancement spirituel, a jugé à propos de me faire présent d'une belle petite croix que je ne cherchais certainement pas. Huit jours avant la grande fête de Noël, j'ai fait une chute des plus lourdes sur le verglas, à la pente de notre petite cour; je me suis enfoncé l'épaule droite, et, pendant huit jours, j'ai été contraint de garder la chambre. J'ai cru pendant quelque temps que je resterais infirme de mon bras le reste de ma vie, de manière à ne pouvoir dire la messe. Grâce en soit rendue à la divine bonté, je suis mieux; déjà j'ai commencé les exercices du saint ministère. La messe est ce qui me gêne le plus, lorsqu'il s'agit de l'agitation du bras; peut-être, avec le temps, pourrai-je éprouver quelques soulagements; mais je suis dans la persuasion que j'ai contracté une rente que je n'amortirai qu'à la mort. Dieu seul en a la connaissance, cela doit nous suffire; qu'il soit béni dans toutes ses œuvres! »

La chute qu'il avait faite n'eut pas de suites bien graves, mais elle augmenta son état de faiblesse, qu'il fit connaître à Mgr l'évêque de Luçon dans une lettre où il le priait de lui conserver pour vicaire M. Baudry, que Sa Grandeur venait de nommer aumônier de l'hospice de Bourbon. « Je vous dirai, lui écrivit-il, que je suis un homme usé. Je ne vis que de ménagements, prenant toutes les précautions pour éviter, autant qu'il est possible, quelque coup de sang, dont je suis menacé. J'ai donc besoin d'aide et de secours d'une manière toute spéciale, dans l'état où je me trouve. Ces secours, Monseigneur, nul autre n'est plus à même de me les donner que M. Baudry, ainsi que j'en ai fait l'expérience, depuis près de neuf ans qu'il est avec moi. Si donc il vous était possible, Monseigneur, de pourvoir l'hospice de Bourbon d'une autre manière, je vous prierais en grâce de me laisser M. l'abbé Baudry; avec lui et le secours du ciel, je crois que nous pourrons encore faire marcher notre barque. »

Mgr Soyer s'empressa de calmer les craintes du bon curé, en acquiesçant à sa demande.

La Révolution de 1848 fit ressortir de nouveau la prudence que le curé des Brouzils avait montrée en 1830, avec son zèle pour la religion et son amour de la patrie. La France, privée de son chef et encore agitée par l'orage, attendait, dans l'anxiété, les élections qui devaient décider de son sort. Afin d'éclairer ses paroissiens sur les devoirs qu'ils avaient à remplir, dans ces graves circonstances, M. Monnereau leur adressa une instruction solide et mesurée. En voici un extrait, qui peut servir de règle pour tout électeur : « Nous sommes tous appelés, mes frères, comme vous le savez, à élever un grand édifice, je veux dire à former une assemblée de représentants de notre nation. La chose est de la plus haute importance : il n'y va de rien moins que de notre sort ; il sera heureux ou malheureux, selon que les élections que nous allons faire seront bonnes ou mauvaises. Il est donc de l'intérêt de tout le monde que le choix des candidats soit bon et digne de notre nation. C'est à Dieu qu'il appartient de donner des législateurs sages, prudents et éclairés. *Per me reges regnant et conditores legum decernunt justitiam. C'est par moi que règnent les rois et que les législateurs établissent des lois sages et équitables*. C'est donc à Dieu que nous devons avoir recours pour obtenir les lumières qui nous sont nécessaires dans les circonstances où nous nous trouvons. Tous les Français qui ont l'âge requis par la loi doivent se rendre aux élections, animés d'un bon esprit, dans l'intention de ne nommer que des hommes dignes d'une place aussi distinguée : des hommes d'une justice et d'une probité reconnue, des hommes de paix, dégagés de tout égoïsme et d'intérêt particulier, ayant en vue le bien général avant toute autre considération, des hommes vraiment religieux ou du moins sincèrement attachés à la religion, pleins de respect pour elle et disposés à en soutenir l'honneur. Voilà les hommes sur lesquels doivent se porter nos voix. »

Ces sages recommandations se retrouvèrent sur les lèvres du curé des Brouzils à l'approche des élections pour l'Assemblée législative. Dans le discours qu'il fit à cette occasion, il insiste pour qu'on nomme des hommes qui soient, non-seulement sans passion, dévoués au bien général, mais encore capables et instruits, jugeant sainement les choses, ne confondant point le faux avec le vrai, et fermes pour soutenir courageusement les intérêts de la justice et de la religion.

Quel bien ne ferait pas une Assemblée dont tous les membres seraient doués de ces qualités ! Quel mal, au contraire, produiraient des représentants qui, perdant de vue la religion et la société, ne se laisseraient conduire que par de mauvaises passions. L'homme de Dieu, frémissant à cette pensée, s'écriait à la fin d'une de ses instructions : « Malheur à la France, si elle ne comprend pas cette vérité ! Elle verra tomber sur elle les plus grands malheurs. Mais n'avons-nous pas assez d'épreuves depuis cinquante ans ?... »

M. Monnereau donnait aussi, pour les élections municipales, des conseils pleins de sagesse ; ses paroles étaient religieusement accueillies, parce qu'il n'y avait en lui ni prévention ni esprit de parti : on le voyait dégagé de tout intérêt propre, uniquement occupé de ce qui pouvait glorifier Dieu, sauver les âmes et entretenir l'ordre et la paix dans la commune.

Un nouveau cimetière ayant été ouvert pour la paroisse, en 1849, le pieux pasteur montra son profond respect pour les restes des défunts. Dans le mois de novembre, après avoir fait sur ce sujet un sermon qui émut profondément l'auditoire, il fit appel à la bonne volonté de ses paroissiens pour transporter les ossements de leurs ancêtres dans le nouveau cimetière, afin qu'ils ne fussent pas exposés à la profanation, en demeurant dans un lieu qui allait désormais servir de place publique. On répondit à ses désirs avec empressement, et la translation se fit avec foi et piété. On fouillait la terre en silence et avec précaution ; les ossements, soigneusement recueillis, étaient renfermés dans une châsse qu'on portait chaque soir à l'entrée de l'église, pendant que toutes les cloches, mises en mouvement, convoquaient les fidèles dans le lieu saint. On y chantait les vêpres des Morts ; puis on se rendait au cimetière, et les ossements étaient déposés dans une fosse commune. D'après sa recommandation et à son exemple, plusieurs familles firent faire, dans cette occasion, des services funèbres pour leurs défunts.

Rien de plus attendrissant que le discours qu'il prononça pour exciter la compassion de son peuple envers les âmes du Purgatoire ; il fit entendre leurs cris déchirants : « *Miseremini ;* ayez pitié de nous, soyez sensibles à nos gémissements, à nos larmes, à nos maux. *Miseremini ;* voyez les feux qui nous dévorent ; voyez la peine du dam, la plus dure et la plus épouvantable de toutes. Ah ! sur la terre, vous ne comprenez pas avec quelle force, avec quelle violence l'âme, dégagée de son corps et retenue dans le Purgatoire, s'élance vers Dieu, son centre et son repos ; et elle est repoussée par une main invisible, comme un torrent impétueux par une digue indomptable ! Hâtez-vous donc de nous secourir. »

Le 4 juin 1853, par suite d'un conflit avec l'administration civile sur la propriété de l'ancien cimetière, changé en place publique, Mgr l'évêque de Luçon interdit, dans la paroisse des Brouzils, les grandes messes, les vêpres, les processions, même celle de la Fête-Dieu, ainsi que le son des cloches pour les baptêmes et les sépultures. Il permit seulement de dire une messe basse le dimanche, afin qu'on pût satisfaire au précepte de l'Église. Cette mesure produisit une certaine agitation dans les esprits et répandit l'affliction dans tous les cœurs.

Dans ces conjonctures difficiles et douloureuses pour lui-même, le curé des Brouzils montra une prudence et une réserve admirables. Il sut si bien se renfermer dans les limites de son devoir, qu'il ne laissa pas échapper un mot compromettant ni capable de blesser personne. C'est une justice qui lui a été rendue par l'autorité civile elle-même. Ce saint prêtre ne perdait jamais de vue, même dans les circonstances les plus délicates, ce qu'il devait de respect et d'égards à ceux que le Ciel avait établis au-dessus de lui, dans l'ordre temporel aussi bien que dans l'ordre spirituel ; et, avant tout, il adorait dans les événements les plus pénibles les desseins mystérieux de la divine Providence, s'inclinant, avec une soumission parfaite, devant les arrêts infiniment justes de sa suprême volonté. De tous côtés, on compatissait à sa peine, et on lui adressait bien des lettres de condoléance ; les religieuses des Sacrés-Cœurs, surtout, lui exprimèrent vivement la compassion toute filiale dont elles étaient pénétrées. « Mon cher Père, lui écrivait l'une d'elles, Dieu vous éprouve donc de toute manière ici-bas ; il n'y a plus de peine que vous n'ayez endurée désormais. Que votre récompense doit être grande ! » Toutes les réponses de l'homme de Dieu reflétaient sa piété et le calme inaltérable de son âme. Le 16 juin, il répondait à l'une de ses religieuses : « La tempête dont vous me parlez dans votre lettre, est un orage qui gronde, mais qui passera bientôt, comme bien d'autres que nous avons entendus depuis soixante-six ans. Il faut espérer qu'il ne tombera pas sur notre tête pour l'écraser.

Priez le Seigneur de faire tourner toutes choses à sa plus grande gloire, ainsi qu'au plus grand avantage de ceux qui désirent lui rester fidèles, quelque chose qui arrive. Offrez mon respect à Monsieur le curé, et dites-lui que je suis bien sensible à la large part qu'il prend à notre peine. »

Il écrivait à une autre de ses filles : « Priez le Seigneur et la divine Marie qu'ils nous viennent en aide : la prière est puissante auprès de Dieu et de la Mère des miséricordes. C'est une croix comme bien d'autres; Dieu peut encore en tirer sa gloire. »

L'horizon s'éclaircit; l'Ordinaire leva, au milieu de juillet, l'interdit mitigé qui pesait sur la paroisse, et les offices publics reprirent leur cours. Néanmoins, l'homme de Dieu eut encore beaucoup de traverses pour le même sujet. Deux fois, il dut comparaître devant la justice de paix, parce qu'on avait cueilli pour la fabrique, comme l'on avait coutume de le faire chaque année, les fruits d'un arbre placé sur le terrain en litige. A la vue du tribunal, ses pensées se reportèrent vers le Souverain Juge, qui permet à des hommes de juger leurs semblables, mais qui les citera eux-mêmes à son tribunal suprême et jugera les justices. Il se rappela ces paroles de la Sainte Écriture : *Ego dixi : Dii estis, vos autem sicut homines moriemini* (1). Sa conduite en cette affaire fut pleine de modération et de dignité. Du reste, il soutenait le procès avec une extrême répugnance ; tout ce qui s'y rattache a été pour lui la source de sacrifices

(1) J'ai dit : « Vous êtes des dieux, mais vous mourrez comme des hommes. » (Ps. 81, 6.)

bien amers, et par conséquent des plus grands mérites ; c'est une des plus belles pages de sa vie.

Ses épreuves, bien loin de ralentir son ardeur pour le bien, ne faisaient que l'accroître, comme le bois qu'on jette dans le feu l'alimente et lui donne une nouvelle activité.

Frappé des avantages que procurent à une paroisse des exercices extraordinaires, il avait pris la résolution d'en faire donner tous les cinq ans aux Brouzils, et il l'accomplissait fidèlement. Les enfants de Marie Immaculée y firent la mission en 1840, en 1845 et en 1850. Outre ces trois missions générales, une retraite particulière fut prêchée d'abord aux garçons, ensuite aux jeunes filles. Les fruits abondants de salut que produisirent ces pieux exercices répandirent une sainte-joie dans le cœur du zélé curé, et le pénétrèrent de la plus profonde reconnaissance envers la divine miséricorde.

Sa foi se manifestait avec éclat à chaque visite du premier pasteur. L'amour du divin Maître lui inspirait, pour son représentant, des sentiments de respect et d'attachement qu'il communiquait à ses paroissiens. Ce qu'on fait pour un roi de la terre visitant son peuple, il le faisait pour le prince de l'Église ; de nombreux arcs de triomphe se dressaient sur les rues jonchées de fleurs, les oriflammes se déployaient. Il excitait le zèle pour ces apprêts ; mais il disait surtout aux âmes : *Préparez la voie du Seigneur.* Un grand nombre de personnes se disposaient à recevoir le Dieu qui nous visite lui-même dans le sacrement de l'Eucharistie. Ses paroles au vénéré pontife exprimaient avec fidélité ce qu'il ressentait intérieurement ; c'est du fond du cœur qu'il répétait : *Béni soit celui qui vient au nom du Seigneur.* Sur son invitation, un missionnaire alla l'aider, en 1847, afin de préparer les fidèles à la visite de Monseigneur l'évèque de Luçon. La réception du vénéré prélat fut brillante et solennelle ; ce fut comme une fête du moyen-âge ; on en trouve le récit dans l'*Ami de la Religion*. Les confirmands et les autres fidèles, préparés par la parole divine, s'approchèrent de la Table Sainte avec une piété édifiante. M. Monnereau voulut qu'à la chute du jour ses paroissiens offrissent au digne prélat l'hommage de leur gratitude. Des colonnes blanches, rangées par étages circulaires, formaient une pyramide dont le sommet allait se perdre dans les airs. La statue de la Très-Sainte Vierge, élevée sur un globe doré, à environ quinze mètres au-dessus du sol, dominait les maisons et semblait régner en souveraine sur la paroisse. De nombreuses inscriptions en lettres d'or étaient autant d'hommages à Celle que toutes les générations doivent bénir. La plate-forme de la base était ornée d'orangers et de lauriers-roses ; c'est là qu'était le trône où le vénéré prélat prit place, au milieu d'acclamations réitérées. Douze petits garçons et autant de petites filles vêtues de blanc se rangèrent à ses côtés. L'un d'eux offrit une corbeille de fleurs ; un adolescent lui présenta, au nom de la jeunesse, une colombe ; un homme, dans l'âge mûr, une grappe de raisin, et un laboureur, presque octogénaire, une gerbe de blé. Le vénéré prélat, ne pouvant contenir son émotion, embrassa affectueusement le bon vieillard. Ce spectacle attendrissant toucha vivement les assistants, déjà émus par les compliments et les chants religieux. Le zélé pontife profita de cette occasion pour féliciter les habitants de la paroisse de la tendre dévotion que leur pieux pasteur leur avait inspirée envers la Très-Sainte Vierge. La fête fut couronnée par un feu d'artifice, qui réussit à souhait.

CHAPITRE XIII.

Comment il témoigne, avec ses paroissiens, sa dévotion à Marie Immaculée. — Érection d'une chapelle en l'honneur de Notre-Dame de la Salette.

Ainsi que nous l'avons dit, M. Monnereau aimait à honorer Marie particulièrement sous le beau titre d'immaculée. Ayant appris qu'un respectable chanoine de Nantes, M. Lusson, avait ouvert, dans cette grande ville, un nouveau sanctuaire en l'honneur de cette divine Reine, et qu'il avait le pouvoir de donner le scapulaire de l'Immaculée-Conception, il se rendit auprès de lui pour avoir la consolation de recevoir ce précieux habit, dans la belle chapelle restaurée par les soins de ce pieux serviteur de Marie (1). Il fut heureux de resserrer ainsi

(1) Ce sanctuaire est l'ancienne chapelle des Minimes. M. Lusson voulait d'abord acheter la chapelle des Oratoriens, assez bien conservée; il communiqua son projet à M. l'abbé Vrigneau, vicaire-général, et lui exposa ses ressources : il n'avait que 7,000 fr. On lui dit que l'Ordinaire ne lui donnerait pas l'autorisation d'exécuter son projet, s'il n'avait au moins 25,000 fr. M. Lusson sort tout pensif de l'évêché. En passant devant la chapelle des sœurs de Saint-Vincent-de-Paul, il a l'inspiration d'y entrer et va s'agenouiller aux pieds d'une statue de la Sainte Vierge; puis il prend à la main la calotte qu'il avait sur la tête, il la présente ouverte à Marie, et, jetant sur sa sainte image des regards suppliants, il lui dit avec la naïve confiance d'un enfant qui s'a-

les doux liens qui l'attachaient à la Vierge sans tache. De retour aux Brouzils, il engagea les personnes de piété à réclamer à l'occasion la même faveur.

Sa piété envers Marie Immaculée eut un sujet de joie après lequel il soupirait depuis longtemps. Au milieu d'une fête splendide, dont le souvenir vivra dans les fastes de l'Église et dans tous les cœurs dévoués à Marie, Pie IX, entouré d'un grand nombre d'évêques applaudissant à sa parole, proclama, à la face du monde entier, comme un dogme de foi, « que la bienheureuse Vierge Marie fut, dès le premier instant de sa conception, par une grâce et un singulier privilége de Dieu, et en vue des mérites de

dresse à la plus tendre des mères : « Ma bonne Mère, vous voyez ce qu'on me demande pour me permettre d'acheter la chapelle que je veux vous consacrer ; c'est votre œuvre. Si vous voulez qu'elle réussisse, veuillez me donner 18,000 fr. ou du moins m'indiquer où je dois les prendre. » Sur-le-champ, il se sent pressé d'aller chez une dame à laquelle il n'a pas coutume de rendre visite, et qui n'était pas favorable à son projet. Il part, plein de confiance, et demande une audience à cette dame, qui, heureusement surprise de le voir, s'écrie en souriant : « Ah ! M. l'abbé, je vais faire une croix à la cheminée. — Madame, lui répond-il, faites-en deux, si vous le voulez, mais voici ce qui m'amène. » Et il lui expose l'embarras où il se trouve. A peine l'a-t-il manifesté, qu'elle lui dit : « Il faut 18,000 fr., eh bien ! je vous les donne. » On conçoit quelles furent la joie et la reconnaissance de M. Lusson. Sa bienfaitrice fut récompensée de sa générosité par le bonheur qu'elle ressentit d'avoir donné à Marie un gage de son amour. « Cette œuvre, disait-elle ensuite, est l'œuvre de la Sainte Vierge ; c'est elle qui m'a poussée à la faire. » La chapelle des Oratoriens fut achetée ; mais le marché n'était pas définitivement approuvé par le gouvernement, quand éclata la Révolution de juillet, qui fit changer de détermination. La Providence voulait que l'ancienne chapelle des Minimes fût consacrée à Marie, sous le titre d'Immaculée-Conception, et devint une source inépuisable de grâces. C'est là qu'est établie la confrérie du très-saint et immaculé cœur de Marie pour la conversion des pécheurs.

Jésus-Christ, Sauveur du genre humain, préservée et exempte de toute tache du péché originel. » Cette nouvelle fit sentir au cœur du curé des Brouzils les tressaillements d'une joie indicible. Aussitôt il invita ses paroissiens à célébrer avec pompe le triomphe de la Vierge immaculée, et l'on vit d'une manière particulière, en cette circonstance, combien était vive et profonde la dévotion qu'il leur avait inspirée envers l'auguste Mère de Dieu; sa parole excite un religieux enthousiasme.

Les préparatifs se font avec autant de pompe et d'éclat que de piété et d'empressement. En un clin d'œil, des feux de joie, au nombre de cinquante, s'élèvent et s'enflamment de tous côtés; en même temps, les pieux villageois illuminent à l'envi les fenêtres et les toits de leurs maisons : on eût dit la campagne en feu.

Dans le bourg, nouveau et magnifique spectacle; partout des étendards, des oriflammes, des flambeaux, des fleurs, de pieuses devises. Le riche déploie ce qu'il a de plus beau, de plus précieux; le pauvre rivalise de zèle avec lui. Ici, la statue de Marie paraît environnée de lumière, image de son éblouissante et immortelle auréole; là, c'est celle de saint Joseph, fortuné patriarche, dont le front réfléchit la gloire de sa virginale épouse; plus loin, c'est l'image de sainte Anne, heureuse des éclatants hommages rendus à sa fille bien-aimée. Un trône étincelant de lumière, des transparents où l'on voit d'ingénieux emblêmes à l'honneur de Marie, distinguent la communauté des religieuses. Le presbytère est splendidement éclairé. Ce brillant spectacle attire les villageois et un grand nombre d'habitants des paroisses voisines.

Le zélé curé, accompagné de dix autres prêtres, entonne l'*Ave, maris stella,* au pied de l'autel de Notre-Dame du Rosaire, tout resplendissant de lumière, et s'avance d'un pas grave en procession, à la tête d'une foule compacte et recueillie. Prêtres et fidèles, tous glorifient Marie, et le chant des cantiques se mêle à la voix harmonieuse de la belle sonnerie des Brouzils. Par une marche pompeuse et triomphale, on se rend à un vaste champ, où depuis peu l'on avait commencé à construire une chapelle, dont nous parlerons bientôt. De ce champ, on voyait encore les feux de joie qui scintillaient dans le lointain, comme autant de flambeaux rangés autour de la Vierge immaculée. La statue de cette auguste Mère de Dieu rayonne sur un trône dressé au milieu de colonnes, de flammes de Bengale et de chandelles romaines, dont les lumières, en s'élevant, forment comme une couronne de gloire à la Reine du ciel et de la terre. A cette vue, tous les cœurs tressaillent d'allégresse, et la foule immense ne cesse de répéter, dans les transports de son bonheur et de son amour : « Vive Marie Immaculée ! » Puis les airs retentissent des décharges de la mousqueterie, des chants religieux, des détonations des pièces d'artifice. Enfin, l'heureux pasteur s'approche d'un magnifique feu de joie qu'il allume, au chant des litanies de la Sainte Vierge, et pendant que la flamme pétille et monte, il s'écrie d'une voix forte et accentuée : « Gloire éternelle à Dieu au plus haut des cieux ! Nous serons à lui pour toujours ! Haine au péché ! Honneur, gloire à l'Immaculée-Conception ! Nous appartiendrons toujours à l'Église catholique, apostolique, romaine, hors laquelle il n'y a point de salut. Gloire, honneur à Marie ! Qu'elle vive éternellement dans nos cœurs ! » Ces saintes acclamations s'élèvent jusqu'au ciel, successivement répétées par toute l'assemblée, pieusement émue, avec un accent de conviction et de joie impossible à rendre. Cette éclatante cérémonie eut lieu le soir de la fête de saint Étienne (1854).

L'impression si forte et si douce qu'elle avait produite sur le curé des Brouzils et sur ses paroissiens durait encore le lendemain, quand un missionnaire, dans une instruction sur le même sujet, traduisant des paroles de l'Église, s'écria : « O Vierge immaculée ! faites sentir les effets de votre protection à tous ceux qui honorent votre conception sans tache. » Le saint prêtre et tous les fidèles se mirent à verser des larmes d'attendrissement et de dévotion.

M. Monnereau fit à Mgr l'évêque de Luçon le récit de cette fête si belle et si touchante. Après avoir raconté ce qui s'y était passé, il ajoute : « Pendant toute la cérémonie, qui dura près de deux heures, on n'entendit pas une seule parole, on ne vit pas la moindre action qui annonçât la moindre légèreté, la moindre dissipation. La joie était peinte sur toutes les figures, mais une joie qui manifestait les sentiments de la foi et de la piété qui régnaient dans les cœurs. Cette journée fut pour moi une des plus délicieuses journées de ma vie. Bénissez avec moi le Seigneur, qui est l'auteur de toutes ces merveilles, aussi bien que l'auguste Mère immaculée. »

« Mon bien cher curé, lui répondit le vénéré prélat, j'ai lu avec beaucoup de plaisir la relation que vous m'avez adressée sur votre belle fête du 8 du mois dernier. Je remercie l'auguste Mère de Dieu des consolations qu'elle vous a ménagées. Daigne la Reine du ciel bénir de ses bénédictions les plus maternelles un peuple qui nous est si cher, et qui s'estime toujours heureux de lui donner des preuves de son dévouement tout filial. Dites à ces bien chers enfants que nous avons appris avec joie ce qu'ils ont fait pour se consacrer à Marie. Nous les bénissons avec une tendre effusion de cœur ; mais d'une manière toute spéciale ce vénérable du sacerdoce, qui les conduit, depuis tant d'années, dans le chemin du ciel. »

Tout pénétré de la joie que lui avait fait ressentir la proclamation du dogme de l'Immaculée-Conception, M. Monnereau adressa la lettre suivante à toutes ses religieuses, au mois de janvier 1855 :

« Mes chères filles,

» Nous ne pouvons rien faire de mieux, au commencement de cette nouvelle année, que de nous unir à l'Église entière pour honorer d'un culte spécial le mystère de l'Immaculée-Conception de l'auguste Mère de Dieu, la Reine de la terre et des cieux; mystère dont le Ciel avait réservé la promulgation à notre temps, afin de relever notre courage, au milieu des scandales et des maux qui nous environnent.

» Quoi de plus consolant, en effet, que le souvenir d'une Mère qui, avec l'innocence originelle, a été dotée de tous les priviléges, de toutes les qualités, de toutes les perfections et de tous les dons de la nature et de la grâce, et cela dès le premier instant de son existence; d'une Mère qui a bien su mettre à profit les mille et mille talents dont elle avait été favorisée et enrichie par sa grande fidélité à correspondre aux desseins du Ciel sur elle; d'une Mère chérie qui, seule, a plus aimé Dieu que tous les Saints et les Anges, sans excepter les Séraphins, qui brûlent du feu de l'amour divin, selon l'expression du Prophète; d'une Mère, dont la pureté, la modestie et la sagesse l'emportent sur celles des sublimes intelligences. Ciel! quelle douce confiance ne devons-nous pas avoir dans sa tendre et puissante protection! Allons donc continuellement à elle, comme des enfants sages vont à leur bonne mère; elle nous conduira infailliblement à Jésus, le grand terme de tous nos désirs et de tous nos vœux. Voilà, mes filles, le vrai moyen de nous procurer de bonnes années et d'heureux jours, et ce sont de pareilles années et de semblables jours que je vous souhaite. »

L'esprit et le cœur remplis du suave souvenir des honneurs rendus à la Vierge sans tache, il aimait à mettre, pour devise, en tête de ses lettres, ces paroles qui étaient comme le chant continuel de son cœur: « Gloire à Marie Immaculée! »

La proclamation du dogme de l'Immaculée-Conception avait fait éclater sa dévotion envers la souveraine des Anges; un nouvel événement lui fournit l'occasion de la manifester de nouveau.

En 1846, le bruit se répandit que la Reine du ciel était apparue à deux petits bergers, sur la montagne de la Salette, dans l'Isère, versant des larmes sur les crimes dont la terre était inondée, et montrant la divine justice prête à déchaîner les fléaux de sa vengeance, si l'on continuait de profaner le jour du Seigneur et de blasphémer son nom adorable. Mgr l'évêque de Grenoble, après un examen sérieux et attentif, s'était déclaré pour la vérité de l'apparition, et avait obtenu du Saint-Siége de riches indulgences pour l'archiconfrérie érigée au lieu même où le prodige s'était opéré. Mgr l'évêque de Luçon manifesta sa croyance au récit des deux bergers, dans un mandement adressé à son diocèse.

Frappé de ces motifs de crédibilité, le pieux curé des Brouzils ajouta foi à cet événement extraordinaire. Il aurait voulu faire un pélerinage à l'heureuse montagne sanctifiée par la présence de l'auguste Mère de Dieu ; déjà il disait dans son cœur ce qu'il écrivait plus tard à un révérend Père jésuite qui allait visiter le sanctuaire de la Salette : « Que ne nous est-il donné de vous accompagner partout dans votre voyage, principalement sur la montagne sainte ! Comme nous aurions baisé avec allégresse le lieu où Marie est apparue, les traces de ses pas et le lieu de l'assomption. » Ainsi que plusieurs autres curés du diocèse de Luçon, il entreprit d'élever un monument qui rappelât le souvenir de l'apparition de Marie, et fût un sanctuaire où l'on vînt implorer cette Mère de miséricorde. D'abord, il avait dessein de construire ce qu'on appelle en Vendée un *arceau*, c'est-à-dire une chapelle longue de quatre ou cinq pieds, dans laquelle on met une statue de la Sainte Vierge, et de la placer à la pente d'une petite colline ; mais par une suite de circonstances imprévues, il fut amené à bâtir une grande chapelle, dans un vaste champ appartenant à deux de ses religieuses.

D'après un long récit envoyé par M. Monnereau à Mgr l'évêque de Luçon, la Très-Sainte Vierge aurait montré un amour de prédilection pour ce lieu ; mais l'Ordinaire ne s'étant pas prononcé sur les faits merveilleux qu'il rapporte, nous ne croyons pas devoir les exposer ; disons seulement que le curé des Brouzils en conçut l'espérance de voir Dieu protéger le nouveau sanctuaire de Marie, et y faire jaillir une source de grâces.

Il procéda à la bénédiction de la première pierre, en conjurant, comme il le dit dans le procès-verbal dressé à cette occasion, les sacrés cœurs de Jésus et de Marie d'avoir ce lieu pour agréable, et d'y répandre d'abondantes bénédictions. Malgré un temps froid et neigeux, plus de trois mille personnes des Brouzils et des paroisses environnantes assistaient à cette pieuse cérémonie. Le prédicateur, le P. Félix Coumailleau, le premier des élèves de M. Monnereau, aux Brouzils, après avoir commenté ce texte de Josué : *Quid sibi volunt lapides isti* (1), en fit l'application au sanctuaire qu'on allait ériger en l'honneur de la Sainte Vierge, et rendit hommage à la vertu du digne pasteur : « O Notre-Dame de la Salette, dit-il en finissant, bénissez notre vénéré Père ; que cette belle cérémonie remplisse son cœur d'une douce joie ; qu'elle le rajeunisse comme l'aigle. O la meilleure des mères, conservez-le longtemps à notre respect et à notre amour. En bénissant le père, bénissez aussi les enfants, afin que, marchant à sa suite, nous ayons tous le bonheur d'aller un jour au ciel avec vous. »

En prononçant ces paroles, le missionnaire ne pouvait retenir ses larmes, et l'assemblée partageait son émotion. Les hommes entourant le prédicateur, pour le re-

(1) Que signifient ces pierres ?

mercier d'avoir fait l'éloge de leur curé, s'écrièrent : « Tout ce que vous avez dit est bien vrai. Comme vous, nous en avons été témoins. » Mais l'humble serviteur de Dieu pouvait dire, comme un saint Père : « Me louer, c'est me flageller. » Les éloges si bien mérités qu'on lui avait adressés lui causèrent une peine sensible; les yeux baissés et remplis de larmes, il semblait vouloir se cacher au centre de la terre pour se dérober à la louange.

Les travaux du nouvel édifice étaient à peine commencés, que des raisons graves obligèrent M. Monnereau à les faire cesser. Sachant quelle peine en ressentiraient les religieuses des Brouzils, il les réunit le jour de la Chandeleur 1854, et leur dit : « Si je vous apportais des perles précieuses, les refuseriez-vous ? Eh bien ! les travaux sont arrêtés; ce sont pour vous des diamants. Je vous défends le moindre murmure. » Son cœur était oppressé ; mais il espérait, selon ses expressions, « que Notre-Dame de la Salette arrangerait toutes choses pour le mieux. » Sa confiance ne fut point trompée ; les travaux furent repris et poursuivis avec activité. Les métayers, par dévotion envers Marie et par affection pour leur curé, rivalisèrent d'ardeur pour faire gratuitement les charrois, quoiqu'il fallût aller chercher la pierre à plus de trois lieues, et que l'on fût au milieu des grandes occupations de la campagne. « Nous n'avons pas le temps d'y aller le jour, disaient quelques-uns ; mais nous irons pendant la nuit, et nous travaillerons pour nous dans le jour. »

Il surgit encore de nouveaux obstacles qui portèrent la désolation dans le cœur du curé des Brouzils, mais il finit par en triompher.

Le 4 juin 1855, une douce jouissance fut accordée à ce saint prêtre, qui avait toujours un amour de prédilection pour la jeunesse cléricale. Le supérieur du petit séminaire de Chavagnes, le P. Baizé, son guide spirituel, se rendit aux désirs qu'avaient les élèves de faire un pélerinage au nouveau sanctuaire érigé aux Brouzils. L'excellent curé leur fit l'accueil le plus gracieux. Une collation préparée par ses soins les attendait dans le jardin du presbytère. Après avoir satisfait leur dévotion à Marie, les élèves, pour témoigner leur gratitude à son fidèle serviteur, lui donnèrent une sérénade, écho de la joie de leur cœur; puis l'un d'eux, au nom de tous, lui exprima les sentiments dont ils étaient pénétrés à son égard, et le conjura de faire monter pour eux vers le ciel ses ferventes prières: « Toujours, dit-il en terminant, vivra dans nos cœurs attendris le souvenir de notre pélerinage à Notre-Dame de la Salette des Brouzils, où nous avons trouvé un second père. » Quelle consolation pour ce vénérable vieillard de se voir entouré de cent cinquante élèves, dont les yeux fixés sur lui exprimaient la satisfaction, l'attachement et les vœux ! Mais aussi, sa profonde humilité le rendait confus de leurs témoignages d'estime et de vénération. Toutefois, ne voulant pas contrister ces chers enfants, il leur répondit par quelques paroles simples et affectueuses.

Une autre visite lui fut bien agréable; un ancien curé du diocèse de Luçon, alors supérieur du monastère des Trappistes, à Gethsémani, dans les États-Unis, le R. P. Eutrope, voyageant en France, alla voir le curé des Brouzils, le 6 août 1855. M. Monnereau l'accueillit avec bonheur, et comme ce digne Abbé portait l'anneau de Mgr Flaget, évêque de Barstown, mort en odeur de sainteté, dont le corps, sans avoir été embaumé, fut trouvé intact deux ans après sa mort, il baisa cet anneau avec un respect et une piété qui frappèrent tous les assistants. Il conduisit le respectable Abbé à la chapelle de la Salette, où le fervent Trappiste fit connaître aux fidèles qui s'y trouvaient la position de ses religieux, leur courage à souffrir les privations de toutes sortes qui leur étaient imposées, et pria le Seigneur de répandre ses bénédictions dans un sanctuaire où il avait déjà manifesté son amour. Ces paroles, gages de nouvelles faveurs pour la chapelle destinée au culte de Marie, réjouirent M. Monnereau ; il hâta l'ouvrage, afin que tout fût prêt, le 19 septembre, époque à laquelle il désirait qu'elle fût bénite.

Afin de préparer les cœurs à cette fête, il la fit précéder des saints exercices d'une mission, qui furent suivis régulièrement, bien qu'on fût dans le temps des grands travaux de la campagne ; on battait le blé pendant le jour, et le soir on venait entourer le tribunal de la pénitence et entendre les instructions. Plus de douze cents personnes se disposèrent à recevoir la divine Eucharistie.

A la fin des saints exercices, le 19 septembre, jour anniversaire de l'apparition de la Sainte Vierge sur la montagne de la Salette, la chapelle fut bénite solennellement par Mgr l'évêque de Luçon. On trouve une relation de cette cérémonie dans une lettre adressée quelque temps après par un prêtre du diocèse au respectable supérieur des missionnaires de la Salette, pour recommander à ses prières le curé des Brouzils, alors dangereusement malade ; voici une partie de son récit : « On avait dressé autour de la chapelle, dans le vaste champ au milieu duquel elle est placée, à peu de distance du bourg, des arcades dont l'entrée était formée par une allée de portiques ; il y en avait près de quatre cents, soit en blanc, soit en verdure, toutes surmontées d'oriflammes qui produisaient un bel effet. Le temps était aussi serein qu'aux plus beaux jours du printemps. Mgr Baillès, évêque de Luçon, qui devait bénir la chapelle, se mit en marche, précédé de cent quarante prêtres, de deux cents religieuses des Sacrés-Cœurs, d'un grand nombre d'enfants tenant à la main des étendards et des oriflammes, des filles de la congrégation de la Sainte Vierge, qui portaient la statue de Notre-Dame de la Salette, des femmes de la congrégation de Sainte-Anne, des jeunes gens de la congrégation de Saint-Louis de Gonzague, et d'un immense concours de fidèles venus de tous les points du diocèse. Les assistants s'avancèrent avec ordre le long des arcades ; les rangs, plus que triplés formaient une vaste enceinte, au milieu de laquelle s'élevait, devant la chapelle, la statue de Marie, dressée sur un trône riche et élégant. C'était un coup-d'œil magnifique, qui me rappela la procession que j'avais vue l'année précédente, à pareille époque, se développer sur le plateau de la Salette et sur les flancs du mont Gargas. L'assistance n'était ni moins nombreuse, ni moins recueillie aux Brouzils. Quand Monseigneur eut béni la chapelle, le peuple y entra en foule ; mais la plus grande partie dut rester dehors et ne put pénétrer dans le lieu saint que successivement. A la communion, les personnes qui avaient reçu la sainte hostie sortaient pour faire place à celles qui étaient restées dans le champ. Toutes n'ayant pas entendu l'instruction que le digne prélat avait donnée à la chapelle, deux missionnaires, placés dehors en deux endroits différents, annonçaient la parole de Dieu ou chantaient des cantiques pour fixer l'attention des fidèles.

» Je dois rapporter un fait qui eut lieu pendant la cérémonie. Une mère était restée à garder sa fille, âgée de trois ou quatre ans, qui était très-malade. Tout-à-coup cette enfant s'écrie : « Maman, je veux aller à la Salette. — Que dis-tu là ? répliqua la mère, tu n'es pas capable de marcher. — Porte-moi, maman ; la Sainte Vierge me guérira. » La mère se rendit à ses désirs, la porta à la chapelle, et, après avoir prié un instant, reporta sa fille chez elle et la plaça auprès du foyer. Bientôt l'enfant, voyant passer une autre petite fille qui allait à la chapelle, sort pour l'accompagner. Sa mère la suit et rencontre le médecin, qui l'accuse fortement d'imprudence ; elle lui raconte alors ce qui s'est passé.

» Veuillez permettre, mon révérend Père, que les religieuses des Sacrés-Cœurs de Jésus et de Marie soient unies de prières avec votre Société et avec les religieuses qui sont sur la Salette, et daignez joindre vos prières aux leurs pour obtenir en faveur de leur vénéré Père les grâces qu'elles sollicitent. »

Nous ajouterons que les missionnaires de la Salette se sont empressés d'acquiescer aux désirs qui leur étaient exprimés.

La touchante cérémonie avait comblé d'une sainte joie le fervent curé des Brouzils. Il la vit finir avec regret, et quand le soir, la foule se fut écoulée et que le silence remplaça le chant des cantiques, il ressentit une de ces tristesses indéfinissables qu'éprouvent d'ordinaire les âmes pieuses à la fin d'une fête chrétienne, et qui les font soupirer après le temple bâti de la main de Dieu, où les fêtes durent toujours.

Le dimanche suivant, il offrit, dans un discours que nous avons sous les yeux, ses remercîments et ses félicitations à ses paroissiens. Nous en citerons quelques paroles : « Recourez toujours à cette divine Mère avec une grande confiance dans vos peines, dans vos travaux, dans vos afflictions, dans vos besoins spirituels, dans vos besoins temporels même ; vous y avez un droit tout particulier. Ça toujours été avec joie que, depuis le jour de la bénédiction de la première pierre de notre édifice sacré, nous vous avons vus continuer vos petits pèlerinages aux pieds de son image. Continuez toujours cette belle pratique de dévotion : elle plaît à Marie, à Jésus-Christ, elle plaît à l'auguste et à l'aimable Trinité des personnes divines, elle réjouit le ciel, elle édifie la terre. »

Peu après, le 22 novembre, il écrivit à un directeur du grand séminaire de Luçon : « Je vous dirai que la dévotion de Notre-Dame Réconciliatrice de la Salette, dans son nouveau sanctuaire des Brouzils, continue toujours de se manifester avec édification ; aussi la bonne Mère se plaît-elle à payer toutes ces bonnes gens de bons retours. Plusieurs viennent de temps en temps nous raconter les bienfaits et les faveurs qu'ils obtiennent, par suite de leurs petits pèlerinages et de leurs vœux à la Mère de miséricorde. »

Ses désirs eussent été comblés, s'il avait pu compléter

son œuvre et grouper autour de la chapelle les novices de sa congrégation. Voici ce qu'il écrivait, le 8 août précédent, à une personne à laquelle il annonçait le jour fixé pour la bénédiction du nouveau sanctuaire : « Il pourra venir un jour où il nous sera permis de bâtir notre monastère auprès de notre magnifique chapelle. En attendant, soyons soumis à la volonté de Dieu, qui veut des épreuves et des sacrifices, afin que l'édifice soit appuyé et affermi sur la croix. »

C'est cette parfaite conformité à la sainte volonté de Dieu qui entretenait en lui un calme inaltérable, au milieu des obstacles que rencontraient ses projets ; car tout désir où la nature se mêle porte dans l'âme le trouble et l'agitation. Puis, il n'ignorait pas que la profondeur de la divine sagesse est impénétrable, que ses vues ne sont pas toujours nos vues, qu'il inspire même quelquefois, pour accroître les mérites, des desseins qui ne doivent pas se réaliser. C'est pourquoi M. Monnereau était prêt à faire le sacrifice d'une douce espérance, si tel était le bon plaisir de Dieu. Voyant tout des yeux de la foi, il conserva la plus profonde vénération pour Mgr Baillès, alors persuadé que la maison-mère devait rester à Mormaison. Jamais on ne l'entendit blâmer en aucune manière les actes de son administration ; toujours il lui fut attaché comme un enfant à son père. Aussi, quand il apprit que le vénérable prélat quittait son diocèse, il en fut tellement affligé, qu'il ne put retenir ses sanglots. La douleur le suffoquait à un tel point, que ses deux vicaires furent obligés de le soutenir. On est persuadé que la peine qu'il ressentit de son éloignement influa d'une manière fâcheuse sur sa santé, déjà profondément altérée.

CHAPITRE XIV.

Sa dernière maladie et sa mort.

M. Monnereau ne se dissimulait point l'épuisement de ses forces. Comme on l'engageait à se soigner pour se refaire : « Comment, répondit-il, d'une robe usée peut-on faire une neuve? » Ses filles étaient en proie aux plus vives alarmes; l'une d'elles écrivait le 2 janvier 1856 : « Pourquoi, sainte cité, vouloir nous ravir maintenant le plus grand de nos biens sur la terre ? Notre Père habitera vos divins parvis éternellement; laissez-nous-le donc encore de longues années. Seigneur, voyez ses pauvres filles; si elles restent orphelines, que vont-elles devenir ?.... Bon Sauveur, embellissez plutôt encore, enrichissez de plus en plus la sublime récompense que vous lui réservez. »

Le 17 janvier 1856, s'étant rendu chez les religieuses des Sacrés-Cœurs, il commenta d'une manière touchante ces paroles de notre divin Maître : *Apprenez de moi que je suis doux et humble de cœur. Aimez-vous les uns les autres*. Puis il leur annonça que Mgr l'évêque de Luçon connaissant son état de souffrance, autorisait l'un de ses vicaires à les entendre en confession, et il prit de là occasion de les engager à ne voir que Dieu dans le directeur de leur conscience. « Dès qu'un prêtre est approuvé par Monseigneur, leur dit-il, je m'adresserais à lui volontiers. Si mon confesseur manque, le premier m'est bon. Vous irez à M. Baudry ; il y a longtemps qu'il est votre confesseur extraordinaire, il est juste qu'il soit l'ordinaire. Puis, si ma santé ne me permet pas de me remettre au travail, je vous choisirai moi-même un de ces bons Pères de Chavagnes pour confesseur extraordinaire, et le ferai autoriser par Monseigneur ; par là, vous serez dans les règles de l'Église et dans la bonne voie. » — « A ces mots, a écrit la révérende Mère supérieure de la communauté des Brouzils, les larmes nous gagnèrent, parce que nous regardions ces paroles comme des adieux. Il s'aperçut que nous pleurions, et il nous dit : « Que voulez-vous ? Il faut en finir ; » on ne peut toujours vivre. Il faut de la patience. » Puis, ranimant son courage et se relevant, il s'écria : « Je ne changerais pas mon état de souffrance et de » langueur pour l'empire de Napoléon. » Il sourit, et nous dit : « Allons, si vous êtes comme vous devez être » et que je puisse parler, je pourrai venir de temps à » autre vous dire un petit mot pour vous dédommager. » En voilà assez pour aujourd'hui, je suis épuisé. » Il se mit à genoux, récita le *Sub tuum,* donna sa bénédiction et se retira. Je crois devoir ajouter qu'il était aussi ému que nous. »

Quelques jours après, malgré sa grande faiblesse, il alla visiter la communauté de ses filles, à Mormaison. C'était le 22 janvier 1856, jour où l'Église célébrait la fête de la Prière de Notre-Seigneur au mont des Olives. Deux motifs, dit-il à la Mère supérieure, l'avaient déterminé à venir ce jour-là. Premièrement, parce que, s'affaiblissant de jour en jour, il craignait de ne pouvoir plus tard se procurer cette consolation ; secondement, afin de se trouver avec un de ses paroissiens qui conduisait, ce jour-là, sa fille unique au noviciat, et de pouvoir adoucir par sa présence le sacrifice du père et de la fille. Après un moment de repos, il réunit toutes les religieuses dans une grande salle. Là, assis dans un fauteuil, il leur recommanda de se tenir bien près de lui, leur disant que son état de fatigue lui faisait craindre de ne pouvoir se faire entendre, qu'il s'en allait dans son éternité. Ses filles, le cœur navré à la vue de sa faiblesse, se groupèrent avec respect autour de lui, et recueillirent religieusement ses paroles. « J'ai, leur dit-il, plusieurs petits avis à vous donner. Je vous les ai donnés autrefois, voyez-vous bien ; mais je ne puis me lasser de vous les répéter, parce que je les trouve très-importants. Vous savez que saint Jean, le disciple bien-aimé, cassé par le travail et la vieillesse, se faisait transporter au milieu de ses enfants, et que là il leur répétait à satiété : « Mes » petits enfants, aimez-vous les uns les autres. » Toutes ses instructions en revenaient là, tellement que ses disciples, fatigués et ennuyés d'entendre répéter les mêmes paroles, lui en firent la remarque. Saint Jean leur répondit : « Il est vrai que je vous répète souvent la même » chose ; mais si vous observez bien ce précepte, vous » aurez accompli toute la loi. » Hé bien ! voyez-vous, mes pauvres filles, je vous dis la même chose. Si vous mettez bien en pratique cet avis, vous serez de bonnes religieuses ; vous irez droit au ciel. Aimez-vous donc bien les unes les autres. Soyez toujours unies par les liens d'une douce et cordiale charité. Je vous recommande aussi une grande modestie; la belle vertu de pureté est délicate, c'est la vertu des Anges; il faut bien faire attention à ne pas la blesser. Soyez gaies dans vos récréations, cela fait du bien à l'âme; mais il faut éviter mille et mille petites manières qui ne sont pas assez religieuses.

» L'Église, ajouta-t-il, célèbre la prière de Notre-Seigneur au jardin des Olives; sachons, à l'exemple de Jésus-Christ accablé d'ennui, de tristesse et de crainte, supporter les distractions, les dégoûts et toutes les autres peines du saint exercice de la prière avec courage, avec patience et en esprit d'expiation. Notre divin Sauveur nous a mérité les grâces de soumission, d'abandon et de persévérance: implorez-les donc si, par épreuve ou autrement, vous vous trouvez accablées d'ennui dans l'oraison. Rappelez-vous ces paroles du Prophète royal: *Vous nous avez éprouvés, Seigneur, par le feu, comme l'or qui passe par le creuset. Vous nous avez fait passer par le feu et par l'eau, et vous nous avez enfin amenés au lieu du rafraîchissement* (1). » Puis il fit l'énumération des récompenses qui attendent les justes au ciel, et dit en finissant: « Il me reste encore bien des choses à dire, mais je suis fatigué; c'est assez pour aujourd'hui. Si le bon Dieu m'en fait la grâce, je vous les dirai une autre fois. » Enfin, il bénit ses filles attendries et versant des larmes, dans la crainte où elles étaient de ne pouvoir plus désormais recevoir ses instructions. Hélas! leur crainte n'était que trop fondée: le révérend Père ne devait plus reparaître à Mormaison.

(1) Ps. 65, 10 et suiv.

Les efforts de son zèle, pendant le Carême suivant (1856), épuisèrent le peu de force qui lui restait. Néanmoins, pour décharger, disait-il, ses vicaires et leur donner du temps pour la confession, il voulut, le matin du Samedi-Saint, faire l'office, qui dura quatre heures. On remarqua qu'il chantait avec un élan extraordinaire, comme s'il eût entonné l'hymne de sa délivrance. Le soir, sa faiblesse était extrême. Une personne lui ayant dit qu'il avait eu tort de rester le matin à l'église, il répondit avec calme : « Je ne m'en repens pas. »

Le lendemain, jour de Pâques, il devait célébrer les saints mystères à la chapelle qu'il avait fait construire. La supérieure de la communauté des religieuses, ne le voyant pas arriver à l'heure où il était attendu, alla s'informer de l'état de sa santé ; on le trouva tout habillé, assis sur son lit, avec une fièvre très-forte. Incapable d'offrir le saint sacrifice, il désirait du moins assister à la messe ; on lui dit qu'il ne le pourrait pas. « Eh bien ! répondit-il, je tâcherai de dire mon bréviaire. » Mais son zèle était trahi par sa faiblesse ; il éprouvait un violent mal de côté, auquel des saignées successives n'apportèrent aucun soulagement (1). M. Buet, docteur-médecin des Brouzils, qui s'efforçait de combattre la gravité du mal, déclara que M. Monnereau devait succomber avant huit jours ; ces paroles jetèrent l'effroi dans les âmes. Plusieurs prêtres passèrent avec anxiété la nuit auprès du malade. Une amélioration assez notable vint donner un espoir qui ne tarda pas à s'évanouir.

Le serviteur de Dieu reconnut qu'il était sur le bord de

(1) Son sang, recueilli et conservé dans quelques fioles, est encore aujourd'hui parfaitement liquide et coloré.

la tombe, mais il n'en fut point troublé ; au contraire, jamais on n'avait remarqué autant de sérénité sur son visage, jamais autant de lucidité dans ses idées. Tous ceux qui l'entouraient étaient frappés de l'à-propos et de la justesse de ses réponses. On eut dit que déjà introduit dans le séjour de la lumière, il voyait tout en Dieu, et que la vérité lui apparaissait sans nuage. Ses douleurs étaient pourtant continuelles et excessives ; tout annonçait le travail d'une âme qui se prépare à sortir du corps auquel elle est unie. Dans ses angoisses, on l'entendit s'écrier : « Ce que c'est que le corps de l'homme ! Que de peines et de souffrances! » Les plaies dont il était couvert l'obligeaient de se tenir couché sur le dos, sans pouvoir changer de position. « Monsieur le curé, lui dit le médecin, vous devez souffrir horriblement ? — Oui, mais je ne suis pas capable de rester sur le côté. »

Image de Jésus-Christ, dans sa patience comme dans ses douleurs, s'il ouvrait la bouche, c'était non pour se plaindre, mais pour bénir le nom du Seigneur.

Sans espoir de guérison, il prenait tous les remèdes qu'on lui présentait, bons ou mauvais. Toutes les fois qu'on lui demandait s'il consentait à suivre quelques prescriptions du médecin, il répondait : « Comme l'on voudra. »

Au milieu de ses souffrances, Dieu lui ménageait une douce consolation. Mgr Baillès, rendu à Rome, où il continuait d'administrer spirituellement le diocèse, avait, dans sa lettre d'adieu, manifesté le désir que la maison-mère des religieuses des Sacrés-Cœurs revînt à son berceau. Heureux du changement qui s'était opéré, après un mûr examen, dans les dispositions du savant évêque, le pieux moribond réunit autour de lui un bon nombre de religieuses qui se trouvaient aux Brouzils; puis, ayant fait apporter une pierre, il leur dit : « C'est en conséquence de la volonté de Monseigneur que je vais bénir cette pierre, qui sera le fondement de votre maison-mère aux Brouzils (1). » Après la bénédiction, il ajouta : « Elle est bénite du signe de la croix de Jésus-Christ, la pierre angulaire qui a réuni les deux grands peuples, les Juifs et les Gentils, qui étaient si éloignés, pour en faire un seul bercail. J'espère qu'il aura la bonté d'en faire autant à votre égard, de vous réunir dans son sacré cœur et dans celui de son immaculée Mère, auxquels, vous le savez, je vous ai consacrées. Observez fidèlement votre règle, elle vous conduira à la perfection. Si je viens à succomber (et je suis entièrement soumis à la volonté de Dieu), je vous charge de faire connaître cette déclaration à toutes vos sœurs. » Il eut la consolation de voir toutes ses filles entrer dans ses sentiments, et les Mères attester par écrit leur parfaite soumission à toutes les dispositions de la divine Providence. La révérende Mère générale, Marie de Jésus, écrivit à cette occasion ces paroles, dignes d'être gravées dans le cœur de toutes les religieuses : « Mes supérieurs me trouveront toujours soumise à leurs volontés; on ne s'égare jamais dans la voie de l'obéissance. Continuons, ajouta-t-elle, à prier les divins cœurs de Jésus et de Marie de nous protéger, pour que la volonté du bon Dieu s'accomplisse toujours sur nous. »

M. Monnereau remercia, par une lettre touchante,

(1) Cette pierre est placée dans la maison bâtie depuis sa mort pour les religieuses des Brouzils, auprès de la chapelle, avec une autre pierre bénite par le souverain pontife Pie IX.

Mgr Baillès de ses nouvelles marques de bienveillance. « Veuillez, Monseigneur, lui disait-il en finissant, nous bénir et prier le Seigneur de répandre sur nous l'abondance de ses grâces. Je réclame pour moi, d'une manière toute particulière, le secours de vos ferventes prières. Atteint d'une maladie grave, je suis peut-être à la veille de paraître devant Dieu ; ayez la charité de demander que je sanctifie le peu d'instants qui me restent et que je meure de la mort des justes. Que je meure ou que je vive, jamais, Monseigneur, je n'oublierai vos bontés pour moi, pour la congrégation des Sacrés-Cœurs et pour la paroisse que vous m'avez confiée ; toujours je prierai le bon Dieu d'être votre consolation, votre force et votre récompense. »

Avant de tomber malade, il avait écrit à Mgr Delamarre, nommé évêque de Luçon, afin de lui exprimer la vive satisfaction que son élévation lui faisait ressentir. La réponse qu'il en reçut le pénétra de la plus profonde reconnaissance. « Vos excellentes sœurs, lui dit le vénéré prélat, peuvent compter d'avance sur mon intérêt le plus bienveillant (1). »

Cependant la position du vénérable malade ne s'améliorait point. Le mal de côté avait fait place à une pleurésie pulmonaire, dont les symptômes étaient tout-à-fait inquiétants. On proposa au pieux mourant de lui administrer les derniers sacrements. Cette offre lui sourit, et il se disposa à les recevoir par un renouvellement de

(1) Mgr Delamarre a daigné, en effet, accorder sa haute protection à la congrégation des religieuses des Sacrés-Cœurs, et il a obtenu pour elle l'approbation de l'Etat. La communauté de Mormaison a été reconnue maison-mère, le 13 novembre 1859.

ferveur. Pénétré d'un profond mépris pour lui-même, il se regardait comme indigne de toute grâce. Le P. Baizé, avant de lui donner le saint viatique, lui dit, pour dissiper jusqu'à ses moindres inquiétudes : « Vénéré et cher Père, le Seigneur est le Dieu des miséricordes, il aime à se montrer miséricordieux envers tous ses enfants, mais surtout envers ses prêtres. Rappelez-vous la bonté que le divin Sauveur a témoigné au premier des Apôtres, à saint Pierre, votre patron, même après ses chutes. Une conduite aussi miséricordieuse fait connaître tout ce qu'il y a de tendresse dans le cœur de Jésus pour ceux qu'il appelle ses frères, et quelle confiance ils doivent avoir, même après leurs infidélités, dans une bonté infinie. Vous ne devez donc pas vous inquiéter à la vue de ces obligations, si étendues, que vous craignez de n'avoir pas bien remplies. Puis, que de grâces ne devez-vous pas attendre dans ce mois, qui est consacré à saint Joseph ! Il eut la consolation de mourir entre les bras de Jésus et de Marie. »

Excité par ces paroles, le malade reçut la sainte hostie avec une dévotion sensible; le bonheur dont son âme était inondée se reproduisait sur son visage. Tout enflammé d'amour pour le Dieu bon qu'il possédait au fond du cœur, il fit entendre, à haute voix, les paroles suivantes, qui ont été écrites à mesure qu'il les prononçait : « Charitable Sauveur, ô mon bon Jésus, je vous remercie de toutes les grâces que vous avez daigné m'accorder, malgré mes misérables défauts; vous venez encore me secourir dans mes pressants besoins. J'espère que vous serez mon guide et mon protecteur dans le voyage sombre et ténébreux que je vais faire, et que vous me défendrez contre la bête féroce (1), si elle venait m'attaquer. Vous ferez à mon sujet ce que vous fîtes autrefois pour le jeune Tobie ; vous serez pour moi, dans ce voyage périlleux, ce que fut votre archange Raphaël pour Tobie ; vous me conduirez dans la céleste patrie, auprès de mon bon Père. »

A ces mots, comme suffoqué par les sentiments qui se pressaient dans son cœur, il garda un instant le silence, laissant couler ses larmes. Puis, continuant : « Soyez béni, ajouta-t-il, de toutes les grâces que vous avez daigné m'accorder par les mains de l'Immaculée Marie, de saint Joseph, protecteur de votre enfance, de saint Joachim, de sainte Anne, de tous les Anges, de tous les Saints et de toutes les âmes pieuses. Je vous prie maintenant de bénir toutes les personnes à qui je suis redevable : mes deux vicaires qui m'ont donné tant de secours, la congrégation des Enfants de votre sainte Mère (2) qui ont toujours été aux petits soins auprès de moi. Bénissez ma paroisse, n'oubliez pas, bon Sauveur, tout ce que mes paroissiens ont fait pour la gloire et l'honneur de votre sainte Mère. Protégez aussi la petite congrégation, de la direction de laquelle vous m'avez chargé, tout indigne que je suis. Bénissez tous les bons prêtres qui ont bien voulu assister à cette cérémonie pour demander les grâces dont j'ai besoin. Bénissez tous les prêtres du diocèse, tout le diocèse. Bénissez également toute l'Église. Convertissez les pécheurs, ramenez les hérétiques

(1) Ces paroles rappellent celles que saint Martin, mourant, adressait à l'ennemi de notre salut : « Retire-toi, méchante bête, tu ne trouveras rien à reprendre en moi. »

(2) Enfants de Marie Immaculée.

et les schismatiques dans le véritable bercail; convertissez les pauvres païens. Je vous demande, ô mon Sauveur, la grâce de la persévérance dans la foi, dans la fidélité à toutes vos inspirations, afin que je puisse faire un heureux passage de ce monde à la bienheureuse éternité. » Le P. Baizé lui répondit que Notre-Seigneur le conduirait, selon son désir, du lieu de l'exil à la patrie; il le remercia de ses souhaits pour tous ceux auxquels il les avait faits. « J'ai la confiance, ajouta-t-il, que ce que vous avez béni sera béni, et nous nous unissons pour appeler sur vous toutes les bénédictions que vous pouvez désirer. » A ces mots, le malade, comblé de consolations, s'élança en quelque sorte vers le ciel, dans un mouvement de piété, et demanda un crucifix pour lui rendre ses respectueux hommages.

Cette touchante cérémonie se fit à cinq heures du soir, le 27 mars; neuf prêtres et une trentaine de religieuses des Sacrés-Cœurs y assistaient, ainsi que plusieurs personnes de la paroisse. Tous furent extrêmement édifiés de la piété angélique du malade. La sainte communion avait répandu dans son cœur ces délices ineffables, que Jésus, dit la vénérable Marguerite-Marie, a promis d'accorder, à la fin de leur carrière, aux âmes dévouées à son divin cœur, pendant leur vie. Son esprit n'était plus sur la terre; Dieu seul occupait toutes ses pensées. Ce jour et les jours suivants se passèrent en pieuses aspirations.

Sa profonde humilité s'alarmant sans doute des moindres taches qu'il croyait découvrir en son âme, il demandait de temps en temps à parler seul à l'un des prêtres qui étaient à ses côtés, pour ne pas déranger son confesseur ordinaire, qui demeurait à Chavagnes, et ne pouvait pas toujours être auprès de lui. « Comment ferons-nous, disait une dame qui voyait la délicatesse de sa conscience, quand un si saint prêtre craint de n'être pas assez bien préparé à paraître devant Dieu ? »

Le 14 avril, comme il appréhendait d'être surpris par la mort avant d'avoir reçu l'indulgence accordée aux mourants, on la lui donna. Il commença le *Confiteor* d'un air pénétré et recueilli; mais quand il prononça ces mots : *Meâ culpâ, meâ maximâ culpâ,* ses sentiments de componction et d'amour devinrent si vifs, que les larmes et les sanglots étouffèrent sa voix. « Je ne sais pas, dit-il, si je pourrai réciter la fin. » Toutefois, il se remit un peu et acheva le *Confiteor,* comme un pécheur qui se reconnaît indigne de tout pardon, et n'espère qu'en la miséricorde divine. Les assistants en furent touchés jusqu'à fondre eux-mêmes en pleurs.

Le lendemain, le mal s'aggrava au point que M. Buet dit qu'il faudrait un miracle pour le sauver, que probablement le surlendemain il ne serait plus. Sur sa demande, on lui adjoignit un autre médecin, qui trouva, comme lui, l'état du malade extrêmement inquiétant.

De toutes parts on adressait à Dieu les prières les plus ferventes. On allait par groupes réciter le chapelet aux pieds des croix et devant les arceaux de la Mère de Dieu. Un grand nombre de neuvaines se firent dans la chapelle de la Salette.

La nouvelle du danger que courait le vénérable curé des Brouzils s'était répandue dans tout le diocèse et avait excité partout où il était connu les plus vives alarmes. Tous les prêtres partageaient à son égard les sentiments d'estime et d'attachement que l'un d'eux, le digne curé de Belleville, exprima à ses paroissiens pendant la célébration des mystères. « Mes frères, leur dit-il, je recommande à vos prières un prêtre que ses rares vertus font vénérer, non-seulement dans la paroisse où il exerce depuis quarante et quelques années le ministère pastoral, mais dans le diocèse entier. Ce prêtre est M. Monnereau, curé des Brouzils, fondateur de la congrégation des religieuses des Sacrés-Cœurs de Jésus et de Marie. La reconnaissance nous fait un devoir de prier pour lui. C'est lui qui nous a envoyé des religieuses qui instruisent si bien vos enfants. Cinquante autres paroisses ont obtenu de lui des sœurs qui, en se vouant à l'instruction de la jeunesse, font un bien immense. »

M. Gourand, vicaire-général et supérieur du grand séminaire, écrivit qu'il l'avait recommandé aux prières des séminaristes, et il ajouta : « Daigne le Seigneur nous le conserver encore bon nombre d'années pour le bonheur, la consolation de ses enfants et l'édification des fidèles ! »

Environ quatre-vingts ecclésiastiques, partis de tous les points du diocèse, vinrent lui offrir le témoignage de leur respect et de leur affection. Il se rencontrait parmi eux des chanoines, des curés, des missionnaires de la congrégation du vénérable Montfort et de celle du P. Baudouin, des aumôniers de religieuses, en un mot, des prêtres des différentes classes du clergé de la Vendée. Nous devons citer M. Lussagnet, vicaire-général et supérieur de la congrégation des Ursulines de Jésus, qui le regardait, dit-il, comme un saint; M. l'abbé de Lespinay, qui lui dit : « Avant de voir les belles choses qui sont au ciel, il faut que vous en voyiez d'autres sur la terre; il faut, avant de mourir, que vous voyiez la maison-mère revenir aux Brouzils. — Ah ! Monsieur l'abbé, répondit-il, ce n'est pas ce qui m'empêchera de mourir en paix. » Il exprima les mêmes sentiments au P. Baizé, en ajoutant : « Que la sainte volonté de Dieu s'accomplisse ! » Tous ses désirs étaient subordonnés à cette adorable volonté qui, en effet, doit être en tout notre règle suprême. Lui échappait-il d'exprimer quelque souhait, aussitôt il ajoutait : « Si Dieu le veut. » — « Ma fille, dit-il à une postulante à laquelle il portait beaucoup d'intérêt, je vous donnerai l'habit, si Dieu le veut. Disons toujours : Si Dieu le veut. »

Un de ses frères lui ayant demandé, après un pansement, s'il n'était pas un peu mieux, il répondit : « Nous serons mieux dans le ciel ; mais il faut vouloir ce que veulent le bon Dieu et la Sainte Vierge. »

Toutes ses paroles étaient pleines de foi. Un jeune homme, qui avait de la fortune et qui lui était uni par les liens du sang, s'étant approché de son lit, l'homme de Dieu le prit par la main et lui dit affectueusement : « Apprends de moi ce que c'est que la mort ; vis toujours en bon chrétien. Que sont toutes les richesses ? Le ciel ! le ciel ! mon cher enfant. »

A voir son calme et sa sérénité, on eût dit que le ciel était déjà ouvert pour le recevoir et qu'un rayon de la gloire éternelle était descendu sur son front. Le démon, jaloux de la paix dont ce fidèle serviteur de Dieu savourait les délices, entreprit de l'altérer par de sombres pensées, car on entendit le malade s'écrier : *Abrenuntio.* C'était le cri de victoire dans sa dernière lutte avec cet esprit de malice, auquel il avait livré de si rudes combats dans le cours de sa vie.

La révérende Mère supérieure générale des Ursulines de Jésus lui fit demander sa bénédiction pour elle et pour ses sœurs, persuadée que ce serait pour toute sa congrégation une grâce insigne d'être bénie par ce fidèle imitateur des vertus de leur vénéré fondateur, dont il était aimé si tendrement. Prêtres, religieux, laïcs, tous s'agenouillaient au pied de son lit pour obtenir la faveur d'être bénis de sa main; quoiqu'il en coûtât à son humilité, sa charité ne lui permettait pas de les contrister, et bien qu'il lui fallût presque à chaque instant renouveler sa bénédiction, il le faisait toujours avec la même attention et le même recueillement.

Les personnes qui le gardaient, voyant le concours augmenter en même temps que sa faiblesse, n'osaient plus le prier de bénir tous ceux qui se présentaient; mais comme plusieurs réclamaient cet avantage avec instance, elles dirent au vénérable malade : « Contentez-vous de les bénir du fond du cœur. — Faites-les approcher, » répondit-il; et recueillant toutes ses forces, il leva la main, les bénit avec sa bonté ordinaire, et leur adressa à chacun un mot d'édification.

La Mère générale des religieuses des Sacrés-Cœurs de Jésus et de Marie voulut procurer aux novices qui étaient à Mormaison la consolation de voir leur vénéré Père et de recevoir sa dernière bénédiction. Ce fut pour lui une satisfaction bien douce de voir cette portion de sa famille spirituelle réunie autour de lui. Il les bénit comme Jacob bénit ses enfants au moment de s'en séparer; ses yeux humides jetèrent sur elles un regard pénétrant :

c'était l'adieu d'un père. Avant leur départ, on lui demanda s'il n'avait rien à leur dire. « Je les ai mises dans le sacré cœur de Jésus, répondit-il, qu'elles y fassent leur demeure. »

Voyant avec peine ses filles sur le point de devenir orphelines, il pria le P. Baizé de le remplacer auprès d'elles, de leur tenir lieu de père et de les entourer de toute sa sollicitude, sous la haute protection de Mgr l'évêque de Luçon, afin de leur faire atteindre le but de leur société; il exprima par écrit ses désirs au vénéré prélat lui-même.

Comme nous l'avons dit, il était entré dans la congrégation des Enfants de Marie et avait eu la douleur de la voir dissoute; la congrégation ayant été rétablie, il voulut s'y rattacher avant de mourir. Nous lisons dans les registres de cette Société, à la date du 3 février 1856. que le Conseil accueillit avec une vive satisfaction la demande qu'il fit d'être de nouveau inscrit parmi les membres de la Société, que c'était pour elle un très-précieux avantage.

Une grande faveur fut accordée au serviteur de Dieu : M. l'abbé Gallot qui avait conservé le plus tendre attachement envers son ancien curé, obtint pour lui la bénédiction du Souverain Pontife. Lorsqu'on remit au pieux malade la supplique où le Saint-Père avait daigné apposer sa signature, il la prit avec un religieux respect et la baisa affectueusement, puis il la plaça un instant sur sa tête pour attirer sur lui les bénédictions célestes. « Le bon Dieu, disait-il dans les transports de sa reconnaissance, ne cesse de me prodiguer ses grâces; le Saint-Père vient de me bénir ! »

Son bonheur était d'autant plus grand, que le Souverain Pontife, donnant à la congrégation des religieuses des Sacrés-Cœurs une marque de sa haute bienveillance, avait écrit de sa main : *Benedicat vos Deus et custodiat corda vestra et intelligentias vestras* (1). — *Pius IX.*

Béni par le vicaire de Jésus-Christ, comme Joseph mourant l'avait été par le divin Sauveur, rien ne le retenait plus ici-bas. Prêt à quitter la terre, il s'occupa avec calme de ses obsèques. « Nous ne sommes pas riches, dit-il, je ne veux pas qu'on fasse de dépense pour moi ; il vaût mieux distribuer l'argent aux pauvres. Que tout se fasse avec simplicité à mon enterrement. »

Sa ferveur augmentant à mesure qu'il approchait du terme de sa course, il demanda que, pendant son agonie, on approchât de ses lèvres, à chaque demi-heure, les médailles qu'il portait sur sa poitrine. Chaque fois qu'on les lui présentait, il les baisait avec un profond respect, et il répétait affectueusement : « Jésus, Marie, Joseph ! »

C'était une extrême fatigue pour lui de répondre aux personnes qui le visitaient ; la parole expirait sur ses lèvres décolorées. Aussi se tournant vers ceux qui le gardaient, il leur dit : « Quand il viendra des hommes, faites-les asseoir : je me contenterai de leur donner une poignée de main. » Ensuite, lorsqu'il s'en présentait quelques-uns, il leur tendait la main avec un sourire de bonté et d'affection.

Le samedi 26 avril, on ne croyait pas qu'il touchât encore à sa fin, mais lui, pressentant sa mort prochaine, dit pour l'annoncer : « Je désire qu'aujourd'hui deux

(1) Que Dieu vous bénisse et garde vos cœurs et vos intelligences.

hommes restent continuellement dans ma chambre. » On lui donna l'assurance que le médecin le trouvait mieux. « Il se fait illusion, reprit-il ; je mourrai cette nuit. » Sa faiblesse était si grande, que le moindre bruit le fatiguait beaucoup, et qu'il ne pouvait entendre parler à haute voix sans souffrir. Les personnes qui le veillaient gardaient un profond silence, suivant d'un œil inquiet les rapides progrès de la maladie, pendant que, dans un recueillement céleste, il s'entretenait intérieurement avec Dieu.

A sept heures du soir, il fit dire à ses vicaires, alors à l'église, qu'ils devaient souper, qu'ils ne pourraient pas le faire plus tard, parce qu'il aurait besoin d'eux. Puis il exprima le désir de recevoir une seconde fois le pain mystérieux, qui aide le chrétien à faire le voyage du temps à l'éternité ; on s'empressa de le satisfaire. En s'unissant à son Dieu, il manifesta de nouveau sa foi vive et sa profonde humilité. Les larmes aux yeux, il demanda pardon à tout le monde, et ajouta qu'il pardonnait lui-même à ceux qui avaient pu l'offenser.

Un homme honorable, qui venait de perdre un de ses frères, frappé d'apoplexie, étant venu le voir, il lui témoigna toute la part qu'il prenait à sa douleur : c'est ainsi que, dans ce moment suprême, où l'on a vu des mères insensibles aux caresses et aux larmes de leurs enfants, l'homme de Dieu s'oubliait pour répandre la consolation dans le cœur d'autrui.

Les religieuses présentes désiraient être témoins de ses derniers moments, mais le vénéré Père leur dit : « Il ne sera pas nécessaire que vous soyez dans ma chambre, pendant mon agonie ; vous irez, dans votre petite chapelle, prier devant le Saint-Sacrement. » Et comme elles restaient immobiles et silencieuses, tout entières livrées à leur douleur, il ajouta : « Deux d'entre vous pourront rester ici, si elles le veulent. » Toutes partirent, à l'exception de la Mère de l'Incarnation et de la sœur Saint-François de Sales. Les autres espéraient le revoir le lendemain; leur attente fut trompée. A onze heures, il prit au malade un tremblement qui dura environ deux minutes; les dents lui claquaient avec une telle force, qu'on en entendait le bruit de l'étage inférieur. « La fièvre me saisit, dit-il, couvrez-moi. » On mit sur lui des couvertures et le tremblement cessa; mais la poitrine remplie, oppressée, il fit de vains efforts pour expectorer. Sentant qu'il étouffait, il saisit avec empressement son crucifix, son chapelet, son scapulaire et les médailles, les baisa affectueusement, dit deux fois : « Jésus, Marie, Joseph, ayez pitié de moi, » puis, la bouche collée sur l'image du Dieu Sauveur, le front calme, les yeux élevés vers le ciel, le sourire sur les lèvres, sans défaillance d'esprit, sans convulsion, il remit, par un léger soupir, sa belle âme entre les mains de son Créateur, le 26 avril 1856, un samedi, jour consacré à l'auguste Vierge, dont la dévotion avait sanctifié toute sa vie. Il ne se trouvait alors dans sa chambre que les deux religieuses avec ses deux vicaires, et ses fidèles gardiens, Armand Guibert et Chauvet. Heureux ceux qui ont pu recueillir ses dernières paroles et son dernier soupir ! La vie entière se ressent des heureuses et salutaires impressions que la mort des prédestinés produit sur l'esprit des personnes qui en sont témoins. Le récit même de leurs derniers combats touche le cœur, et c'est avec raison qu'une jeune demoiselle écrivait à la mort du curé des Brouzils : « Nous trouvons dans la mort des Saints un grand engagement pour apprendre à bien vivre. »

CHAPITRE XV.

Sépulture et testament de M. Monnereau. — Hommages qui lui sont rendus, après sa mort.

Le P. Baizé fut aussitôt informé de la mort de son vénérable ami, et vint en grande hâte de Chavagnes pour lui donner un dernier gage de son affection, en aidant lui-même à l'ensevelir. Le pieux défunt, qui avait la modestie d'une vierge, avait demandé, avant de mourir, qu'on l'enveloppât d'un suaire, sans le changer de linge : ses intentions furent fidèlement respectées. La chambre où il avait rendu le dernier soupir fut changée en une chapelle ardente ; on l'y exposa sur un lit de parade, revêtu d'habits sacerdotaux. Son visage avait une beauté inaccoutumée ; il souriait comme un ange du ciel.

Bientôt on apprit dans toute la paroisse qu'il n'était plus, ce vénérable prêtre qui, depuis quarante-deux ans, s'était appliqué avec tant d'ardeur à sauver les âmes ; qui les avait en si grand nombre régénérées dans les eaux du baptême ; qui avait donné à tant d'époux la bénédiction nuptiale ; qui était le père des orphelins, le soutien des veuves, l'ange consolateur des affligés, le recours des indigents, le modèle de toutes les vertus.

Chacun rappelait quelques traits édifiants de sa vie ; on se racontait les œuvres de sa charité, de son zèle, de son dévouement. Partout le deuil, les larmes, la plus profonde affliction. La paroisse entière présentait l'image de ce qui se passe dans une famille qui perd un père vénéré et chéri.

Il se fit un nombreux concours auprès de la dépouille mortelle de l'homme de Dieu. On s'empressait d'y faire toucher des chapelets, des médailles ou autres objets. On ambitionnait l'honneur d'avoir quelque chose qui lui eût appartenu ; il fallut, pour satisfaire les désirs empressés de la foule, ôter des parties considérables d'un drap qu'on avait mis sous lui dans le cercueil, et qu'on voulait conserver comme relique.

Afin que les religieuses des Sacrés-Cœurs et les prêtres qui désiraient assister à son enterrement fussent arrivés à temps, on le laissa sur son lit de parade cinq jours, durant lesquels l'affluence ne fut pas un moment interrompue, même pendant la nuit.

Mgr Baillès qui, de Rome, l'avait plusieurs fois béni pour les marques si attendrissantes et toutes personnelles de dévouement qu'il en avait reçues, aux jours de ses tribulations, le bénissait de nouveau, le 24 avril, dans l'effusion de son âme. « Prêtre vénéré et chéri dans le Seigneur, lui écrivait-il, notre cœur est à vous ; il est très-spécialement à vous, gagné par vos qualités excellentes et vos mérites distingués, auxquels tous rendent témoignage, par l'intégrité de votre doctrine, par vos mœurs éminemment ecclésiastiques, par votre vie de toutes parts embaumée de l'odeur de toutes les vertus sacerdotales, par votre zèle infatigable, par vos longs travaux dans la vigne du Seigneur, et par les fruits très-abondants de salut que votre charité a produits pour les âmes, soit dans la paroisse que vous gouvernez depuis plus de quarante ans, soit bien au delà de ses limites pour la congrégation des religieuses que vous avez instituée et dirigée, et qui dès longtemps n'ont cessé de former à la piété chrétienne et à une science convenable les jeunes personnes, tant des diocèses voisins que de notre diocèse. »

Après cet éloge aussi bien mérité qu'il est pompeux, le vénéré prélat conclut à élever le saint vieillard aux honneurs de l'Église, et lui adressa des lettres de chanoine, qui n'arrivèrent qu'après sa mort, mais avant ses obsèques : c'était une oraison funèbre déposée sur un tombeau. On mit le camail sur son cercueil, comme un hommage rendu à ses mérites et à sa vertu. Sa vie s'était écoulée au milieu de toutes sortes de peines et d'humiliation, dans une obscurité profonde ; et maintenant qu'il est environné des ombres de la mort, devant laquelle si souvent s'effacent l'estime et la gloire la plus brillante du monde, le voilà respecté, honoré, applaudi de tous ! Ainsi son sépulcre, comme celui de son divin Maître, devait être glorieux. Ainsi la Religion couronne l'humilité de ses enfants. Pour eux se vérifie cette parole de l'Évangile : *Celui qui s'abaisse sera élevé* (1). Mais ce n'est qu'au grand jour du jugement que les vertus des Saints paraîtront telles qu'elles sont, avec les immortelles splendeurs qui les couronnent.

Les religieuses auraient bien désiré que le corps de

(1) Luc, 14, 11.

leur vénérable fondateur fût déposé dans la chapelle de Notre-Dame de la Salette, qui leur appartient; mais il aurait fallu à cet effet une permission qu'elles n'avaient pas obtenue; d'ailleurs, les habitants de la paroisse ne voulaient pas consentir à se dessaisir du trésor qui était en leur possession. Ils demandaient qu'il reposât au milieu de leurs défunts, là où ils iraient eux-mêmes successivement les joindre: on dut se rendre à leurs désirs.

La cérémonie des obsèques se fit le lendemain de l'Ascension, le 2 mai 1856. Soixante-quinze prêtres, cent soixante religieuses, plus de trois mille fidèles, dont le tiers était étranger à la paroisse, assistèrent à cette pompe funèbre dans le recueillement de la piété et de la douleur. Beaucoup versaient des torrents de larmes, et ne pouvaient retenir leurs gémissements. On porta le corps à la chapelle de Notre-Dame de la Salette, en chantant l'office des morts; il y resta pendant une messe basse, puis on le conduisit à l'église, où la messe fut chantée. Plus de onze cents fidèles approchèrent de la Table Sainte, offrant à Dieu leur communion comme action de grâces pour toutes les faveurs qu'il leur avait dispensées par les mains du défunt, et le conjurant de le retirer promptement du Purgatoire, s'il avait encore à expier quelques légères fautes; mais beaucoup, persuadés qu'il était déjà dans le sein de la gloire, l'invoquaient au fond du cœur.

Enfin, le corps du serviteur de Dieu fut déposé dans le cimetière de la paroisse, au milieu de cette population silencieuse des morts dont il avait béni les tombes. Là, les pleurs coulèrent encore avec plus d'abondance;

les sanglots éclatèrent, vive expression de la tristesse la plus profonde. La cérémonie terminée, beaucoup des assistants restèrent immobiles, à genoux, ne pouvant en quelque sorte consentir à se séparer d'un Père vénéré et chéri, et ne se consolant que par cette parole que tous disaient intérieurement : « Celui que nous pleurons est au ciel. »

Voici, dans sa touchante simplicité, le testament qu'il a laissé :

« A. M. D. G. J. M. J.

» Mon âme est à mon Créateur et Rédempteur ; mon corps ira, en attendant l'avènement de Jésus-Christ, reposer dans la terre. Pour le reste, s'il me reste quelque bien, qu'il soit à mes chers pauvres et au petit séminaire. »

Mgr Baillès ayant appris à Rome que le pieux curé des Brouzils avait paru devant Dieu, exprima ses profonds regrets et sa haute estime pour ce saint prêtre. Il répondit, le 27 avril 1857, à une lettre de la révérende Mère Marie de l'Incarnation :

« Ma bien chère fille,

» Je suis heureux d'être à même, pour satisfaire à votre pieux désir, de rendre hommage aux vertus de votre vénérable fondateur. Je n'ai jamais rien vu en lui qui ne fût parfaitement ecclésiastique. Son esprit de foi qui se manifestait surtout par son profond recueillement, sa gravité constante, sa religion dans le lieu saint, son respect, sa vénération même pour l'autorité épiscopale, me le firent toujours remarquer. Il s'appliquait à donner sans cesse des preuves de sa soumission aux lois diocésaines, et le moindre désir de son supérieur ecclésiastique lui suffisait pour le porter à des démarches qui devaient lui attirer bien des contradictions. Cet esprit de foi lui manifestait aussi le prix des âmes, et il sacrifia tout pour les sauver. Quelle fidélité au devoir de la résidence ! Quelle infatigable activité à faire fréquenter les sacrements, à visiter les malades, à soigner les enfants ! Quelle opposition constante à l'esprit de ce siècle ! Quelle mortification, quel esprit de pénitence ! Sa prière devait être continuelle, car son recueillement ne l'abandonnait jamais. Je ne doute pas que le Seigneur ne lui ait fait miséricorde, en l'introduisant dans ses tabernacles éternels, car il a vécu de la vie des saints prêtres; il a dû dès lors participer à leur récompense.

» Je ne l'ai jamais entendu dire du mal de personne, et je crois que son horreur pour la médisance n'était pas moins grande.

» Réjouissez-vous d'avoir eu pour fondateur un si saint homme : il prie pour la précieuse congrégation dont il a doté le diocèse, et sa mémoire ne passera point. Quelque soin qu'il eût de se cacher, de se taire, de garder les pratiques d'une humilité portée bien loin, le parfum de ses vertus se répandra de plus en plus. Vous surtout, mes chères filles, qui avez eu le bonheur d'être les témoins assidus de ses rares vertus, de sa discrétion et de son zèle, de sa pauvreté pour lui-même et de sa libéralité à l'égard des pauvres, vous vous édifierez sans cesse par le souvenir de ses vertus si bonnes, si modestes. L'égalité de son caractère, sa sainte impassibilité vous apprendront comment il faut vivre avec ses sœurs et supporter les peines et les contradictions de cette vie.

Son amour pour l'oraison, sa dévotion au Saint Sacrement, sa filiale confiance en l'immaculée Mère de Dieu, vous inspireront une ferveur toujours nouvelle. C'est ainsi que vous serez les dignes filles de cet homme de Dieu.

» Mes amitiés au R. P. Remaud, qui continue si bien son œuvre, et au compagnon fidèle (1) de ses travaux, de ses labeurs et de sa sollicitude. Le premier pourra, dans l'exercice de son ministère, recueillir chaque jour de nouvelles preuves de la grandeur des vertus de ce pieux fondateur; et le second, qui a été le témoin oculaire de ses œuvres, pourra en révéler les secrets. »

Le R. P. Remaud, de la société des Enfants de Marie Immaculée, avait été chargé de diriger la congrégation des religieuses des Sacrés-Cœurs de Jésus et de Marie et de desservir en même temps la paroisse des Brouzils; mais il quitta la charge pastorale au bout de seize mois, lorsque la congrégation à laquelle il appartenait eut été reconnue à Rome. Nous passerons sous silence le bien qu'il fit en peu de temps aux Brouzils, le zèle avec lequel il s'employa, de concert avec les autorités civiles, pour obtenir des souscriptions volontaires afin de bâtir une nouvelle église; mais nous devons dire qu'un des buts de M. Monnereau, en donnant de l'étendue à la chapelle de Notre-Dame de la Salette, avait été de pouvoir y réunir les fidèles pendant la construction d'une nouvelle église dont il sentait le besoin, surtout depuis quelque temps : il avait fallu abattre le clocher, qui menaçait ruine. Nous ajouterons que, pendant son séjour aux

(1) M. l'abbé Baudry.

Brouzils, le R. P. Remaud fut vivement frappé de tout le bien qu'avait fait son prédécesseur. Aussi à la première visite pastorale de Mgr Delamarre, le 7 mai 1857, il lui dit dans son discours de réception : « Que n'aurais-je pas à dire, Monseigneur, pour vous faire connaître le troupeau dont j'ai l'honneur d'être le pasteur. Faut-il rappeler à Votre Grandeur que la paroisse des Brouzils occupe une place honorable parmi les bonnes paroisses du diocèse, grâce à mon vénéré prédécesseur qui, pendant quarante-deux ans, l'a cultivée avec un zèle infatigable ? Enfant de notre vénérable Père Baudouin, il se montra toujours le digne imitateur de ses vertus. Le bien que le premier avait opéré dans la belle paroisse de Chavagnes, le pieux et zélé M. Monnereau voulut le faire dans la paroisse des Brouzils. Les prosélytes de la *Petite Église* rentrés par ses soins dans le bercail du divin Pasteur, les nombreux pécheurs égarés par nos troubles révolutionnaires ramenés par ses prédications à la pratique des vertus chrétiennes, plus de vingt prêtres qui lui doivent leur vocation sacerdotale, sa modeste congrégation des religieuses des Sacrés-Cœurs de Jésus et de Marie appelée à raviver la foi et la piété dans nos campagnes, les pieuses congrégations établies dans cette paroisse, le bon esprit qui anime notre religieuse population, vous diront mieux que moi, Monseigneur, tout ce que fit cet homme de Dieu pour la gloire du Seigneur et le salut de ses frères... Aussi humble que charitable, aussi résigné qu'obéissant, il sut tirer profit de toutes les peines de son long ministère pour assurer le salut de sa belle âme. Il sema dans les larmes, il moissonne dans la gloire, nous en avons la confiance. »

De semblables hommages lui ont été rendus par toutes sortes de personnes. Dans toutes les lettres de condoléance adressées aux religieuses des Sacrés-Cœurs de Jésus et de Marie, après la mort de leur vénéré fondateur, on leur disait que sa sainteté était pour elles un puissant motif de consolation, que Dieu avait voulu déposer sur son front la couronne méritée par ses vertus, et qu'elles étaient heureuses d'avoir un nouveau protecteur dans le ciel.

On lui a élevé un monument funèbre en marbre, d'une élégante simplicité. C'est une tombe noire sur laquelle se trouve une croix blanche ; on y lit cette épitaphe :

M. PIERRE MONNEREAU,
CURÉ DE NOTRE-DAME DES BROUZILS
DE 1814 A 1856,
FONDATEUR DE LA CONGRÉGATION DES RELIGIEUSES
DES SACRÉS-COEURS DE JÉSUS ET DE MARIE.
PRIEZ DIEU POUR LUI.

Beaucoup de personnes vont s'agenouiller auprès de cette tombe, afin d'y implorer le secours d'En-Haut ; on assure qu'on y a obtenu des faveurs signalées.

CHAPITRE XVI.

Portrait de M. Monnereau et tableau raccourci de ses vertus.

M. Monnereau avait la taille élevée, bien proportionnée, et une complexion robuste ; il fallut, pour l'abattre, des veilles prolongées, des travaux excessifs et les austérités de la pénitence. Ses cheveux, naturellement noirs et épais, blanchirent un peu avec les années ; ses yeux se faisaient remarquer par leur vivacité ; son front était large, son nez aquilin, sa bouche grande, son sourire plein de grâce et d'aménité ; sa voix joignait la force à la douceur. Ses traits, fortement accentués, étaient en rapport avec l'énergie de son caractère. Les qualités de sa belle âme se reflétaient sur son visage, ordinairement coloré : on y voyait la bonté empreinte. Il y avait dans ses manières une simplicité patriarcale ; ceux qui l'approchaient étaient charmés de son abord si bon et si affectueux : tout en lui respirait la sainteté. Une mère ayant conduit, aux Brouzils, sa fille, qui désirait entrer dans la congrégation des religieuses des Sacrés-Cœurs de Jésus et de Marie, le serviteur de Dieu les accueillit l'une et l'autre et leur parla avec son affabilité accoutumée. Après l'entrevue, la mère dit à sa fille : « C'est pour moi un sacrifice bien douloureux de me séparer de toi ; mais j'éprouve une grande consolation à te laisser sous la conduite d'un pareil saint. Je ne saurais t'exprimer l'impression profonde produite sur moi par son air et par ses paroles de piété. »

A un sens droit, à un jugement solide, il joignait une admirable franchise, un cœur parfait. Aussi mérita-t-il d'avoir des amis sincères et fidèles.

Fruits de la grâce et de la longue violence qu'il s'était faite, toutes les vertus se réunissaient en lui. Déjà elles ont passé successivement sous les yeux du lecteur; maintenant, afin de les faire ressortir toutes ensemble, nous allons les grouper, en former pour ainsi dire un bouquet de fleurs, dont les doux parfums et les couleurs riches et variées inspirent des pensées toutes célestes; d'ailleurs quelques-unes se présenteront sous un nouveau jour.

Sa foi profonde, inébranlable, embrassait toutes les vérités que l'Église nous propose de croire.

Jamais personne ne fut plus attaché que lui au Saint-Siége, n'eut un respect plus profond pour le Souverain Pontife et pour ses décisions. « Oui, Seigneur, s'écriait-il dans un de ses discours, nous reconnaissons dans notre Saint-Père le Pape, votre vicaire sur la terre, le chef de toute l'Église, le pasteur des pasteurs, le père commun de tous les fidèles, l'héritier de toutes les dignités et de toute la puissance de saint Pierre; nous vous vénérons vous-même en sa personne, parce qu'il tient votre place sur la terre; nous aurons toujours pour lui le respect et la soumission que des enfants doivent à leur père. O mon Dieu, conduisez-le, protégez-le et dissipez les efforts de ses ennemis. »

La dignité épiscopale lui apparaissait avec tout l'éclat dont la foi l'environne. Devant un évêque, tout son extérieur annonçait le profond respect dont il était pénétré à l'égard du représentant de Jésus-Christ. « A le voir ainsi s'abaisser, a écrit une de ses religieuses, il nous semblait qu'il se regardait comme une fourmi devant Sa Grandeur. » Les prescriptions de l'Ordinaire étaient pour lui comme celles du divin Maître; nul ne s'y conformait avec plus d'exactitude.

La foi lui inspirait une religieuse vénération pour les temples du Seigneur. La présence de la Majesté Suprême, qui les remplit de sa gloire, le tenait comme anéanti; il voulait qu'au moins on y eût le respect qu'on a dans le palais des rois de la terre. Un jour qu'il priait devant le sanctuaire de l'église des Brouzils, il entendit quelques jeunes personnes rire par légèreté : « Eh quoi ! leur dit-il gravement, saint Jérôme tremblait en entrant dans le lieu saint, et vous, vous y riez ! »

Ses jugements avaient pour règle les maximes de la foi. Les choses de ce monde n'étaient pas plus à ses yeux que la fumée emportée par le moindre souffle; toutes ses pensées se portaient sur les choses du ciel.

Son espérance avait la fermeté de la foi sur laquelle elle reposait; les tentations les plus violentes furent impuissantes pour l'ébranler. S'appuyant, non sur ses œuvres, qui n'étaient rien à ses yeux, mais sur la force et sur les mérites de Notre-Seigneur Jésus-Christ, il disait comme le grand Apôtre : *Je puis tout en Celui qui me fortifie* (1); *je sais à qui je me suis fié; je sais*

(1) Philip., 4, 13.

qu'il a le pouvoir de garder mon dépôt (1). *Il ne me reste qu'à attendre la couronne de justice qui m'est réservée, et que le Seigneur me donnera* (2).

Afin d'acquitter ses moindres dettes envers la divine justice, M. Monnereau puisait sans cesse dans le trésor des mérites infinis de Jésus-Christ. C'est dans ce but qu'il fit dresser un tableau des indulgences plénières les plus authentiques, afin de pouvoir en gagner une toutes les fois qu'il avait la consolation d'offrir le saint sacrifice.

Sa confiance dans la Providence ne connaissait point de bornes, et il eut toujours lieu de s'en applaudir. Pour lui se vérifiait ce qu'il avait coutume de répondre aux personnes qui lui exprimaient des craintes, dans les embarras et les difficultés qu'il rencontrait : « La Providence y pourvoira. »

La charité, reine et principe de toutes les vertus, brillait en lui du plus vif éclat ; c'est le divin amour qui lui donnait son zèle ardent et infatigable pour la gloire de Dieu et cette soumission absolue à la volonté suprême dont nous avons vu tant de preuves.

Bien différent des âmes qui se recherchent dans la pratique des bonnes œuvres, il servait Dieu pour la gloire de ce divin Maître et non pour les consolations de la grâce. Des religieuses lui disaient que dans le monde le Ciel les comblait de délices, et qu'en religion elles se trouvaient dans la sécheresse et la froideur. « Dieu, leur répondit-il, ressemble à la bonne mère qui nourrit son enfant de sucre et de lait lorsqu'il a l'estomac

(1) Tim., 1, 12.
(2) *Id.*, 4, 8.

faible, mais qui, à mesure qu'il devient plus fort, lui donne une nourriture plus solide. Dans le monde où vous étiez faibles, Jésus-Christ vous accordait des douceurs ; aujourd'hui que vous êtes fortes, il vous donne de l'absinthe. » Dieu, qui éprouve ceux qu'il aime (1), a prodigué l'amertume de cette absinthe spirituelle à son fidèle serviteur. Pendant les dernières années de sa vie, il fut éprouvé par des peines intérieures si vives, qu'il ne pouvait entièrement les dissimuler. M. Baudry, son vicaire, profondément touché de ses angoisses, s'efforçait de les adoucir et de le rassurer contre les craintes d'une conscience trop timorée. A ces anxiétés accablantes vinrent se joindre des épreuves extérieures qui le tinrent attaché à la croix, comme Notre-Seigneur ; mais on peut lui appliquer ces paroles de l'Écriture : *Les grandes eaux*, c'est-à-dire les grandes tribulations, *n'ont pu éteindre sa charité* (2) ; au contraire, elles n'ont fait que l'enflammer davantage. Un jour, prosterné au pied de son crucifix, dans un moment où il croyait n'être pas entendu et par conséquent où il pouvait parler plus librement de *l'abondance du cœur* (3), il s'écria avec l'accent de la plus tendre affection : « O mon Dieu, plus vous m'en ferez, plus je vous aimerai. » Paroles sublimes qui méritent d'être unies à la célèbre devise de sainte Térèse : « Ou souffrir ou mourir. »

Ainsi, les vertus théologales, étroitement unies, formaient en lui ce triple lien qui, selon l'Écriture, se rompt

(1) Apoc., 3, 19.

(2) Cant., 8, 7.

(3) Matth., 12, 34.

difficilement (1). C'était là le secret de sa force dans toutes les épreuves.

Pour sa religion, il suffit de dire qu'il était comme un autre Jésus-Christ. Personne ne s'intéressait plus que lui à tout ce qui peut procurer la gloire de Dieu avec l'exaltation de la sainte Église, et rien de plus frappant que son maintien et son attention dans les cérémonies religieuses.

L'esprit de foi et de piété l'accompagnait partout. L'*Angelus* étant venu à sonner pendant qu'il se trouvait dans une brillante société : « Je vous demande bien pardon, dit-il; mais, avec votre permission, nous allons réciter l'*Angelus;* » et aussitôt il tomba à genoux. Toute l'assemblée suivit son exemple.

Le mystère adorable qui nous montre un Dieu abaissant la hauteur des cieux pour descendre sur la terre et s'unir à notre nature, excitait dans son cœur les sentiments les plus profonds d'admiration, de reconnaissance et d'amour. Souvent ses lèvres répétaient avec l'accent de la plus tendre dévotion et de l'adoration la plus humble : *Et Verbum caro factum est* (2). Paroles toutes puissantes, disait-il, pour fortifier l'âme dans les tentations et même dans les craintes naturelles.

Une religieuse des Sacrés-Cœurs avait une frayeur du tonnerre telle, qu'elle ne pouvait la maîtriser; elle vint ingénument demander au vénéré Père ce qu'elle devait faire pour calmer sa peur. « Ma fille, lui répondit-il, dites, quand l'orage gronde : *Et Verbum caro factum est.* » Elle suivit ce conseil, et depuis, quand le bruit

(1) Eccle., 4, 12.
(2) Et le Verbe s'est fait chair (Jean, 1, 14).

du tonnerre se fait entendre, elle prononce ces mots sublimes, et aussitôt toutes ses craintes se dissipent.

L'amour et la confiance attachaient M. Monnereau au Verbe incarné, au point que Jésus était sa vie, son trésor et ses délices. Il aurait mieux aimé tout souffrir, avoir le monde entier pour ennemi, que d'offenser Celui qui veut seul prendre possession de notre cœur et s'y asseoir comme un roi sur son trône (1). Héritier de la dévotion du saint abbé de Clairvaux envers l'adorable et doux nom de ce divin Sauveur, il était résolu, disait-il, de le prononcer souvent avec foi, avec respect, avec piété, avec confiance. « Ce nom divin, écrivait-il à ses filles, réjouit le ciel, donne l'espérance à la terre, est la terreur de l'enfer. Qu'il soit donc pour nous ce qu'il était pour saint Bernard et pour tous les Saints : une symphonie à l'oreille, un miel pour la bouche, un baume pour le cœur.»

Grande était sa dévotion à la Passion de Notre-Seigneur. En parcourant les stations du chemin de la croix, il mettait en pratique ce qu'il conseillait aux fidèles. « Figurez-vous que vous marchez dans une route couverte des sueurs et du sang de notre divin Sauveur. » Et cette pensée l'attendrissait jusqu'aux larmes. Ce saint exercice avait tant d'attrait pour sa piété, que souvent, à la fin de sa vie, il le pratiquait deux fois par jour.

La vue de Jésus mourant sur une croix lui faisait apprécier les humiliations et les souffrances. Une de ses filles le voyant en proie à de grandes peines, lui dit qu'elle en était affligée. « Eh quoi ! lui répondit-il, vous êtes fâchée de mon bonheur ! »

(1) Imitat. de J.-C.

« Ma fille, disait-il à une religieuse qui se plaignait d'avoir des peines trop fortes, vous aimez mieux un calice d'or qu'un calice d'argent; de même, préférez les croix les plus belles. Ah ! si je pouvais prendre toutes les vôtres, vous ne les auriez pas longtemps. » — « Heureux, écrivait-il, ceux qui ont le plus à souffrir ; nous ne souffrirons jamais assez. Quelles que soient nos peines, à l'heure de la mort nous regretterons de n'avoir pas souffert davantage. Vivent les croix ! vivent les traverses ! Elles sont le chemin du ciel. »

Une religieuse des Brouzils répondit à l'une de ses sœurs qui lui avait fait part de ses peines : « Je voudrais bien que vous vissiez notre saint fondateur, lui qui en a depuis les pieds jusqu'à la tête ; il ne dit pas un mot, il souffre tout, comme un agneau. »

Pendant qu'il était dans le feu de l'épreuve, une personne qui avait elle-même beaucoup à souffrir s'étant présentée devant lui, il chanta ce refrain d'un cantique d'actions de grâces :

Bénissons à jamais
Le Seigneur dans ses bienfaits.

Comment peindre sa dévotion envers la divine Eucharistie ? A le voir à l'autel, on l'eût pris pour un de ces Anges qui sont jour et nuit en adoration auprès du saint tabernacle. « Lorsque j'avais le bonheur d'assister à sa messe, a écrit une de ses filles spirituelles, il me donnait tant de dévotion, que plus je le regardais, plus je sentais mon cœur s'enflammer d'amour pour Dieu. Il me semblait que j'étais dans le ciel et que je voyais Jésus-Christ en personne. » Représentant du Souverain Prêtre, il entrait dans tous ses sentiments et paraissait insensible à ce qui se passait autour de lui, surtout depuis la consécration jusqu'à la communion. A l'action de grâces, c'était la même foi, la même piété, le même recueillement; il n'y a pas d'exagération à dire qu'il semblait alors en extase. Il restait à genoux, immobile, tout entier à ses entretiens avec son divin hôte. On n'osait l'interrompre dans ce moment, et s'il fallait lui demander quelque chose, il n'entendait pour ainsi dire rien de ce qu'on lui disait. L'amour de Jésus pour les hommes, les consolations dont il était inondé l'attendrissaient au point qu'il ne pouvait retenir ses larmes; souvent elles tombaient avec tant d'abondance sur le marchepied de l'autel où il se mettait à genoux, qu'il fallait les essuyer, après son départ. Quelquefois il s'en apercevait lui-même avant de se retirer; alors il s'empressait de faire disparaître les traces de sa dévotion sensible. Même après son action de grâces, il ressemblait, pendant quelques instants, à un homme dont l'esprit a été frappé par quelque chose d'extraordinaire : il était encore tout absorbé en Dieu.

Son amour pour Jésus, les grâces insignes que procure une sainte communion, lui faisaient déplorer la négligence des fidèles qui, après la réception de la divine Eucharistie, sortaient du lieu saint sans avoir fait d'action de grâces. « Quand je vois, disait-il, une personne agir ainsi, je voudrais avoir une sonnette et l'agiter devant elle pour engager les passants à rendre leur hommage au Dieu caché dans son cœur. »

Nous avons eu plus d'une fois occasion de parler de sa dévotion envers le sacré cœur de Jésus : c'était le temple où il faisait habituellement sa demeure, et il aurait voulu communiquer à tous les hommes son amour et sa confiance envers ce cœur adorable.

« Le cœur de Jésus, a-t-il écrit, est vraiment cette perle précieuse dont parle notre bon Seigneur dans son saint Évangile. Sacrifions pour l'avoir tout ce que nous avons de plus cher, et c'est alors que nous serons véritablement riches. Je ne connais point de plus grand bien : c'est le palais du Roi des rois; c'est le trône de toutes les perfections divines; c'est l'origine et la source de toutes les grâces; c'est la forteresse de Sion inexpugnable; c'est l'arsenal où nous trouvons des armes pour triompher de nos ennemis; c'est la forteresse du plus saint et du plus pur amour; c'est la splendeur des cieux, l'admiration des bienheureux, la ressource de la terre dans les plus grands malheurs; enfin, c'est l'objet souverain des complaisances du Père éternel. »

Ses sentiments à l'égard de l'auguste Mère de Dieu rappellent ceux que le saint abbé de Clairvaux exprimait en ces termes : « O pieuse, très-grande et tout aimable Marie, vous ne pouvez être nommée sans enflammer l'amour ; la pensée ne peut se porter sur vous sans que vous ne renouveliez l'affection de ceux qui vous aiment. » Animé du désir le plus ardent de la voir partout aimée et honorée avec son divin Fils, il saisissait avec empressement toutes les occasions de propager son culte. Mille et mille fois il épancha, dans ses instructions publiques et particulières, sa tendre dévotion envers cette divine Reine. Dans un sermon, après l'avoir représentée plus élevée que les Chérubins et les Séraphins, assise sur un trône éblouissant à côté de son divin Fils, il laissa échapper ce cri de sa foi et de son amour : « Que nous reste-t-il donc, sinon l'admiration et l'extase, à la vue de cette gloire immense dont Dieu l'a revêtue ? Seigneur, j'adore la magnificence avec laquelle vous avez couronné en elle tous vos dons. O Vierge sainte, jouissez à jamais des richesses immenses du royaume du ciel ; mais souvenez-vous des enfants d'Ève qui gémissent dans cette vallée de larmes, accablés comme ils le sont du poids de leurs péchés. Puisque vous avez été établie la dispensatrice des grâces, obtenez-moi celle d'imiter votre sainte vie et de pratiquer tout ce que votre divin Fils nous a ordonné. »

Sa dévotion au cœur de Marie lui mettait dans le cœur et sur les lèvres de suaves expressions, enrichies des images les plus riches et les plus gracieuses de la Sainte Écriture. Ainsi, dans les épanchements de sa tendresse filiale et de son zèle, il s'écriait : « Aimons, honorons, invoquons le cœur de Marie, ce cœur orné de toutes les vertus, de toutes les grâces, de toutes les perfections : paradis terrestre où se trouvent toutes sortes de fleurs odoriférantes et de fruits délicieux ; arbre de vie, dont le fruit devait préserver l'homme de la mort éternelle ; arche plus vaste, plus étendue que celle de Noé ; mont Sinaï, où Dieu fait entendre sa voix ; autel d'or, où brûlent les parfums et les aromates les plus fins ; temple de Salomon, où la divinité a pris plaisir à reposer, où Dieu a promis d'exaucer toutes les prières ; en un mot, la plus parfaite image du cœur sacré de Jésus. »

Le rosaire était un riche parterre où sa piété cueillait les plus belles fleurs dont il tressait une couronne pour la Reine des Anges. Sa confiance dans le chapelet se manifeste par ces paroles adressées à son peuple : « Dans les malheureux temps où l'impiété, le blasphême, l'indifférence en matière de religion, ainsi que le mépris de l'autorité de l'Église et de ses lois, font de si grands progrès, je ne crois pas qu'il y ait de moyen plus puissant pour repousser tous ces crimes que la dévotion à Marie par la pratique du saint rosaire. Dieu se sert des moyens les plus faibles pour faire son œuvre. Que de mères de famille ont obtenu la conversion de leurs enfants en récitant assidûment le chapelet à cette intention ! Que de voyageurs ont échappé aux plus grands dangers ! Que de malades ont été guéris ! Que de pécheurs ont obtenu la grâce de vaincre leurs passions ! O vous, qui avez le désir de votre salut, soyez frappés de ces prodiges et ne passez jamais un seul jour sans au moins réciter quelque chose de votre chapelet, ne fut-ce qu'une seule dizaine. Et vous, chefs de famille, faites-vous un devoir de dire cette belle prière en commun, le soir, avant d'aller prendre votre repos. »

Les soins qu'il recevait de son Ange gardien excitaient vivement sa reconnaissance et son amour envers lui. Son cœur était attentif aux conseils de ce prince du Paradis, et suivait fidèlement ses inspirations. Tous les esprits célestes recevaient ses hommages ; il s'appliquait à imiter leurs vertus et les invoquait avec ferveur. Ce qu'il leur demandait surtout, c'était leur amour pour le Seigneur. « Créatures parfaites et heureuses, s'écriait-il dans une de ses instructions, puisse le feu qui vous consume passer dans nos cœurs et nous embraser nous-mêmes ! »

La dévotion à saint Joseph avait toujours régné dans

son cœur, mais elle devint plus sensible dans les dernières années de sa vie. Il aimait à lire et à relire un ouvrage où le P. Patrignani montre parfaitement l'excellence de la dévotion envers ce glorieux patriarche, et indique diverses pratiques en son honneur.

Parmi les bienheureux qu'il vénérait spécialement après Marie et Joseph, nous devons distinguer saint Joachim, sainte Anne, saint Jean-Baptiste, saint Jean l'Évangéliste, le prince des Apôtres, son patron, et saint Louis de Gonzague. Il recommandait d'une manière toute spéciale à ce jeune saint la jeunesse de sa paroisse, le conjurant, lui qui avait été « un lis, un ange » ici-bas, de la couvrir de son aile et de lui faire pratiquer la belle vertu de pureté, de lui donner un brillant reflet de son aimable modestie et de le conserver dans tout son éclat.

Dès sa jeunesse, les vies des Saints avaient été pour lui une lecture de prédilection ; leurs exemples le frappaient et l'encourageaient à marcher ardemment dans les voies de la sainteté.

Il fallait qu'il y eût toujours sous ses yeux, dans sa chambre, des reliques de quelques bienheureux. Cette vue, jointe à la grâce que Dieu attache à la vénération des restes de ses Saints et aux prières qu'on leur adresse, lui communiquait les sentiments dont ils avaient été animés et excitait la ferveur de son amour pour Dieu.

Sa charité envers le prochain était tendre, compatissante, généreuse, s'étendant à tous les hommes. Sa vie entière montre combien il les a aimés ; mais les œuvres si admirables de son zèle ne sont rien auprès de ce qu'il eût voulu faire. Chaque jour, son ardeur s'enflammait à la voix de la divine charité, qui sans cesse le pressait et lui disait au fond du cœur ce qu'il écrivait à une religieuse, appliquée à l'enseignement : « Courage, courage. Vous travaillez au salut des âmes rachetées au prix du sang de Notre-Seigneur : cette idée doit vous animer de plus en plus d'un saint zèle. »

Le cœur de M. Monnereau, grand comme celui de saint Paul, embrassait le monde entier ; mais il portait un intérêt tout particulier aux peuples assis dans les ombres de la mort : le sort de ces infortunés le touchait si profondément, qu'il résolut, en 1820, de suivre, dans les pays lointains, M. Coupperie, nommé évêque de Babylone. Déjà il avait tout disposé pour son départ, lorsqu'il se rencontra des obstacles qui l'obligèrent à y renoncer. Alors il s'attacha comme un pasteur fidèle à la paroisse que la divine Providence lui avait assignée. « Si Monseigneur me laisse libre, disait-il, je ne sortirai point des Brouzils ; ils seront mon tombeau. »

Partout, dans les petites comme dans les grandes choses, se manifestait sa charité envers ses semblables : elle présidait à ses conversations et réglait toutes ses paroles. Nous ne savons si parmi les nombreuses personnes avec lesquelles il a eu des relations, il s'en trouverait une seule qui pût dire qu'elle a recueilli sur les lèvres du saint prêtre une légère médisance ou un mot blessant pour qui que ce fût. C'est surtout à l'égard de ses supérieurs ecclésiastiques qu'il usait d'une extrême réserve. La plus tendre charité s'unissait à la foi la plus vive pour lui inspirer la vénération qu'il témoignait en leur absence aussi bien que devant eux. Sa circonspection était proportionnée à la grandeur du mal que l'on commet en ébranlant la confiance envers les ministres les plus élevés d'une religion qui repose tout entière sur le principe d'autorité. Si, en quelques rares circonstances, il ne partagea pas leur manière de voir, là où la conscience le laissait parfaitement libre, il sut allier à la différence d'opinions le respect le plus religieux, ne se permettant jamais le moindre blâme.

On peut dire que l'amour des ennemis est comme la pierre de touche de l'amour du prochain. La charité chrétienne n'existe pas dans un cœur qui conserve volontairement le ressentiment des offenses. Loin de haïr ceux qui lui furent opposés, M. Monnereau les aima en Dieu et eut toujours pour eux beaucoup de déférence et d'égards. Un jour qu'on lui parla de quelques personnes qui s'exhalaient en invectives contre lui, il répondit : « Prions pour ceux qui nous persécutent, comme saint Étienne priait pour ceux qui le lapidaient. » C'est ce qu'il pratiquait fidèlement. En parlant de ses adversaires, il écrivait à Mgr Soyer : « Jamais je n'ai prié avec plus d'attention pour mes intimes amis que pour eux. Je ne passe pas de jour sans prier plusieurs fois pour eux. »

L'amour que l'homme de Dieu portait à ses frères ne se bornait point à cette vie. Pénétré d'une tendre compassion pour les âmes que la justice divine retient dans le Purgatoire, il s'efforçait, autant qu'il était en lui, d'adoucir leur souffrance.

Son caractère de feu et son zèle pour le salut des âmes lui faisaient aimer la vie active ; et son amour pour Dieu, le bonheur qu'il avait à s'entretenir avec lui l'attachaient à la vie contemplative. Ces deux vies réunies en lui se fortifiaient l'une l'autre et imprimaient à toutes ses œuvres un cachet de force et de piété. L'oraison avait pour lui des charmes infinis ; il ne manquait pas de s'y livrer chaque jour, et les grâces qu'il y puisait entretenaient en lui cette sainte activité et ce calme avec lesquels il faisait chaque action, évitant à la fois deux écueils, l'empressement naturel et la lenteur. L'âme unie à Dieu imite la force et la suavité avec lesquelles il conduit chaque chose à ses fins.

Ainsi, l'homme de Dieu appuyait de son exemple la sage recommandation qu'il adressait par écrit à une personne ardente à l'ouvrage : « Je loue votre travail et votre zèle, mais je voudrais un peu plus de l'esprit intérieur. Marthe n'est pas blâmée par Notre-Seigneur pour avoir travaillé, mais seulement pour avoir mis trop d'agitation dans son travail. Profitons de cette leçon. »

Outre les heures marquées pour ses exercices de piété, il consacrait à la prière les rares loisirs dont il pouvait disposer.

A-t-il reçu, dans ses communications avec le Très-Haut, les lumières que ce Roi des siècles donne quelquefois aux Saints sur l'état des âmes et sur l'avenir ? Nous l'ignorons. Ce que nous pouvons dire, c'est qu'en plusieurs circonstances il sembla connaître le fond des cœurs et soulever le voile de l'avenir. Une mère avait deux filles ; l'aînée entra en religion et la seconde voulut suivre ses pas. Quoique soumise à la volonté de Dieu, la mère ressentait une profonde affliction à la pensée qu'elle allait être séparée de sa dernière fille. M. Monnereau, à qui elle confia sa peine, lui dit : « Imitez Abraham, faites comme lui le sacrifice de votre enfant ; mais de même qu'il a recouvré son Isaac, de même votre fille vous sera rendue. » En effet, la jeune personne, après avoir passé un an dans une communauté, fut obligée d'en sortir, uniquement par raison de santé.

Nous avons parlé du soin qu'il avait de bien employer le temps; c'était pour lui ce *riche présent dont il ne faut rien perdre* (1). Du matin jusqu'au soir, tout était prévu et réglé; chaque chose se faisait avec ordre à l'heure marquée, autant que possible : obligations pastorales, exercices particuliers de piété, lecture spirituelle, étude de l'Écriture Sainte, rien n'était ni omis ni négligé. Afin de ménager du temps pour le travail, le jour même qu'il allait ouvrir son cœur à son guide spirituel, il ne prenait d'ordinaire que le temps absolument nécessaire. Ainsi, il partait le matin pour Chavagnes, après avoir rempli les fonctions du saint ministère aux Brouzils; il y revenait le plus tôt possible. A son retour, les instants qui lui restaient avant midi étaient consacrés au travail ou à la prière.

L'habitude qu'il avait prise d'écrire ses sermons montre l'importance qu'il y attachait, le désir qu'il avait de glorifier Dieu et de faire du bien aux âmes. Ses conférences ecclésiastiques étaient rédigées avec soin; on les goûtait beaucoup, ainsi que ses explications de l'Écriture. Mais aucune de ses œuvres ne lui semblait digne d'attention.

L'humilité cachait même à ses yeux des trésors de mérite qui ne seront connus qu'au grand jour où le bien et le mal seront révélés. Il a porté cette vertu jusqu'à l'héroïsme; une grâce puissante lui fit goûter et suivre cette leçon si belle et si salutaire, mais dif-

(1) Eccli., 14, 14.

ficile à pratiquer : « Aimez à être méprisé et compté pour rien (1). »

« En bien des circonstances, a écrit un de ses vicaires, j'ai été témoin d'humiliations qui devaient pénétrer jusqu'au fond de son âme ; il rougissait, mais il était calme, et la paix de son cœur n'en était nullement troublée. Quelquefois nous parlions ensemble de ce qui s'était passé ; il souriait et paraissait content de souffrir. » Après un outrage sanglant et immérité, il disait d'un ton joyeux : « J'ai été traité comme le dernier des hommes ; mais qu'est-ce que cela ? Ce n'est rien du tout. »

S'attacher à l'amour des humiliations, c'était, disait-il, le meilleur moyen de surmonter les tentations de l'orgueil dans lesquelles le démon se cache sous des ailes dorées, et, si on se laisse séduire, enfonce un trait qui fait de cruelles blessures.

Ami de la vérité, il détestait la flatterie, non-seulement pour lui, mais encore pour les autres. Tout en lui était simple, l'intérieur comme l'extérieur. Peu d'âmes ont possédé à un si haut degré que lui cette simplicité « qui, dit le pape saint Grégoire, ne fait rien par ostentation, parle comme elle pense, aime le vrai, évite le faux, fait le bien généreusement, aime mieux souffrir que de faire souffrir, ne cherche point à se venger des injures, au contraire les regarde comme un gain (2). »

On peut lui appliquer ce que sainte Chantal dit de saint François de Sales : « Il n'était pas exempt des sentiments et des émotions des passions, mais il les tournait toutes à bien : ce n'est pas qu'il ne commît

(1) Imitat. de J.-C.
(2) Ex libr. mor., c. 16.

quelques imperfections, mais c'était par surprise et infirmité, et il n'en laissait aucune s'attacher à son cœur. » Ce cœur si pur était comme le fond d'un tableau où il retraçait les traits de la sainteté de son divin Maître, ainsi que le montrent les vertus dont nous venons de présenter quelques traits.

Que n'aurions-nous pas à dire si nous voulions rappeler toutes celles qui ont brillé en lui, cette prudence du serpent qu'il joignait à la simplicité de la colombe, cet amour inflexible de la justice pour lequel il mérita les éloges des premiers pasteurs du diocèse, cette force avec laquelle il vainquit le monde et l'enfer réunis et triompha de lui-même, cette tempérance et cette mortification qui remettait parfois sous les yeux les austérités des anciens anachorètes, cette douceur qu'il dut à de longs et pénibles combats, ce détachement de toutes les choses de la vie, cet esprit de pauvreté admiré même des hommes sans religion, cette modestie qui le rendait semblable à un Ange, cette obéissance à tous ses supérieurs inspirée par la foi la plus vive, cette reconnaissance si profonde pour les moindres services qu'on lui rendait, la vigilance qu'il exerçait continuellement sur lui-même, sa constance dans le bien, au milieu des plus rudes épreuves comme au milieu des plus grandes consolations, enfin tous ces degrés mystérieux par lesquels il éleva si haut dans son cœur l'édifice de sa perfection.

« Quel beau modèle ! a écrit une de ses trois premières filles qui est presque toujours restée aux Brouzils ; sitôt que je veux me recueillir, la vie de ce bon Père se présente devant moi comme un livre qu'on ouvre, j'y vois un parfait imitateur de Notre-Seigneur

Jésus-Christ. Cette ardente charité, cette grande piété, cette vie cachée en Dieu, ce recueillement continuel, toutes ses vertus sont autant d'aiguillons qui m'anmient, qui me disent sans cesse : Marche sans t'arrêter. »

En effet, ce serait peu d'admirer les merveilles que la grâce opère dans l'âme des Saints dociles à ses divines opérations, si l'on ne s'appliquait à les imiter : le tableau de leurs vertus nous est mis sous les yeux, non-seulement afin que nous glorifiions le seigneur admirable dans ses élus (1), mais encore afin que nous en retracions en nous la fidèle image, selon la mesure des dons qu'il plaît à Dieu d'accorder à chacun.

Vénéré Père, après vous avoir suivi depuis votre berceau jusqu'à la tombe, après avoir essayé de vous reproduire, avec le pinceau de la vérité, tel que nous vous avons connu, nous sentons que notre ouvrage est bien imparfait, qu'il ne nous a pas été possible de révéler au public tout ce qu'il y avait de bonté et de charité dans ce cœur que vous daigniez quelquefois nous ouvrir, où vous nous laissiez en quelque sorte voir à découvert une perfection que vous ignoriez dans votre profonde humilité, mais qui excitait notre étonnement et nous attendrissait.

Quelque faible que soit l'hommage rendu à votre mémoire, daignez l'agréer, et si, comme nous en sommes profondément convaincu, vous êtes dans le sein de la Gloire, veuillez employer votre crédit, afin d'obtenir à tous ceux qui liront cette vie, et particulièrement à vos filles spirituelles, la grâce de marcher sur vos traces et de partager votre éternelle félicité.

(1) Ps. 67, 36.

TABLE DES MATIÈRES.

FIN DE LA TABLE DES MATIÈRES.

10909 — Nantes, Imp. Charpentier, rue de la Fosse, 32.

www.ingramcontent.com/pod-product-compliance
Ingram Content Group UK Ltd.
Pitfield, Milton Keynes, MK11 3LW, UK
UKHW020109200726
13856UKWH00002B/459

9 782013 243827